JUAN MORENO ▪ FOTOS MIRCO TALIERCIO
TEUFELSKÖCHE

JUAN MORENO ▪ FOTOS MIRCO TALIERCIO

TEUFELSKÖCHE
An den heißesten Herden der Welt

Mit 36 Farbfotos

Piper München Zürich

Mehr über unsere Autoren und Bücher:
www.piper.de

ISBN 978-3-492-05468-3
© Piper Verlag GmbH, München 2011
Gesetzt aus der Caecilia RomanOsF und Impressum
Satz: atelier-sanna.com, München
Litho: Lorenz & Zeller, Inning
Druck und Bindung: Kösel, Krugzell
Printed in Germany

Für Tina.
J. M.

Meinen Kindern Julian und Celia.
M. T.

INHALT

Vorwort   8

»Es können nicht alle Fidel Castro sein.
Jemand muss auch die Kartoffeln schälen.«
WAM KAT   Seit Jahrzehnten kocht dieser Mann auf jeder großen
Demo für eine bessere Welt   12

**»Ich kann versichern: In unserem Kühlschrank war nie
Menschenfleisch.«**
OTONDE ODERA Der Leibkoch Idi Amins über sein Leben
an der Seite des Massenmörders   26

»Die Wahnsinnigen sind es, die die Welt befeuern.
Solche Leute braucht's.«
VINCENT KLINK Der klügste deutsche Koch duscht in seinem Garten,
liest Raddatz und erklärt, warum man Pellegrino nicht trinken darf   40

**»Doch, ich nehme auch kurzfristige Reservierungen an –
für amtierende Präsidenten oder den Papst.«**
FRANK PELLEGRINO Der New Yorker Gastronom, dem Gäste
40 000 Dollar bieten, um in seinem Restaurant essen zu dürfen   54

»Mein letzter ganz freier Tag? So richtig frei? Ich weiß nicht.
Irgendwann Anfang der 70er.«
OTTAVIA FASSER Eine gefeierte Köchin aus Graubünden zieht
die traurige Bilanz eines idyllischen Berglebens«   70

**»Zwei Dinge haben mich zum Koch gemacht:
eine Frau und die Fische.«**
GERARDO ADDESSO Ein Genie, das noch nie ein Kochbuch in der Hand
hatte und derzeit leider im Gefängnis kocht   82

»Ohne Mann und mit fünf Kindern bist du weniger wert als Dreck.«
FAITH MUTHONI Die Frau, die auf der größten Mülldeponie von
Nairobi ein Restaurant eröffnet hat   98

»Kinder, Goldminen, Malerei, Pferdewetten – ich habe überall versagt, ich funktioniere nur in der Küche!«
PASQUALE TALIERCIO Der unterhaltsamste italienische Koch von allen   112

»Kochen war immer was für Frauen. Für Schwuchteln.«
NIHAD MAMELEDŽIJA Der bosnische Elitekämpfer, der Olympionike wurde, nur um endlich in Italien Koch zu werden   126

»Warum meine Brüste so groß sind?
Das macht das Leitungswasser in Portland.«
NURSE TIFA Kein Koch wird im Internet häufiger besucht   142

»Der eine verlangte Dreck. Er bekam Joghurt.«
BRIAN PRICE Der verurteilte Vergewaltiger, der 200 Todeskandidaten in Texas die Henkersmahlzeit bereitete   154

»Schau mich an, ich bin ein Drogendealer.«
RASHID Ein Amsterdamer Koch, der mit harten Drogen kocht   168

»Ich bin schnell, ich laufe der Armut einfach davon.«
YARED HAILESILASSIE Ein begnadeter Marathonmann, dem das Kochen das Leben gerettet hat   182

»Ja, wir haben das spanische Stierschwanz-Monopol.«
MARI CARMEN RODRIGUEZ UND TORIBIO ANTA Die Köche im einzigen Restaurant der Welt, in dem der Schwanz von Kampfstieren immer auf der Karte steht   196

»Wenn wir Erdbeeren wollten, dann musste die Brigade los und welche pflücken.«
ROLAND ALBRECHT Honeckers Gastronom, der einsame Gourmet im Sozialismus   208

»Mit Drei-Sterne-Küche wird man nicht reich, wer das behauptet, der lügt.«
JUAN AMADOR Einer der besten Köche der Welt erzählt, wie er trotzdem zu Geld kommt   220

»Natürlich werde ich für meinen Traum mein Leben riskieren.«
EMMANUEL JOHN Der Koch aus Nigeria, der seit fünf Jahren in Marokko darauf wartet, seinen Lebenstraum zu erfüllen – Koch bei McDonald's   236

Dank   254

VORWORT

Vor ein paar Jahren saßen Mirco Taliercio und ich in einem Münchner Restaurant und machten das, was Männer ab einem gewissen Alter immer häufiger machen. Wir redeten über früher, was wir früher doch für tolle Kerle waren.

Wir hatten uns vor Jahren auf einer Reise in Bahrain kennengelernt. Der *Stern* hatte uns in die Wüste geschickt, um den Scheich von Bahrain zu fragen, warum er eine Formel-1-Rennstrecke gebaut hatte. Der Scheich redete eine Stunde und sagte eigentlich nur: Weil ich's kann.

Der Kerl war lustig. Er hatte gerade erfahren, dass der neu eingerichtete Rechnungshof in seinem Emirat herausgefunden hatte, dass einer seiner Söhne ein Verschwender war. Der Sohn flog nicht mit einer Boeing 747 in den Urlaub, sondern mit zwei. Der Scheich war sauer und zog die logische Konsequenz: Der Rechnungshof wurde geschlossen.

Es war die gleiche Reise, bei der Mirco den Mietwagen demolierte, weil er unbedingt ein »Mecca-Cola-Plakat« fotografieren musste. Dem aufgebrachten Araber gaben wir die Nummer eines der Scheich-Domestiken. Ich weiß nicht, was der Mann dem Araber sagte, auf jeden Fall veränderte das alles. Der Unfallgegner war schlagartig gut gelaunt. Vermutlich fährt er heute Porsche.

Wir bestellten mehr Wein und redeten über andere Reisen. In Marokko hätten wir fast die Fähre nach Málaga verpasst. Der Taxifahrer hatte einen 60-Kilometer-Umweg gewählt, nur um an einem Strand entlangzufahren, an dem Frauen lagen. Man konnte die Frauen nicht sehen, denn der Strand war mit einem Sichtschutz versehen. Aber sie waren da, Frauen, massenweise, am Strand in Marokko. Der Fahrer konnte nicht verstehen, dass uns eine Fähre wichtiger war als ein pornografischer Umweg.

Es waren diese Weißt-du-noch-Geschichten, die man sich immer wieder erzählt und die von Jahr zu Jahr ein wenig größer und wilder werden.

Irgendwann erzählte Mirco von dem Restaurant, in dem wir saßen. Das Il Gattopardo in Schwabing. Mirco hatte zufällig während eines Fluges neben dem Besitzer gesessen, Gerry Addesso, dem Mann auf dem Cover dieses Buches. Gerry war in den 70ern als Dreher nach Deutschland gekommen, hatte angefangen, schlechten Fisch von Italien nach München einzuführen, und war so überrascht, dass die Deutschen das Zeug aßen, dass er beschloss, Koch zu werden. Er hatte noch nie in der Küche gestanden. Mirco kannte die Lebensgeschichte Gerrys, und verglichen mit dem, was er erzählen konnte, waren wir ein Witz.

Ein paar Wochen nachdem ich mit Gerry für das Buch gesprochen hatte, wurde er übrigens wegen Drogenhandels festgenommen. Er sitzt heute im Gefängnis, wo wir ihn besucht haben. Eine Weile saß er mit Ludwig-Holger Pfahls, dem ehemaligen Staatssekretär, in der Zelle. Holger und Gerry sind jetzt Freunde.

Der Nächste, der uns einfiel, war Mircos Vater, Pasquale Taliercio, den Mirco seit Jahren nicht gesehen hatte. Der Mann war ebenfalls Koch, er hatte im Film »Der Pate« gekocht und erzählte unfassbare Geschichten über Al Pacino und Francis Ford Coppola. Mirco fiel dann ein, dass er irgendwo im Internet gelesen habe, dass der ehemalige Leibkoch des ugandischen Diktators Idi Amin noch lebte. Er fand heraus, dass alle den erfundenen schottischen Leibarzt Doktor Garrigan aus »Last King of Scotland« kannten, aber nie jemand von Otonde Odera gehört hatte. Otonde Odera hat eine der unglaublichsten Lebensgeschichten, die ich in meiner Zeit als Reporter gehört habe.

Je mehr wir tranken, und je länger ich Gerry Addesso in seiner offenen Küche im Il Gattopardo zusah, desto fester war ich der Überzeugung, dass alle Köche eine Meise haben. Ich verstehe nicht viel vom Essen, was daran liegt, dass ich aus einer südspanischen Familie stamme, in der beim Frühstück über das Mittagessen geredet wird und beim Mittagessen über das Abendessen. Meine Mutter fragt mich nicht, ob es mir gut geht, sie will wissen, ob ich gegessen habe. Das hat dazu geführt, dass ich nie ein entspanntes, ein lustbetontes Verhältnis zum Essen aufbauen konnte. Ein Fehler, wie ich nach dem Schreiben dieses Buches weiß.

Mirco und ich beschlossen, die interessantesten Köche zu suchen. Nicht in Deutschland, sondern weltweit. Die einzige Bedingung, die wir stellten, war: Verratet uns euer bestes Gericht, damit die Leute, die das Buch kaufen, es nachkochen können, und erzählt uns eure Geschichte. Nicht die Qualität des Essens entscheidet, ob ihr ins Buch kommt, nur die Qualität der Geschichte.

Und es sind phantastische Geschichten, die diese Köche erlebt haben. Juan Amador, ein Drei-Sterne-Koch aus Frankfurt, erzählt, wann er das letzte Mal bei McDonald's war und warum er seit Jahren kein Geld mit dem Kochen verdient. Die Frau, die in der einzigen Mülldeponie Nairobis kocht, hat zum ersten Mal mit einem Journalisten geredet und erzählt, warum die Mafia in Afrika den Hausmüll kontrolliert. Wam Kat, ein linker Aktivist, hat mal auf der Rainbow Warrior das Essen zubereitet und kocht seit Jahrzehnten auf Demos. »Nicht jeder kann Fidel Castro sein, einer muss auch die Kartoffeln schälen«, sagt er. Wir haben mit einem verurteilten Vergewaltiger gesprochen. Der Mann hat im Todestrakt eines texanischen Gefängnisses über 200 Henkersmahlzeiten zubereitet.

Dieses Buch ist eine Hommage. Es geht unserer Meinung nach nur mit Köchen. Sie arbeiten viel, die Hektik einer Küche kann unerträglich sein, kaum einer hat eine funktionierende Beziehung, da sie meist am Herd stehen, wenn andere freihaben. Nachts, am Wochenende, eigentlich immer. Es sind Menschen mit besonderen Geschichten. Wir mögen sie alle, auch wenn manche von Ihnen es nicht glauben werden, wenn Sie die Texte lesen. Es ist der aufrichtige Versuch, diese Menschen zu beschreiben. Den Drogendealer, der nebenher kocht, die alte Frau in den Schweizer Bergen, die gern ein anderes Leben gelebt hätte, den Mann, der nicht versteht, warum die Spanier plötzlich keine Stierschwänze mehr kaufen. Für uns sind das Helden. Mit ihren Fehlern, mit ihren Vorzügen, ihren Obsessionen, vor allem wegen ihrer Geschichten.

Mirco und ich haben eine Menge Stoff, den wir uns künftig beim Wein erzählen können. Ich war mehrere Monate krank, nachdem ich mir irgendetwas in Afrika eingefangen hatte, das angeblich im Hähnchen war. Was genau, wissen die Ärzte hier nicht, aber es ist weg, sagen sie, und schlagen einem beruhigend auf die Schulter. Die Lamblien, kleine Magenparasiten, die für Durchfall sorgen, haben wir uns beide in Sarajevo geholt, könnte aber auch woanders gewesen sein. Die Polizei hat uns in Äthiopien festgenommen, in Madrid haben wir mit pensionierten Toreros gesprochen, und dass wir unbedingt nach Oregon fliegen mussten, um eine Chinesin zu besuchen, die davon lebt, halb nackt zu kochen und die Clips auf YouTube hochzuladen, sagt viel über unseren Ehrgeiz aus, wirklich alle Aspekte abzudecken.

Es ist kein Kochbuch, obwohl Rezepte drin sind. Es ist kein Buch über Starköche, obwohl Stars drin sind. Es ist kein Buch über Essen, obwohl es immer wieder darum geht. Es ist ein Buch über Köche. Über eine Berufsgruppe, die wir aus rein egoistischen Gründen bewundern: Sie erzählen die besten Geschichten.

Juan Moreno & Mirco Taliercio
Berlin/München, im September 2011

Es können nicht alle Fidel Castro sein. Jemand muss auch die Kartoffeln schälen.

WAM KAT
Seit Jahrzehnten kocht dieser Mann auf jeder großen Demo für eine bessere Welt

Es ist nicht leicht zu erraten, was dem Bahnmitarbeiter im Bahnhof Berlin-Lichtenberg gerade durch den Kopf geht. Er sitzt seit ein paar Minuten in seinem leicht erhöhten Glaskasten auf Gleis 17, von wo er den ganzen Bahnhof überblicken kann, und soll über einen Zug Auskunft geben, von dem er sicher ist, dass es ihn nicht gibt. Vor ihm stehen drei seltsam aussehende Männer. Ein langer, dünner, Anfang 20, mit einem Anti-Atom-Sticker auf der Brust. Er spricht englisch. Daneben ein etwas kleinerer, mit einer abgewetzten Jacke, die früher mal rot war. Auch er mit einem Sticker. Sein Name ist Burki, jedenfalls nennen die anderen beiden ihn so. Der seltsamste aber, das ist der ältere Typ. Schwer zu schätzendes Alter, furchtloses Gesicht, trägt einen schwarzen Pullover, eine schwarze Hose und eine Wollmütze, wie sie Seemänner haben. Ein kleines gelbes Kreuz steckt an der Mütze, er hat strohige, fast weiße Haare und einen ausländischen Akzent. Schon eine ganze Weile redet er von einem Sonderzug zu einer Anti-Atom-Demo. Abfahrt in anderthalb Stunden, um 21.38 Uhr, Ankunft morgen früh um zehn in Stuttgart. Der Mann sagt, er sei der Koch, der im Sonderzug für die Demonstranten das Essen macht. Er habe Geschirr, Lebensmittel und drei Duzend Getränkekisten dabei, Proviant, und er würde diesen Zug gerne beladen, also, von wo fährt er nun, der Zug?

»Ja, wat'n für'n Zug?«, sagt der Bahnmitarbeiter.

Von Berlin-Lichtenberg fahren einige Fernzüge nach Osten, nach Polen, in die Ukraine, nach Russland, aber nicht nach Westen, schon gar nicht nach Stuttgart. Nie.

»Doch, ein Sonderzug. Nach Stuttgart zu einer Demo, ich koche da.« Der Bahnmitarbeiter greift zum Telefon. Die drei sollen draußen warten.

Wam Kat, so heißt der Koch, steht vor dem Glaskasten und atmet tief durch. Sein richtiger Name ist Pieter Jan Herman Fredrik Kat, aber alle nennen ihn Wam. Er ist Niederländer, 54 Jahre alt, und man könnte sagen ein berühmter Starkoch. Wer regelmäßig auf linke Demos geht, kennt Wam Kat. Vor allem, wenn er älter ist und schon zu Startbahn-West- und Pershing-II-Zeiten dabei war. Wam ist eine Art Revolutions-Koch, der Mann, der gegen das System kocht. Die Polizei kann mit Schlagstöcken, Wasserwerfern, Tränengas gegen Demonstranten vorgehen, die Demonstranten sich mit Parolen, Steinen und Farbbeuteln wehren, und nicht weit davon steht immer Wam in irgendeiner Feldküche und kocht. Wendland-Spezial, Sitzblockade, Ecotopia oder Kleiner Punker heißen seine Gerichte. Ob Wackersdorf, Heiligendamm, Gorleben, Lubmin, Anti-Nato, Anti-Castor, Anti-Atom, Anti-Irak, Wam ist immer da. Er ist auch dafür berühmt, dass er auf der Rainbow Warrior I gekocht hat – dem Greenpeace-Schiff, das die Franzosen versenkt haben –, dass er mal für die Sex Pistols das Essen zubereitete und dass er in Turin auf der berühmten Slow-Food-Messe zusammen mit Sterneköchen kochen sollte und nur Lebensmittel benutzte, die seine Sternekollegen weggeworfen hatten. Als Zeichen gegen die Vergeudung von Nahrungsmitteln.

Seit 30 Jahren kocht Wam für eine bessere Welt. In Woodstock war es leichter, eine Orgie zu organisieren als ein Frühstück. Das konnte nicht

»Ohne Mampf kein Kampf«, sagt Wam.

gut gehen, »ohne Mampf kein Kampf«, sagt Wam. Eine hungrige Revolution wird scheitern, darum kocht er. Politisch, friedensbewegt, bio, regional und vegan, und wenn die vom Orga-Komitee ihm den richtigen Bahnhof gesagt hätten, würde er es heute wieder tun.

Wam dreht sich zu Burki um und versucht, gelassen zu klingen. »Wir haben ja noch Zeit.«

Es ist kurz nach acht.

Burki lächelt. Burki lächelt immer. Er ist schon seit Jahren mit Wam befreundet. Burki ist wichtig, ein liebenswürdiger, etwas schüchterner

Mensch, einer dieser Leute, ohne die man die Revolution vergessen kann, erst recht, wenn man währenddessen kochen will. Burki ist nicht einer, der vorne mit Megafon in der Hand gegen das Großkapital agitiert, nein. Burki ist der Typ, der das Megafon besorgt hat, der vorher überprüft hat, ob die Batterien voll sind, und diese später zum Sondermüll bringt, damit sie umweltbewusst entsorgt werden. Wam kocht, aber er braucht solche Menschen, Leute wie Burki, die sich aufopfern, die sich zerreißen für die Idee, für ihre Ideale. Die meisten Küchen auf der Welt funktionieren wie eine Diktatur. Es gibt klare Ansagen, klare Hierarchien, wer nicht funktioniert, fliegt raus. Eine ernsthafte Küche ist näher am Faschismus als am Sozialismus. Und nach ein paar Stunden mit Wam und Burki erkennt man, warum der Kommunismus es so schwer hatte.

Wam lebt nach dem Motto: »Es können nicht alle Fidel Castro sein. Jemand muss auch die Kartoffeln schälen.«

Burki lächelt wieder, er weiß auch nicht, was sie jetzt machen sollen. Er hatte auch Berlin-Lichtenberg verstanden. Es hieß, der Zug würde hier halten, an einem Gleis, an das man mit dem Auto ranfahren kann. So sei das Beladen kein Problem. Dann weiter zum Berliner Hauptbahnhof, wo die Demonstranten einsteigen. Es klang wie ein guter Plan. Er scheitert schon daran, dass es im Bahnhof Lichtenberg kein Gleis gibt, an das man mit dem Auto ranfahren kann.

Wam sagt, dass sie das Zeug hertragen sollten, auf Gleis 17 vor das Glashäuschen. Als Zeichen.

Jetzt lächelt Burki Pjort an, den langen, schlaksigen Jungen. Pjort ist Wams ältester Sohn, der in Dänemark lebt und zur Demo angereist ist. Pjort weiß, dass sie jetzt ein Problem haben. Ihre 50 Getränkekisten stehen vor dem Bahnhof. In einer Weile soll eine zweite Lieferung kommen, die mit dem Essen. Der Mercedes-Transporter steht noch auf der Lichtenberger Brücke und müsste gleich da sein. Von Gleis 17 zu den Getränkekisten sind es allerdings etwa 300 Meter. Ramona, Wams Freundin, passt gerade auf die Flaschen auf, damit die Penner sie nicht klauen. Sie standen etwas verloren auf dem Bahnhofsvorplatz und freuten sich wie Kinder, als sie die vielen Bierkisten sahen.

»Gut, dann holen wir jetzt die Getränke«, sagt Burki. »Haben wir eine Schubkarre dabei? Dann müssen wir die Kisten nicht mit der Hand tragen.«

Haben sie nicht. Wollten ja am Gleis parken. Sie werden die 50 Kisten schleppen müssen.

»Shit«, sagt Pjort.

In dem Moment legt der Bahnmitarbeiter im Glaskästchen den Hörer auf.

»So, ick hab den Sonderzug jefunden. Hält nücht Berlin-Lichtenberg, hält Berlin-Hauptbahnhof.«

Wam schweigt einen Moment und sagt schließlich: »Lass uns weitermachen. Holen wir die Kisten.«

Wam hat gerade beschlossen, dass der Zug hier halten wird. Er weiß zwar noch nicht wie, aber er wird halten. Er macht das schon sehr lange. Als er jung war, wollte er die Verhältnisse auf der ganzen Welt ändern, mit der Zeit wurden die Ziele kleiner, heute zum Beispiel würde es reichen, wenn er einen Zugverlauf ändern könnte. »Man hat uns schon oft gesagt, dass etwas nicht geht. Vor ein paar Jahren hieß es in Heiligendamm, es ist nicht möglich, den Zaun zu erreichen. Ich habe nicht nur den Zaun erreicht, ich habe den Demonstranten am Zaun Suppe gebracht.«

Sie haben noch 70 Minuten.

Wam wollte nie Koch werden. Er wollte eine bessere Welt. Sein Vater hieß Frits, Frits Kat, ein mäßig erfolgreicher Bildhauer aus Vlaardingen in Südholland, aber ein unglaublich engagierter Mann. Anfang 1945, Deutschland hatte noch nicht kapituliert, eröffnete Frits in einem deutschen Armeelager ein Waisenhaus für Kinder, die ihre Eltern im Weltkrieg verloren hatten. Kats war ein überzeugter Linker und noch überzeugterer Pazifist. Jahre später sollte er einer der ersten Abgeordneten der PSP, der Pazifistischen Sozialistischen Partei Hollands, werden. Als das improvisierte Waisenhaus aufgelöst wurde und die Kinder in staatliche Heime kommen sollten, beschloss Frits, einige der Kinder zu adoptieren. Er konnte sich nicht entscheiden, also nahm er zwölf zu sich. Kurz darauf kamen Frits eigene Kinder zur Welt. Wam hat heute zwei leibliche und zwölf adoptierte Geschwister.

Wam wuchs in einer Künstlerkommune auf. Sein Vater hatte sich mit einigen Freunden im ehemaligen SS-Hauptquartier in Zeist, unweit von Utrecht, eingerichtet. Das Haus stand leer nach dem Krieg, und die Kats besetzten es. Das Essen kam aus dem Garten. Fleisch gab es kaum. Es traf sich gut, dass sich gerade ein neuer Trend unter den Linken breitmachte. Eine völlig verrückte Idee, Vegetarismus.

Wam wurde schon als Junge zum Vegetarier. Er hat nie Fleisch gegessen. Er kocht seit über 30 Jahren und könnte nicht sagen, wie Hähnchen oder Rind schmeckt. Er hat noch nie ein Steak gebraten.

Das Handy klingelt. Wam bekommt die nächste schlechte Nachricht. Die Polizei hat den alten Mercedes-Transporter auf der Lichtenberger Brücke beschlagnahmt. In ihm ist die zweite Lieferung, die Lebensmittel. Wam hat die Lebensmittel noch nicht bezahlt. Er hat den Bauern versprochen, dass sie ihr Geld nach der Demo kriegen. Wam verkauft sein Essen nicht, er stellt neben der Essensausgabe eine Spendendose auf, und jeder gibt, was er geben mag. Wenn er aber die Lebensmittel nicht bekommt, dann wird's schwierig mit der Spende.

Der Polizist scheint es ernst zu meinen. Der Wagen ist uralt, Baujahr irgendwann in den 60ern, bemalt mit Peace-Zeichen, Anti-Atom-Symbolen, wirklich bunt und lustig. Ja, aber nicht verkehrssicher, sagt der Polizist in der Leitung. Er habe den Verdacht, dass die nagelneue TÜV-Plakette irgendwie komisch sei. Der Mann irrt sich. Die Plakette ist nicht ungewöhnlich, der Mechaniker, der sie vergeben hat, ist es. Ein alter Freund, ein überzeugter Linker. Für ihn sind TÜV-Plaketten und Fahrverbote wegen vermeintlicher Achs- und Bremsschäden ein Ausdruck imperialistischer, antirevolutionärer Machtstrukturen. Ein super Typ, findet Wam.

Die Uhr auf Gleis 17 zeigt 20.40 Uhr. Wam, Pjort und Burki haben kein Auto, keine Lebensmittel, keinen Zug, somit keine Einnahmen. Wam geht in das Glashäuschen. Pjort und Burki holen weiter Kisten. Noch etwas über 45 Minuten.

Zum ersten Mal stand Wam in der Rainbow Warrior in der Küche. Er hatte sich damals bei Greenpeace gemeldet, weil er auf die Schlauchboote wollte. In den Schlauchbooten saßen die Verrückten, die Helden, die sich den isländischen Walfängern in den Weg stellten. Oder die es mit den Franzosen bei ihren Atomtransporten aufnahmen. Wam war gerade volljährig geworden. Er war zu jung und zu wild für die Schlauchboote, vermutlich hätte er den ersten Einsatz nicht überlebt. Helden hatten sie genug bei Greenpeace. Sie brauchten einen Hilfskoch für die Rainbow Warrior. Wam hatte nie gekocht, aber er wollte unbedingt auf das Schiff. Auf einer Überfahrt nach Vigo, eine spanische Hafenstadt am Atlantik, merkte er das erste Mal, was für eine Macht Essen hat. »Ich Warrior verlassen. Er wird von der niederländischen Armee eingezogen. Wams Vater ist gerade gestorben, er war 53. Wam hing sehr an ihm und schwört sich, auf keinen Fall eine Waffe anzufassen. Er wird der erste Totalverweigerer der Niederlande. Es gibt damals nicht mal ein Gesetz, das eine Strafe dafür vorsieht. Es war noch nie vorgekommen. Ein Gericht verurteilt Wam Kat zu zwei Jahren Haft in einem Militärgefängnis. Wam, der stur wie kein Zweiter sein kann, weigert sich aber, mit Menschen in Uniform zu sprechen. Die Soldaten müssen sich also jedes Mal umziehen, wenn sie seine Zelle betreten. Der damalige Verteidigungsminister bietet ihm

Gutes Essen stiftet Glück, nichts ist friedlicher als ein mit Liebe zubereitetes Gericht, nichts sozialer als gemeinsames Essen.

konnte die Stimmung beeinflussen. Ich konnte sehen, was Essen bewirkt.« Gutes Essen stiftet Glück, nichts ist friedlicher als ein mit Liebe zubereitetes Gericht, nichts sozialer als gemeinsames Essen. Kurze Zeit später muss Wam die nach ein paar Monaten an, die Strafe auf Bewährung auszusetzen. Wam will nicht. Der Richter hatte angeordnet, dass er als Freigänger drei Tage die Woche an die Universität nach Amsterdam kann, um ein Studium aufzunehmen. Aber nur unter Aufsicht einer Militäreskorte. Wam liebt die steifen Jungs aus gutem Hause, die ihn bewachen sollen. Zu seinen Lieblingsbeschäftigungen gehört es, ihnen Marihuana anzubieten. Wam schreibt sich in Soziologie und Psychologie ein, und da er zwei Jahre nicht auf Partys kann, wird er ein phänomenaler Student. Er schließt seine Studiengänge schnell ab und promoviert anschließend. In beiden.

Burki und Pjort bringen eine Kiste nach der anderen. Wam hängt entweder am Telefon, redet mit dem Bahnmitarbeiter oder trägt selber Kisten. Sie haben etwa die Hälfte erledigt. Burki und Pjort sehen geschafft aus. Irgendwann fällt ihnen auf, dass im Bahnhof Lichtenberg ein Supermarkt ist. Zehn, 15 Einkaufswagen stehen vor dem Eingang. Jeder andere würde hingehen, eine Münze in einen Wagen werfen und ihn mitnehmen. Burki will das nicht, er will um Erlaubnis bitten und der Frau an der Kasse die Situation erklären. Sonderzug, AKW, Schlepperei. Er fragt höflich bei der Verkäuferin nach. Die sagt, er solle sich gefälligst verpissen. Noch eine halbe Stunde.

Ernst mit dem Kochen wurde es für Wam Kat Anfang der 80er. Wam und einige Freunde hatten sich zu der Aktionsgruppe »Rampenplan« zusammengetan. Wam kann sich an die ersten Treffen noch gut erinnern. Es gab Schwierigkeiten, sich auf ein gemeinsames Ziel zu einigen, auf eine Vision. Sie waren gegen Chemiefabriken, gegen Militäranlagen, gegen Kernkraftwerke, gegen Atomwaffen und gegen Arbeitslosigkeit. Vor allem aber waren sie zu viert und pleite. Also redeten sie über Geld.

Sie waren gegen Chemiefabriken, gegen Militäranlagen, gegen Kernkraftwerke, gegen Atomwaffen und gegen Arbeitslosigkeit. Vor allem aber waren sie zu viert und pleite.

»Wir sollten einen Atom-Freistaat

ausrufen und Pässe verkaufen«, sagte einer. Die Mitglieder von Rampenplan hielten das für ein tragfähiges Geschäftsmodell. »Vom Erlös sollten wir ein Gelände neben Atomkraftwerken kaufen und dort permanente Aktionszentren einrichten, wo die Polizei uns nicht räumen kann.«

Ein anderer schlug vor, mit dem Geld eine Buchhandlung zu eröffnen, der Nächste wollte eine Siebdruckerei, Wam gefiel der Gedanke einer Kneipe. Sie machten sich daran, die Idee mit den Pässen umzusetzen.

Als Wam zwei Wochen später als offizieller Vertreter Rampenplans zu einem Vorbereitungstreffen für die Blockade einer Wiederaufbereitungsanlage in Utrecht ging, merkte er, dass niemand an die Verpflegung gedacht hatte. Jeder wollte eine Rede halten, keiner für 5 000 Menschen kochen. Wam erinnerte sich an seine Zeit als Hilfskoch auf der Rainbow. Er bot an, dass Rampenplan – diese neue, aufstrebende Aktionsgruppe, von der noch nie jemand etwas gehört hatte – sich um das Essen kümmern würde. Für alle. Auch ums Zelt und ein Solidaritäts-Café, das würde es ebenfalls geben. Kein Problem. Ohne Mampf kein Kampf. No pasarán!

»Meine Freunde hielten mich für komplett übergeschnappt. Wir waren zu viert und sollten für 5 000 Leute kochen.«

Eigentlich war Rampenplan etwas von der Pass-Idee weggekommen und hatte geplant, einen »Widerstandszirkus« ins Leben zu rufen. Mit Clowns, die Anti-Nato-Flugblätter verteilen. Wie man damit die Grundstücke neben den Atomkraftwerken kaufen würde, war noch nicht ganz zu Ende gedacht.

Zwei Wochen später hatte Wam das Zirkuszelt zum Essenszelt umgebaut, hatte Geschirr und Töpfe besorgt und für 5 000 Menschen eine Suppe gekocht, die nach gar nichts schmeckte. Aber ein paar Wochen später wurde Rampenplan wieder angerufen. Die nächste Demo. Wam und seine Freunde von Rampenplan waren jetzt Köche.

Die zweite Lieferung kommt gerade am Bahnhofsvorplatz an. Der Polizist hat zwar den Mercedes-Transporter nicht freigegeben, aber er hat wenigstens erlaubt, dass die

Lebensmittel umgeladen werden. Ein Freund hat sie geholt und lädt sie gerade ab. Pjort, Wam und Burki schwitzen. Nur Burki lächelt. Noch 20 Minuten.

Wam ist jetzt 54 Jahre alt. Mittlerweile wohnt er in Belzig in Brandenburg und ist für die Linke im Stadtrat. Wenn er nicht auf Demos kocht, hütet er Schafe. Er hat eine Herde Coburger Füchse, 23 weibliche, einen Widder und 14 Lämmer. Coburger Füchse sind eine alte deutsche Schafsart, von der es nur noch ganz wenige gibt. Erste Zoos nehmen sie schon in ihren Bestand auf. Die Rasse ist vom Aussterben bedroht, weil sie kaum Milch gibt und die Wolle eigentlich auch nicht zu gebrauchen ist. Es gibt effizientere Schafe für die Zucht, aber Wam war immer auf der Seite der Minderheiten. Auch bei der Wahl der Schafe.

Es ist nicht leicht, so ein Leben zu führen. Wam lebt von weniger als 300 Euro im Monat. Seine Freundin hat eine winzige alternative Buchhandlung in Belzig. Sie haben einen Garten, bei manchen Demos sind die Spenden höher als die Kosten für die Lebensmittel, was etwas Geld bringt. Wahrscheinlich hätte jemand mit zwei Promotionen einen leichteren Weg finden können, sein Leben zu bestreiten. Wam kann das nicht. Er ist konsequent, radikal konsequent, könnte man sagen.

»Wie soll ich mit einem Hamburger in der Hand glaubhaft gegen die Abholzung des Regenwaldes ankämpfen?«

Er sieht nicht ein, warum bei massiver Überproduktion in der Landwirtschaft alle vier Sekunden ein Mensch verhungern muss. Gleichzeit sterben Millionen Amerikaner an Adipositas, weil ihnen Lebensmittelfabrikanten erzählen, dass zwei Gallonen gezuckerter Orangensaft, vier Omeletten aus Fertigpulver und eine halbe Packung Cornflakes eine vernünftige Ernährung sind. Und wer 800 Kilometer fährt, um ein ganz bestimmtes Stück Fleisch zu essen, das ein ganz bestimmter Bauer artgerecht aufgezogen hat, der ist für Wam eigentlich noch schlimmer, denn der vermeintliche Genießer müsste es besser wissen.

Es hat keinen Sinn, mit Wam zu diskutieren. Man erkennt irgendwann, dass man einfach nicht über

Essen nachdenken will, wirklich ernsthaft nachdenken, weil man sonst verrückt würde oder Schafe in Belzig hüten müsste. Was die Fähigkeit der Menschen angeht, Dinge zu ändern, mag Wam falsch liegen. Was nachhaltiges Essen angeht, hat Wam recht. Immer.

Noch acht Minuten im Bahnhof Lichtenberg.

Pjort und Burki sind völlig am Ende, sie atmen schwer und lehnen sich an die Kisten. Sie hatten Glück, ein junger Mann, der im Müll nach Pfandflaschen suchte, hat ihnen geholfen. Einfach so. Wam war die meiste Zeit am Telefon. Er hat so lange auf die verschiedenen Bahnmenschen eingeredet, dass sie nun angeboten haben, einen außerplanmäßigen Halt zu machen. Es gibt zwar noch Diskussionen, ob wirklich Gleis 17 angefahren werden kann, aber es sieht gut aus.

Kurz nach halb zehn ist der Zug da. Die Bahn hat den ältesten Zug bereitgestellt, den sie auftreiben konnte. Einen alten Intercity. Die Sitze der Abteile sind durchgesessen, der Speisewagen in dunklem Holz getäfelt und die Kaffeemaschine antik. Der Zug hat sogar noch diese alten Toiletten, bei denen man die Gleise nach dem Drücken der Klospülung sehen kann, und die man deswegen nicht bei Bahnhofshalten benutzen darf, woran sich natürlich niemand hält. Burki und Pjort schaffen die Getränkekisten in die Kühlschränke, Wam verstaut seine Lebensmittel in den Schränken. Es wird Suppe geben. Er wusste nicht, was die Küche hergeben würde. Suppe geht immer. Er sieht glücklich aus. Es war wirklich knapp diesmal. Aus einer der Kisten kramt er ein riesiges Anti-Atomkraft-Plakat und hängt es von innen ans Zugfenster. Es ist ein alter Zug aus einer längst vergangenen Zeit, er klappert, er ist langsam, aber er gibt nicht auf.

Die Bahn hätte keinen besseren für Wam finden können. ∎

SITZBLOCKADE
Kartoffelpüree mit Endiviensalat, Lauch-Zwiebel-Sauce & grünem Salat

» **Zubereitung Kartoffelpüree mit Endiviensalat**
Kartoffeln waschen und schälen. Große Kartoffeln halbieren. Einen Topf finden, der mit allen Kartoffeln nur halb voll ist, oder mehrere Töpfe aufsetzen. Milch und 1 Tasse Gemüsebrühe, 1/2 Tasse Salz, 1 Handvoll Pfeffer, gewürfelte Karotten dazugeben. In der Zwischenzeit Endiviensalat waschen und in breite Streifen schneiden. Wenn die Kartoffeln fertig gegart sind, alle zerstampfen. Mit einem normalen Stampfer kommt man nicht weit, auf Demos haben sich Zaunpfosten bewährt. Danach gewürfelten Käse, die Butter und am Ende die Endivienstreifen dazugeben.

Zubereitung Lauch-Zwiebel-Sauce
Zwiebeln schälen, waschen, halbieren und in Ringe schneiden. Lauch waschen und in Ringe schneiden. Knoblauch schälen, auspressen und mit den Zwiebelringen in einem Topf mit dem Olivenöl andünsten. Wenn die Zwiebeln glasig sind, den Lauch dazugeben. Gut umrühren und weiter dünsten. Dann 5 bis 6 Liter Wasser, 1 Handvoll Salz und 1 Tasse Gemüsebrühe beimengen. 15 Minuten auf kleiner Flamme köcheln lassen. Die Tasse Maismehl in 1/2 Liter Wasser auflösen und rühren, bis es keine Klümpchen mehr gibt. Dann zugeben und kurz aufkochen. Zuletzt rote und grüne Paprika klein schneiden und unterrühren.

Zubereitung grüner Salat
Kopfsalat waschen. Das Dressing besteht aus dem Sonnenblumenöl, dem Saft der Zitronen, 3 bis 4 EL Salz und dem Honig. Zutaten vermischen, dann abschmecken und mit frischen Kräutern, wie Dill, Schnittlauch oder Liebstöckel, verfeinern. Das Dressing 1 bis 2 Stunden ziehen lassen und erst unmittelbar vor dem Servieren auf den Salat geben.

Zutaten | FÜR 100 PERSONEN

45 kg Kartoffeln
20 Köpfe Endiviensalat
10 kg Lauch
10 große Karotten
10 rote Paprika
10 grüne Paprika
10 kg Zwiebeln
2 Knollen Knoblauch
25 Kopfsalate
5 Zitronen
1 Tasse Maismehl
3–4 kg Hartkäse, z. B. Gouda, oder vegan: gebackene Tofuwürfel

10 l Milch
1–1,5 Päckchen Butter oder Margarine
Gemüsebrühpulver
2 bis 3 EL Honig
1 Handvoll Pfeffer
2 Tassen Salz
3/4 l Olivenöl
1 l Sonnenblumenöl
frische Kräuter (Dill, Schnittlauch oder Liebstöckel)

Ich kann versichern: In unserem Kühlschrank war nie Menschenfleisch.

OTONDE ODERA
Der Leibkoch Idi Amins über sein Leben an der Seite des Massenmörders

Irgendwann in den Fünfzigerjahren des vergangenen Jahrhunderts stehen Idi Amin, der künftige Diktator Ugandas, und Otonde Odera, ein junger Bursche aus der Nähe von Kisumu in Kenia, vor wichtigen Entscheidungen.

Idi Amin, damals noch ein unbekannter Brigadist, hat den Auftrag erhalten, das Waffenlager von aufständischen Nomaden zu zerstören. Die Rebellen weigern sich, den Standort des Lagers zu nennen. Seine weißen Kameraden von den »King's African Rifles«, einer Kampftruppe der britischen Kolonialmacht in Uganda, halten Idi Amin für einen »feinen Kerl«, wenn auch vielleicht, wie sie sagen, »etwas knapp an grauen Zellen«. Er hat ursprünglich als Küchenhilfe angefangen. Dieser feine Kerl stellt seine Gefangenen der Reihe nach auf und lässt sie die Hosen ausziehen. Er schiebt einen Tisch vor die Männer, lässt den Penis des ersten Gefangenen auf den Tisch legen und fragt erneut nach dem Versteck. In seiner Hand hält Amin eine Panga, eine Machete. Der Mann weigert sich zu antworten. Mit einem Hieb knallt die Klinge auf den Tisch. Der Rebell fällt nach hinten um, der Penis bleibt auf dem Tisch zurück. Amin wiederholt das Ganze. Wieder die Frage nach dem Waffenlager, wieder die Weigerung, wieder die Machete.

Der Neunte redet.

Idi Amin ist ein ehrgeiziger Mann ohne Schulbildung, Sohn eines Bauern vom Kakwa-Stamm. Er möchte nur eines: nach oben. Ein paar Jahre später wird er der Herrscher Ugandas sein. So viele Menschen wird er umbringen und den Krokodilen im Nil zum Fraß vorwerfen lassen, dass die Betreiber eines Staudamms jemanden einstellen müssen, der die Leichen entsorgt, weil diese die Zuflüsse zum Kraftwerk verstopfen.

Der andere Mann, Otonde Odera, ist das jüngste von 14 Kindern, geboren in einer kleinen Lehmhütte unweit von Asembo. Auch er Sohn eines Bauern, auch er ohne Schulbildung, genauso wissbegierig und ehrgeizig wie Idi Amin. Die Oderas haben so gut wie nichts, die Hütte, etwas Land, kein Vieh. Nach und nach sterben ihre Kinder. Malaria, Masern, Tetanus, Polio, eine Erbkrankheit, sie haben kein Geld für einen Arzt, also wird die Familie nie erfahren, warum ihre Kinder sterben. Keines wird älter als zehn. Mit einer Ausnahme, Otonde, der Jüngste, der Zäheste. Otonde Odera verlässt früh sein Dorf und versucht sich erst als Musiker, später als Hafenarbeiter und Fischer. Damals heißt es in Kenia, in Uganda sei das Gras grüner. Das Land ist in diesen Jahren ein Glücksversprechen, der fruchtbarste Boden Afrikas. Odera packt seinen Beutel und macht sich auf den Weg. Uganda, die Zukunft, die Perle Afrikas. Auch er findet eine Stelle als Küchenhilfe, bei einem englischen Pastor. Uganda ist mein Weg, sagt er sich, der Weg nach oben. Von einem Soldaten Idi Amin hat er noch nie etwas gehört.

»Mein Leben wird immer mit ihm verbunden sein.« Odera sitzt auf der wackeligen Holzbank in seiner Lehmhütte. Er hat darauf ein paar sparsam gepolsterte Kissen gelegt. Am Morgen hat er sein weißes Hemd und seinen Anzug angezogen. Er ist aus grauem Stoff, ziemlich abgetragen und viel zu warm, um in einer Lehmhütte zu sitzen. Jedes Mal, wenn jemand die Hüttentür aufmacht, weht von draußen heißer Wind herein. Es ist, als würde jemand eine Ofenklappe aufreißen. Fliegen kreisen um sein Gesicht. Ab und an vertreibt er sie mit einer kurzen Wischbewegung. Ein schwarzer Herr mit einer Haut, die zu glänzen scheint, und einem strengen, würdevollen Gesicht.

Odera weiß, was jetzt kommt. Fragen, ein Berg von Fragen. Fragen, die sie alle stellen, die ihn verfolgen, als sei nur das in seinen 74 Jahren auf dieser Welt von Bedeutung. Wie war es, für ein Monster zu kochen? Warum vertraute ihm der Diktator? Und warum vertraute er dem Diktator? Amin war bekannt dafür, jeden zu verdächtigen, ihn umbringen zu wollen. Wer sollte es leichter gehabt haben als der Leibkoch? Warum hat er es nicht getan? War er feige? Amin soll die Körper seiner revoltierenden Generäle gegessen haben. Stimmt es, dass er Kannibale war? Wie wird man nicht verrückt, wenn man weiß, dass der Mann, dem man das Essen macht, schon Leute hat umbringen lassen, weil sie seinen Wagen auf der Straße überholt haben? Was, wenn ihm nach einem Essen schlecht wird? Wurde ihm mal schlecht?

Odera ist ein Mann, der die Dinge gern ordentlich macht, also wird er alles der Reihe nach erzählen. Er möchte nicht vorgreifen, nichts auslassen. Die Teile sollen sich fügen, so wie sie sich ereignet haben, sodass am Ende etwas mehr von ihm bleibt, dem Bauernjungen, der es bis zum Chefkoch im Präsidentenpalast gebracht hat, mehr als die Frage: »Wie war Amin?«

Odera legt die Hände zusammen und spult im Geist 50 Jahre zurück. Father Robertson ist ein guter Mensch. Ein Pastor, den die anglikanische Kirche nach Uganda geschickt hat. Er liebt zwei Dinge. Die Bibel und das Essen, und Odera ist sich nie ganz sicher, was von beiden dem Geistlichen wichtiger ist. Er tippt aufs Essen.

Robertson findet Gefallen an Odera, der gerade bei ihm als Gartenjunge angefangen hat. Er mag, dass der Junge genau zuhört, nie etwas vergisst und die Anweisungen immer spurtend ausführt. Nach einer Weile beordert er ihn in die Küche. Odera wird *toto jikoni*, Küchenjunge. Er ist jetzt im Haus, eine Beförderung, sogar in der Küche darf er arbeiten. Alles ändert sich dadurch.

Essen hatte bis dahin in Oderas Leben insofern eine Rolle gespielt, als es nie genug davon gab. Er hat die meisten Jahre seines Lebens Ugali gegessen. Den Getreidebrei, mit dem die meisten hier sich ernähren. Maiskörner werden mit etwas Wasser in einem Mörser zerstoßen, anschließend unter Zugabe von Wasser aufgekocht. Wenn das Ganze eine harte Konsistenz erreicht, vergleichbar mit einem Knödel, nimmt man es vom Feuer und beißt rein. Salz ist ganz schön, es geht aber auch ohne.

Ab und zu hat Odera gegrillten Fisch aus dem Victoriasee gegessen, damals als Fischer. Eher selten. Die Tage, an denen er Fleisch verzehrt hat, kann er an einer Hand abzählen. Er könnte nicht sagen, wie Schwein oder Lamm schmeckt. Father Robertson bringt Odera in den kommenden Jahren nicht nur das Kochen bei, er macht etwas viel Besseres. Er bringt ihm die Liebe zum Essen bei. Er teilt einen Schatz. Odera versteht irgendwann, dass man ein Ei nicht nur braten und Milch nicht nur trinken kann, man kann etwas Mehl und Zucker dazugeben, und plötzlich entsteht etwas Neues, etwas Leckeres, das er so noch nie gekostet hat. Verschiedene Zutaten mischen, das ist das Geheimnis. In Europa ein trivialer Gedanke. Für einen Bauernjungen aus Kenia, der selten mehr als eine Zutat in der Hand gehalten hat, eine Offenbarung.

Sunday Roast, Yorkshire Pudding, Mince Pies, Pork Pies, Chicken Kiev, Onion Soup, Beef Stew, Garlic Tart, Chicken Curry, Pork Casserole. Es sind die letzten Seufzer des glorreichen englischen Empire. Noch im 19. Jahrhundert sprach man in Frankreich von der wunderbaren *cuisine anglaise*. Die Briten hatten durch ihre Kolonien Zugang zu exotischen Gewürzen, zu ungewohnten Lebensmitteln. Wer gut essen wollte, ging nach England. Lange her, aber Father Robertson klammert sich wie ein Ertrinkender an diese Tradition.

Odera saugt das alles in sich auf. Er lernt Suppen zu machen, die er nicht überwürzen darf, wozu man anfangs immer neigt. Er darf Gemüse kochen, nicht zu lange, sonst verliert es seinen Geschmack. Odera macht es wie im Garten. Er hört zu, merkt sich alles und beeilt sich bei der Arbeit. Die Zutaten in Uganda, wenn man sie denn bezahlen kann, sind sensationell.

Sechs, sieben Jahre später wird Robertson von der anglikanischen Kirche zurück nach London berufen. Er ist froh zurückzukehren, hinterlässt aber in seinem geliebten Uganda einen der wenigen Schwarzen in der Hauptstadt Kampala, die wirklich kochen können.

Etwa zur gleichen Zeit boxt sich ein fast zwei Meter großer, etwa 140 Kilo schwerer Koloss an die Spitze des Staates. Idi Amin wird von 1951 bis 1960 Boxmeister seines Landes. Es dient unter den Briten als Askari, so heißen die einheimischen Soldaten, die im Dienst der Kolonialmacht stehen. Als Stabsfeldwebel metzelt er ein Dorf mit Mau-Mau-Rebellen nieder. Seine Soldaten massakrieren Frauen und Kinder, sie vergewaltigen und plündern. Ein Militärrichter will Amin verurteilen, aber seinen Vorgesetzten fällt wieder ein, wie herzerfrischend der feine Kerl lachen kann. Zwei Jahre später erhält er als erster Farbiger Ugandas den Offiziersrang. Als im Jahr 1967 das Land seine Unabhängigkeit erklärt, übernimmt Amin übernahme einen Koch suchte, war das Oderas Stunde. Der neue Staatschef brauchte einen Koch, der nicht nur die traditionelle ugandische und afrikanische Küche beherrschte, er wollte jemanden, mit dem er weiße Gäste beeindrucken konnte. Odera bewarb sich, und da niemand anderes so viele Gerichte für Weiße kannte, bekam er die Stelle. Er hatte es als Analphabet ins State House geschafft, den Präsidentenpalast.

Er hatte es als Analphabet ins State House geschafft, den Präsidentenpalast.

den Oberbefehl über die Streitkräfte. Vier Jahre später, im Januar 1971, putscht er sich an die Macht. Ein paar Tage später trifft er zum ersten Mal seinen Leibkoch, Otonde Odera. Odera war es gut ergangen nach Father Robertsons Weggang. Er fand recht schnell eine Anstellung bei einem weißen Diplomaten, der es kaum fassen konnte, dass ein Schwarzer so gut kochte. Bald konnte er ein ordentliches Gehalt verlangen, und als Milton Obote, der Vorgänger Amins, nach der Macht-

Anfangs, gleich nach Amins Machtübernahme, machen sich Odera und die anderen in der Küche Sorgen. Der Koch gehört für viele neu gewählte Präsidenten irgendwie zur Inneneinrichtung des neuen Arbeitsplatzes. Es gibt welche, die dekorieren um, die wollen, dass alles Alte ausgetauscht wird, neue Zeiten, alles muss raus, auch der Koch. Amin gehört glücklicherweise nicht zu dieser Gruppe.
Im Gegenteil. Amin stellt sich als unkomplizierter, sympathischer Chef

heraus, ein feiner Kerl. Er ist lustig, gut gelaunt, großzügig, jemand, der gern und laut lacht, wenn auch meist über seine eigenen Witze.

Gastronomisch betrachtet, geht es sofort aufwärts. Amins Vorgänger, Milton Obote, ein ernster, gebildeter Mann, aß am liebsten Gemüse. Odera nervt der Beilagenesser, er versteht nicht, warum ein Mann, der sich alle Lebensmittel der Welt leisten kann, nur gebackene Kartoffeln und Reis möchte. Amin ist da anders, ganz anders. Er liebt Fleisch. Bis auf Schwein, er ist Moslem, isst er alles. Am liebsten Ziege. Für eines der ersten Bankette, die Amin organisiert, lässt sich Odera mehrere Ziegen liefern. Er nimmt sie aus, säubert sie von innen und füllt sie mit Reis, frischem Gemüse und verschiedenen Kräutern. Dann näht er den Ziegen den Bauch wieder zu und schiebt sie in den Ofen. Zwei Stunden bei schwacher Hitze. Immer wieder holt er sie heraus und beträufelt sie mit Fett. Die Haut wird zu einer festen, knusprigen Kruste. Odera richtet auf riesigen Tabletts und mithilfe von Stützhölzern die Ziegen so an, dass sie stehend in den Speisesaal getragen werden können. Amin ist begeistert. Nach dem Essen kommt der Kellner mit einem Bündel Geldscheine in die Küche: »Das ist für dich, sagt der Präsident. Und er hat auch gesagt, dass wir alle ab morgen das dreifache Gehalt bekommen.« Einen Tag später steht ein Mercedes vor dem Lieferanteneingang des State House. Das neue Auto für den Leibkoch des Präsidenten.

Odera weiß nicht, was er denken soll. Wahrscheinlich besteht der entscheidende Trick von Diktaturen darin, es einem Teil der Menschen so gut gehen zu lassen, dass ihnen egal ist, was mit dem anderen Teil geschieht.

Natürlich bekommt er die Gerüchte mit. Den ganzen Wahnsinn, den man sich erzählt. Im Makindye-Gefängnis soll man die Gefangenen zwingen, einander mit Vorschlaghämmern die Köpfe einzuschlagen. Dann schneiden die Wächter Fleischstücke aus den Leichen, braten sie und geben sie den Überlebenden zu essen. Rebellen werden gefragt, ob sie eine Zigarette wollen. Ihre Antwort wartet man nicht ab. Stattdessen wird ihnen der Penis abgeschnitten und so tief in den Mund gestopft, bis sie daran erstickten. Der ehemalige Außenminister Ugandas soll am Ufer des Victoriasees in Stücken angeschwemmt worden sein.

Das sind alles Gerüchte, sagt sich Odera. Nur Gerüchte, die Leute reden viel. Der Mercedes ist echt.

Idi Amin mag seinen neuen Koch. So sehr, dass er darauf besteht, ihn überallhin mitzunehmen. Odera fliegt in einer der beiden 707 mit, die im Ausland bald nur noch »Uganda-Whisky-Airline« genannt werden. Zwei-, dreimal pro Woche fliegt eine Maschine nach London und bringt Alkohol, Zigaretten und Mercedes-Ersatzteile.

Odera fliegt nach Pakistan, nach Saudi-Arabien, nach Kenia. Er muss bald nicht mehr selbst kochen, er muss nur dafür sorgen, dass alles so ist, wie er sich das vorstellt. Die Dinge entwickeln sich gut für ihn. Amin zahlt pünktlich. Odera wird ein wohlhabender Mann. Er kann es sich leisten, noch mal zu heiraten. Neben Elisabeth, seiner ersten Frau, nimmt er sich eine zweite, dann noch eine, am Ende sind es fünf Ehefrauen. Amin hat auch nicht mehr.

In der Küche wird Odera mit der Zeit strenger, er duldet keine Fehler von seinen Untergebenen. Sie seien nicht zum Vergnügen hier, sagt er ihnen. Er ahnt nicht, wie recht er damit hat.

An einem Abend, Odera hat frei, stürmen zehn bewaffnete Soldaten in die Küche. Oderas Mannschaft muss sich auf den Boden werfen und die Hände über dem Kopf verschränken. Einem von Amins Söhnen ist nach dem Abendessen schlecht geworden. Er ist jetzt beim Arzt. Amin kommt wutentbrannt in die Küche. »Wenn sich herausstellt, dass ihr meinen Sohn vergiften wolltet, dann bring ich euch alle um, euch alle.«

Der Arzt untersucht den Jungen. Es stellt sich heraus, dass der Kleine zu viel gegessen hat. Es geht ihm schnell wieder besser. Am nächsten Morgen ist Amin wieder der feine Kerl. Er ist wie verwandelt.

Odera wird künftig noch genauer auf das Essen achten, noch bessere Zutaten besorgen, noch strenger mit seinen fünf Köchen und der Horde Küchenhelfer sein. Sie müssen verstehen, dass es seine Küche ist. Er ist der Chef, niemand darf ihm hier widersprechen, sein

Reich, seine Regeln. Oderas ältester Sohn Edi, der mit Amins Kindern spielt, nennt seinen Vater irgendwann einen Diktator. Es rutscht dem Kleinen raus, weil der Vater so ernst ist. Odera verprügelt ihn.

Auch Ugandas Staatspräsident findet, dass er mehr Respekt verdient. Es reicht ihm nicht, dass er Willy Brandt, Jassir Arafat, Papst Paul VI., Tito, Fidel Castro, Gaddafi trifft, dass er vor der UN in New York reden wird. Er hat es geschafft, er ist jetzt oben. Die Frage ist jetzt, was stellt man hier oben an?

Eine der ersten Amtshandlungen ist es, den ihm bis dahin sehr wohlgesinnten Israelis einen Besuch abzustatten. Er möchte 24 Kampfbomber, um sich quer durch Tansania einen Zugang zum Indischen Ozean freizubomben. Da sich die Israelis weigern, will er sich mit einem Hitler-Denkmal am Victoriasee rächen. Der russische Botschafter Alexej Sacharow redet ihm die Idee aus.

Später bietet Amin der englischen Königin Elizabeth an, nach Uganda zu kommen, »falls sie mal einen richtigen Mann« brauche. Nixon wünscht er per Telegramm eine »baldige Erholung von der Watergate-Affäre«, den tansanischen Präsidenten Julius Nyerere nennt er einen »Syphilitiker«. England bietet er während der Wirtschaftskrise Bananen gegen den Hunger an. Bei offiziellen Anlässen will er wie folgt vorgestellt werden: Seine Exzellenz Präsident auf Lebenszeit, Feldmarschall Al Hadji Doktor Idi Amin Dada, Träger des Victoria-Kreuzes, des Militärkreuzes, Herr aller Kreaturen der Erde und aller Fische der Meere und Eroberer des Britischen Empires in Afrika im Allgemeinen und Ugandas im Speziellen – und Professor für Geografie.

1978 merkt Odera, dass es nicht mehr lange gut gehen kann. In den Geschäften gibt es kaum Waren, Amin hat alle Inder aus dem Land

Der ehemalige Außenminister Ugandas soll am Ufer des Victoriasees in Stücken angeschwemmt worden sein.

geworfen, die damals den Handel dominierten. Es kommen immer weniger Staatsgäste, weil Amin international immer mehr Feinde hat. Und Odera weiß auch, dass es eben schon lange keine Gerüchte mehr sind. Er war dabei, als Amins zweite Frau Kay von Wachen abgeführt wurde. Ein paar Tage später fand man sie zerstückelt im Kofferraum eines Autos, man hatte ihre Gliedmaßen verkehrt wieder an den Rumpf genäht. Amin zeigte die entstellte Leiche seinen Kindern: »Seht euch das an, eure Mutter war eine böse Frau.« Odera ahnte, es würde nicht gut gehen. Und es geht nicht gut.

Das Makindye-Gefängnis hat seinen Namen von dem Hügel, auf dem es steht, Makindye Hill. Man passiert ein schweres Metalltor, dann eine Schranke, und steht vor einem dreistöckigen Zweckbau, dem die gelbe Außenfarbe fast ein freundliches Aussehen verleiht. Niemand kann sagen, wie viele Menschen hier abgeschlachtet wurden. Tausende waren es sicher. Elisabeth, Oderas erste Frau, hatte sofort angefangen zu weinen, als sie die Männer in Uniform sah. Sie umstellten das Haus und sagten, sie würden den Leibkoch des Präsidenten ins Makindye-Gefängnis bringen. Er habe versucht, den Staatspräsidenten zu vergiften.

Odera wurde zusammen mit 100, vielleicht 200 anderen Gefangenen in eine Zelle geworfen. Die Wächter waren alle vom Kakwa-Stamm, zu dem auch Amin gehörte. An den Halftern baumelten Knüppel und Macheten. Der Boden war blutverschmiert. Alle paar Minuten machte einer der Wärter die Tür auf, packte sich einen Mann und zog ihn raus. Draußen hörte man Schreie, Klingen, die in Körper gerammt wurden. Dumpfe Schläge. Odera hatte viele Tiere geschlachtet, er wusste, wie eine Machete klingt, die Fleisch durchtrennt, und wie sich der Klang unterscheidet, wenn man auf Knochen trifft. Jedes Mal, wenn die Tür aufging und ein anderer Gefangener geholt wurde, konnte man das Gemetzel besser hören.

»Ich war sicher, dass Amin mich umbringen würde«, sagte Odera. Vier Tage war er im Gefängnis, irgendwann hörte er seinen Namen. Draußen standen zwei Polizisten, die ihn zum Ausgang brachten. Sie machten ihm die Tür zu ihrem Polizeiauto auf und fuhren ihn ins State House. Dort warteten seine Frau Elisabeth und die Kinder. Offenbar hatte Elisabeth die letzten vier Tage geweint, so lange, bis Madina, die Amin 1974 geheiratet hatte, zu ihrem Mann ging und um Gnade bat. Sie erwischte ihn in einem guten Moment. Ein Lastwagen brachte Odera und seine Familie nach Busia, eine Grenzstadt zwischen Uganda und Kenia. Amin und Odera sahen sich nie wieder.

Idi Amin starb 2003 in Saudi-Arabien, als reicher, übergewichtiger, sorgenloser Gast des saudischen Königs.

Die Mittagshitze weicht langsam aus der Hütte. Odera hat sein Jackett ausgezogen. Elisabeth hat es zusammengelegt. Sie ist die Einzige, die geblieben ist. Von den Ehefrauen aus Uganda hat er schon lange nichts mehr gehört. Er ist heute ein armer Mann in einer Lehmhütte. Er kann sich mehrere Frauen nicht leisten. In seiner Heimat brauchte nach seiner Rückkehr niemand einen Koch, der für Weiße kochen konnte. Odera arbeitete als Fahrer, zuletzt wieder als Bauer.

Es bleiben also nur noch zwei Fragen. War Amin Kannibale, wie viele sich erzählen?

Odera lächelt. »Ich kann versichern: In unserem Kühlschrank war nie Menschenfleisch. Das war eine Legende, die er in die Welt gesetzt hat, damit seine Feinde ihn fürchten. Er war kein Kannibale.«

Wollte er Amin vergiften, oder warum kam er ins Gefängnis?

So schnell, wie Oderas Lächeln bei der Kannibalenfrage erschienen ist, so schnell ist es wieder weg. »Amin hatte damals Streit mit Kenyatta, dem Staatspräsidenten Kenias. Ich war einige Tage in meinem Dorf gewesen, und während meiner Abwesenheit muss ihm jemand erzählt haben, dass ich, sein kenianischer Leibkoch, ihn vergiften wolle. Das war Unsinn, ich hatte nie vor, ihn zu vergiften.«

Hat er mal überlegt, es zu tun?

»Ich? Warum denn? Ich war doch nur der Koch.« ∎

TILAPIA UGANDA IN WEISSER SAUCE

» *Zubereitung Fisch*
Fisch ausnehmen und filetieren. Kopf und Schwanz in Mehl wenden und in Öl kurz anbraten. Zur Seite legen.
Den filetierten Fisch würfeln, salzen und pfeffern und in Mehl wenden.
In Speiseöl braten, bis er goldbraun ist.

Zubereitung Sauce
Butter in einem Topf erhitzen, 1 Teelöffel Mehl dazugeben, umrühren. Ein wenig Milch zugeben.

Zubereitung Beilage
Bohnen in Wasser garen, abseihen, in einer Pfanne in heißer Butter schwenken, mit Salz und Pfeffer abschmecken.

Fisch mit der Sauce vermengen. Kopf und Schwanz des Fisches als Dekoration auf den Teller legen. Dazwischen die Fischstücke platzieren. Mit Tomaten, Gurkenscheiben und rohem, in Streifen geschnittenem Weißkohl anrichten. Dazu die Bohnen reichen.

Zutaten | FÜR 2 PERSONEN

1 Tilapia (Buntbarsch)
Mehl
Salz
weißer Pfeffer
2 Tassen Speiseöl
75 g Butter
1/4 Tasse Milch
250 g grüne Bohnen
1 Tomate
1 Gurke
1/2 Weißkohl

Die Wahnsinnigen sind es, die die Welt befeuern. Solche Leute braucht's.

VINCENT KLINK
Der klügste deutsche Koch duscht in seinem Garten, liest Raddatz und erklärt, warum man Pellegrino nicht trinken darf

Der eine ist wohl der beste Tubaspieler der Welt, Michel Godard, ein Kanadier mit Bart, rotem Denkerschal und feinen Händen, ein unglaublicher Musiker. Der andere, Patrick Bebelaar, ist Jazz-Pianist, virtuos, schnell, präzise, ungestüm, Hochschuldozent, und der Dritte, der im Vergleich zu den anderen, wie er selbst sagt, »koi Ahnung hett von Musik«, der Dritte, das ist der Star des Abends. Er füllt das Haus, für ihn haben sich viele Augsburger in ihren besten Acryl-Pullunder geworfen und sind am Sonntagabend ins Parktheater gekommen. Der Dritte ist kein Musiker, der Dritte ist Koch. Vincent Klink aus Stuttgart, der lustige Dicke aus dem Nachmittagsfernsehen, den Millionen Zuschauer mögen, weil er so aussieht, wie man sich einen Koch vorstellt, weil er nicht »Scheiße« und »Katastrophe« sagt, sondern »Schois« und »Kaddaschdroffe«, und weil sie glauben, er sei ein bisschen wie sie selbst, irgendwie gemütlich, irgendwie normal.

Hinter der Bühne, eine schmale Metalltreppe runter, wartet Klink in der Künstlergarderobe auf den Auftritt. »Vincent Klink, musikalisch-kulinarische Lesung« stand auf einem Plakat am Theatereingang. Klink wird heute aus seinen Texten lesen, Koch-Anekdoten von früher aus seiner Zeit im Münchner Humplmayr erzählen, als Soraya, Aga Khan und Curd Jürgens das Lokal zum degeneriertesten Ort Deutschlands machten. Dazu wird Godard Tuba und Serpent spielen, Bebelaar Klavier, Klink Basstrompete. Er ist über 60 und hat gerade ein Musikstudium begonnen, von dem nur Gott weiß, wann er es beenden wird. Klink übt zwar jeden Tag drei Stunden, aber er steht auch jeden Tag in seiner Küche.

Klink lehnt an der Fensterbank. Er trägt ein weites blaues Jackett, ein schwarzes T-Shirt und eine schwarze Hose, die etwas zu kurz ist. Sein Gesicht ist friedlich, wirkt freundlich, wache Augen, geschwungene Lippen.

Es sind noch ein paar Minuten bis zum Auftritt. Draußen füllt sich langsam der Saal. Klink denkt gerade über einen Satz von Nick Hornby nach. Hornby hat mal gesagt, dass er nur deshalb Romane schreibt, weil es fürs Singen von Popsongs nicht reicht. Er, der Millionen Bücher verkauft hat, glaubt, dass Musik mächtiger ist als Text. Magischer, direkter, emotionaler, che Besamung ist prima, aber die Kuh muss trotzdem etwas spüren.«

Derzeit arbeitet Klink an einem Roman. Er ist ein guter Autor, weil er ein bescheidener, oft zweifelnder Schreiber ist, der verstanden hat, dass gut geschrieben immer erst gut gedacht ist.

Klink fragt Godard, der gerade ins Zimmer gekommen ist, was er von Hornbys Idee hält. »Musik, finde ich, ist mit nichts zu vergleichen. Nichts kann daran heranreichen«, sagt Godard.

»Künstliche Besamung ist prima, aber die Kuh muss trotzdem etwas spüren.«

und wer schon mal verliebt eine Puccini-Arie gehört hat, weiß, was Hornby meint.

Klink gefällt der Gedanke. Er selbst schreibt schon lange. Magazine buchen ihn als Autor, er schreibt Kochbücher, Tagebuch, er gibt eine Zeitschrift heraus. Vor einigen Jahren erschien seine saukomische Biografie, die den hinreißenden Satz über Klink senior enthält, einen Tierarzt, der sich weigerte, Gummihandschuhe anzuziehen: »Künstli-

Klink nickt. »Erscht die Musik, dann das Kochen und dann das Schreiben, das isch die Reihenfolge.« Klink lässt die Antwort noch etwas nachwirken, dann hopst er von der Fensterbank. Draußen ertönt das Theaterklingeln. Sie müssen auf die Bühne.

Klink ist einer der besten Köche Deutschlands. Er hat seit Jahrzehnten einen Stern, und würde er seinen Kellnern sagen, dass sie ihre Rücken etwas mehr durchdrücken und die Pobacken etwas kräftiger zusammenkneifen sollen, würde er etwas weniger Kuttelwurst und Kalbsnieren im Fettmantel auf die Karte setzen, dafür etwas mehr Espuma, etwas mehr feine Pipetten und etwas weniger grobe Schöpfkellen in seine Küche lassen, Klink bekäme auch einen zweiten. Aber Klink, so liebenswürdig er aussieht, ist ein sturer Hund.

ker, Kleinwagenfahrer, Guzzi-Pilot, Venedig-Verteidiger, Arno-Schmidt-Verehrer, Nestlé-Ankläger, einer der wenigen in Stuttgart, die Daimler keinen Firmenrabatt geben, umtriebig Suchender, Getriebener, Schnösel, Botschafter der Aussage: »Esst nicht die Cornflakes, esst die Verpackung, sie ist gesünder.« Das ist Klink, ein Mann, der aussieht,

> »Das hatt's damals net gebbet, Selbstverwirklichung: Links, rechts eins hinter die Löffel, und die Welt war zurechtgerückt.«

Wenn man sich nach ihm erkundigt, stellt man fest, dass viele seiner Freunde keine Köche sind. Es sind Musiker, Autoren, Künstler. Till Brönner hat ihm einen Blues gewidmet, Martin Walser ein Gedicht, mit Wiglaf Droste geht er auf Lesereise. Spricht man mit den Freunden, kommt eine schöne Sammlung seltsamer Beschreibungen zusammen. Malocher, Lieferantenschreck, Literatenfreund, Hobbyimker, Hobbyangler, Hobbykanute, Profigenießer, Bärlauch- und Pellegrinoverweigerer, Frischefanatiker, Hasser toskanischer Cabernets, Côte-Rôtie-Trin-

als könne er den »Musikantenstadl« moderieren, dabei hat er nicht mal einen Fernseher. Ein Mann, bei dem viele seiner Gäste gutbürgerliches Kochen und gutbürgerliches Denken verwechseln. Klinks Vater war Tierarzt in Schwäbisch Gmünd, ein polternder großer Mann, der es mit Fleiß und Schwarzarbeit zu schönem Nachkriegswohlstand gebrachte hatte. Die Bauern, die der alte Klink besuchte, kamen mit der rauen Art des Veterinärs gut zurecht. Mehr Schwierigkeiten hatte sein Sohn, Vinzle, wie man ihn nannte. Er war 1949 auf die Welt gekommen und ein schlechter Schüler. Der Vater, ehemaliger Wehrmachtssoldat, nannte ihn »Faulenzer, Flasche, Diplompfeife«, manchmal auch »Schande der Dynastie«. Es war nicht unbedingt ironisch gemeint. Vincent interessierte sich fürs Zeichnen, er mochte Kunst, Literatur und diese neue Musik aus Brasilien, die Bossa Nova hieß und von Leuten wie Luiz Bonfá und João Gilberto gemacht wurde.

Ende der 60er, zehn, 15 Jahre später also, hätte Klink womöglich rebelliert. Aber es waren die späten 50er. Adenauer war Kanzler, und Schwäbisch Gmünd war der falsche Ort für eine Revolution. Als praktischer Mann, der gerne gut aß und dem der Gedanke zu gefallen schien, einen Gastronomen in der Familie zu haben, beschloss der Vater: Vincent wird Koch. Die wichtigste Entscheidung seines Lebens, Klink traf sie nicht selbst.

»Das hatt's damals net gebbet, Selbstverwirklichung: Links, rechts eins hinter die Löffel, und die Welt war zurechtgerückt«, sagt Klink. Viele Jahre später wird er schreiben, dass sein Lebensmotto mittlerweile sei, seinen eigenen Weg zu gehen und es immer anders zu machen, als man es eigentlich machen sollte, vor allem immer anders als die Mehrheit. Offenbar fand 1968 bei Klink erst später statt.

Es ist kurz nach sieben am Morgen, der Augsburger Auftritt liegt ein paar Tage zurück. Klink sitzt in seinem Gartenhäuschen und spielt Trompete. Er hat die Nacht hier verbracht, im Garten seines Restaurants unweit der Stuttgarter Innenstadt. Das Häuschen ist klein, es hat nur ein Zimmer. An der Wand steht ein Klavier, schräg gegenüber ein Tisch mit einem Computer, rechts davon ein schmales Bett. Darunter eine Kiste mit Büchern. Eine Dusche gibt es nicht. Klink hat am Morgen die Kompostdusche im Garten benutzt. Heute funktioniert sie, es ist Februar und es hat knapp über null Grad. Vor ein paar Tagen stand er schon mal nackt im Freien unter dem Ding und wartete vergebens auf Wasser. »Schon erstaunlich, wie genau die Natur funktioniert, ein halbes Grad unter null, und nichts geht, gefroren«, sagt Klink. Er ist dann in den kleinen Tümpel unweit des Häuschens gestiegen. Manchmal braucht er das, sagt er.

»Die Wahnsinnigen sind es, die die Welt befeuern.«

Seine Frau, die von der gemeinsamen Wohnung über dem Restaurant aus das Gartenhaus sehen kann, ist ein toleranter Mensch. Das Sternerestaurant Wielandshöhe, so heißt Klinks Lokal, hat 25 Mitarbeiter und im letzten Jahr zwei Millionen Euro Umsatz gemacht. Der Chef duscht im Februar draußen.

Klink macht die Espressomaschine an. In dem Häuschen verbringt er die meiste freie Zeit. An Sonntagen, an denen er nicht auftritt oder »dienstlich« essen geht, ist er hier. Er kommt nur zum Abendessen raus. Am Montag, ebenfalls Ruhetag, bleibt er bis ungefähr drei in seinem Bau. Den Montagnachmittag verbringt er mit seiner Frau. »Ich habe zwei Kinder, und meine Botschaft ist, lasst mich ja in Frieden. Aber wenn es klemmt, bin ich sofort da. Ich bin nicht Daddy Vincent, aber ich bin da. Meine Sehnsucht ist nicht das Alleinsein, aber ich habe jeden Tag Leute um mich in der Küche. Die Zeit hier, das ist für mich ein Selbstheilungsreflex.« Ein wichtiger Bestandteil des Heilungsprozesses ist die Trompete. Nachmittags, wenn das Restaurant um zwei schließt, fährt Klink zur Musikhochschule und hört sich Vorlesungen an. Wenn er nicht übt, beobachtet er aus dem Häuschen heraus Vögel mit seinem Feldstecher, surft im Internet oder liest. Es müsse immer erst etwas rein in den Kopf, bevor wieder etwas herauskommt. Gerade hat er sich die Raddatz-Biografie vorgenommen. Auf Seite 18 erzählt Fritz Raddatz, wie seine Stiefmutter ihn entjungfert. Er ist damals elf Jahre alt. Der Vater schaut dabei zu. Es ist kein leichtes Buch. Klink mag es genau deswegen, er mag Raddatz, den ehemaligen Feuilletonchef der *Zeit*. »Die Wahnsinnigen sind es, die die Welt befeuern. Der Raddatz ist ein eitler Tropf, ein Wahnsinniger, aber solche Leute braucht's.«

Es gäbe immer weniger dieser Männer, weil einem hierzulande die Kanten abgeschliffen werden, das Stromlinienförmige wird bevorzugt. Klink hätte gern mehr Kanten in Deutschland.

Sein erster Meister war Kriegskoch, Walther Haas in Lörrach, ein Mann, der am liebsten ein gebrülltes »Jawoll« hörte, wenn er eine Anweisung gab. Später arbeitete Klink im Adler in Rastatt und im Humplmayr in München, das sich damals die Extravaganz leistete, schwule Kellner zu beschäftigen. Es waren gute Jahre, sagt Klink. Er war

Klink geht die 200 Meter den Hang hoch und betritt die Küche durch den Lieferanteneingang. Er bleibt am Eingang stehen und schneidet von einem großen Laib eine

Klink frühstückt jeden Morgen das Gleiche, ein Butterbrot. Es ist nicht bescheiden, es ist konsequent.

weder faul noch blöd und lernte viel in kurzer Zeit. Die anderen Köche fanden es seltsam, dass er ständig in der Zeitung las, aber er kompensierte es dadurch, dass er mindestens so viel soff wie sie. Küchen funktionieren in dieser Beziehung so ähnlich wie Baustellen. Respekt kann man sich ersaufen.

1974 machte Klink sein erstes Restaurant in Schwäbisch Gmünd auf. Der Vater hatte das Lokal gepachtet und seinen Sohn dazu gedrängt, möglichst schnell seinen Meister zu machen. Das Postillion warf nie Geld ab. 1991 machte er es wieder zu und eröffnete ein anderes, diesmal in Stuttgart, die Wielandshöhe. »Sollen mer g'schwindt rüber in die Küche? Es ist neun, die sind schon am schaffe.«

Scheibe Brot ab. Klink frühstückt jeden Morgen das Gleiche, ein Butterbrot. Es ist nicht bescheiden, es ist konsequent. »Vom Einfachen das Beschte«, Klink sagt das gern. Man kann auch eine Butterstulle ins Extrem treiben. Der Bäcker, der das Brot macht, lässt sich das Mehl von einem ganz bestimmten Betrieb in Italien liefern. Die Butter ist gesalzene Rohmilchbutter aus der Normandie. Rohe Milch ist nicht hygienisch, eine »Kaddaschdroffe«, aber Klink hat alles probiert, in Deutschland gibt es nur »Fettschmiere« zu kaufen. Die Butter muss aus der Normandie kommen. Und sie muss aus Rohmilch sein.

Klink ist ein ruhiger Chef, fast väterlich. Er läuft langsam durch die nicht sehr große Küche, und wenn

»Die Wahnsinnigen sind es, die die Welt befeuern.«

ihm etwas nicht gefällt, geht er zum Saucier oder zum Entremetier, tippt ihm auf die Schulter und sagt: »Isch würd's ja so mache.«

Es gäbe tatsächlich Köche, die das für einen Vorschlag halten, über den man diskutieren könne, sagt Klink, aber in der Regel verstehen sie, was er meint. Es ist kein Vorschlag. Klink möchte nicht schreien. Er sei zu alt dafür und es nutze sich ab. Wenn es mal nötig sein sollte, lässt er brüllen. Das macht Herr Widmann, Klinks Küchenchef, ein junger Mann mit Tattoos, muskulösen Armen und kurz geschorenem Haar. Er hat ein paar Jahre in den USA gekocht und dort mehrere Hundert Essen am Abend rausgehauen. Er sieht in seinem gestärkten Kochkittel wie ein verkleideter Preis-Catcher aus. Klink hält viel von ihm. Widmann kann kochen, und weder die Lieferanten noch die Brigade kommen auf dumme Gedanken, wenn er in der Küche steht.

»Chef, Kaffee für Sie?«, fragt Widmann.

Klink hat sich in das Küchenbüro gesetzt. Er kaut noch an seinem Butterbrot und nickt. Widmann rauscht davon, beim Rausgehen bleibt er bei Jörg, dem Saucier, stehen und schaut sich kurz an, wie er Poularden ausnimmt.

Klink besteht auf französisches Geflügel, auch wenn es ihn stört, dass die Tiere so weit fahren müssen. In Frankreich sind aber die besten Züchter der Welt. Das beste Kalbsschnitzel hat er allerdings in Italien gegessen. Er gehört zu den wenigen Köchen, die sich nicht zwischen Frankreich und Italien entscheiden wollen.

»In Frankreich suche ich das Dunkle, den Herbst. Im Burgund habe ich mir alle romanischen Kirchen angeschaut, diesen Chabrol-Groove, den mag ich. Italien aber, das ist für mich Freude, Italien ist hell, ist Leben. Kommt mir schon entgegen. In Neapel fühl ich mich sauwohl.«

Widmann kommt mit der Kaffeetasse zurück und stellt sie auf den Tisch. »Noch was, Chef?«

»Unten, im Keller, steht eine Kiste mit Silberbesteck, das müsste jemand mal sauber machen.«

»Kümmere mich darum, Chef«, sagt Widmann und kommt nach ein paar Minuten wieder mit einer riesigen Kiste perfekt polierter Löffel und Gabeln. »Ich hatte das gestern schon erledigen lassen.«

Als Fernsehkoch kann sich Klink seine Mitarbeiter aussuchen. Er hat in den letzten Jahren kaum einen Lehrling ohne Einser-Abitur genommen. Das Berufsbild hat sich durch das Fernsehen geändert. Wenn Klink die Küche verlässt, um mit den Gästen zu reden, verbringt er die meiste Zeit mit Autogrammschreiben. Jeden Tag fragt irgendein Journalist nach einem Interview, einem Beitrag für ein Heft oder einem Auftritt im Fernsehen. Klink redet mit vielen, aber nicht mit allen. Die *Bild*-Zeitung mag er nicht, weil man ihn von dort mal angerufen hat, als bekannt wurde, dass er ein uneheliches Kind hat. Er hat den Journalisten so lange am Telefon beschimpft, dass der sich nie mehr gemeldet hat. Klink braucht die Prominenz nicht mehr, das Restaurant läuft auch so, aber er weiß, dass die Bekanntheit seinem Laden hilft. Außerdem ist er wie die meisten Menschen eitel.

Klink kramt in einigen Unterlagen. Er braucht einen neuen Commis für die Küche, einen Jungkoch. Die Stellenanzeige hat er gerade ins Netz gestellt.

»Sie haben die klassischen Grundfertigkeiten des handwerklichen Kochens einigermaßen drauf? Das wäre die Hauptsache, den Rest bringen wir Ihnen bei. Wichtig ist, dass man aufs Kochen heiß ist und nicht aus einer Convenience-Küche kommt und dann auf coolen Typ macht, der Pünktchen auf die Teller tupft.« Es werden sich eine Menge uncooler, pünktchenhassender Typen in den nächsten Wochen bewerben.

Klink hat kulinarisch einige Dinge für sich geklärt, und wer mit ihm arbeiten will, sollte sich daran halten.

Drei Aromen pro Teller, und zwar so, dass man sie auseinanderhalten kann. Keine Denaturierung von Lebensmitteln, kein Glutamat, kein Redesign von Lebensmitteln. Man sollte erkennen, was man isst. Keine Saucenstreifen, keine Konstruktionen und keine Türmchen. Die reißt der Gast mit der Gabel wieder ein und vermengt alles. Es gibt Köche, die nennen das, was dann im Mund passiert, einen »Akkord«, Klink nennt es »Matsche«. Es sind dieselben Köche, die vom »Dialog der Edelfische«

»Die Wahnsinnigen sind es, die die Welt befeuern.«

sprechen statt von einer Fischplatte.

»Spargel ist ein gutes Beispiel. Jahrelang habe ich damit experimentiert. Habe alles versucht. Das Ergebnis: Am besten schmeckt er in Salzwasser und etwas Zucker gekocht, dazu Butter oder Sauce Hollandaise. Oder Camembert. Aus einem perfekt gereiften Camembert sollte man keinen Obatzten machen. Oder ein gutes Bio-Schweinekotelett. Ist es gut, braucht es nichts. Da doktor ich doch nicht rum und mach die Alfons-Schuhbeck-Gewürzmischung drauf oder eine grüne Rosmarinkruste.«

Wenn man Klink eine Weile zuhört, hat man den Eindruck, dass gutes Kochen vor allem darin besteht, an gute Zutaten zu kommen und sie am Herd nicht zu versauen. Und noch einen Eindruck hat man: Es geht nicht nur darum, dass es gut schmeckt.

»Das reicht nicht«, sagt Klink, »es geht auch darum, sich zu fragen, warum es gut schmeckt.«

Vor einiger Zeit war Klink mit seiner Frau im Kino und schaute sich den Dokumentarfilm »Feed the World« an. Der Film zeigt, wie der Lebensmittelkonzern Nestlé arbeitet. »Meine Frau hat noch im Kino hier im Restaurant angerufen und dem Küchenchef gesagt, dass sofort alle Pellegrino-Flaschen vor die Tür gestellt werden sollen. Das Zeug wollten wir nicht mehr im Haus haben. Es musste sofort weg.« Pellegrino gehört Nestlé.

Klink kann sich richtig aufregen, wenn Fernsehköche Werbung für Lebensmittelkonzerne machen. Köche haben Verantwortung, findet er, es gehört sich einfach nicht. Ein guter Koch ist für Klink nicht der Experte für den Gaumen. Er ist der Fachmann für gute Lebensmittel, für nicht manipulierte, ehrliche Produkte, ein Verteidiger der Natur, von der er lebt. Klink findet, dass Köche durchaus etwas Belehrendes haben sollten. Nicht, wenn es darum geht, wie man luftigen Blätterteig hinbekommt (das Geheimnis ist die Zugabe von Essig), sondern was gutes Essen ausmacht und warum es so wenig davon im Supermarkt zu kaufen gibt. Und wenn es Kinder in Berlin gibt, die glauben, dass das Döner-Fleisch vom Döner-Tier kommt, wenn es in Restaurants Mittagsgerichte für vier Euro gibt und das Geld nur noch mit der dazubestellten Apfelschorle verdient wird, wenn die Deutschen pro Jahr 720 Millionen Tiefkühl-Pizzen essen, wenn die Bauern zu Chemielaboranten erzogen werden, dann sollte Köchen das nicht egal sein.

Das Telefon klingelt. Es ist der Arzt seiner Frau Elisabeth. Klink hatte versprochen, sie zu einer Untersuchung in die Praxis zu fahren. Er muss los, er möchte keinen Ärger mit Elisabeth. »Wir können ja noch kurz ins Restaurant schauen.«

Das Restaurant ist ein großer heller Raum, der nüchtern eingerichtet ist. Die Wände sind hell gestrichen, an ihnen hängen keine Bilder. Seine Frau Elisabeth hat Schnittblumen in die kleinen Vasen gestellt. Klink sagt, sie sei die eigentliche Kraft hinter dem Geschäft. Sie halte alles zusammen. Seine Midlife-Crisis habe von »33 bis vor ein paar Jahren« gedauert.

Klink war nie ein einfacher Ehemann. Seine Frau und er haben schwierige Jahre hinter sich, auch das leugnet er nicht. Kaum jemand kann es so krachen lassen wie er. Er kann maßlos sein, er hat ein Vermögen in gute Weine investiert, ist wie ein Verrückter Motorrad gefahren, hat Venedig mit dem Kanu besucht, ein lebenshungriger Getriebener, der versucht, dabei seine Wertmaßstäbe zu bewahren. Ein Mann, der an seinem freien Tag sehr früh aufsteht, »weil das Leben so spannend ist«. Er möchte wirklich gern 120 Jahre alt werden. Ganz im Ernst. Er gehört zu den Menschen, die das Leben als Geschenk sehen, als schönes, aber viel zu bescheiden ausgefallenes Mitbringsel. In einem seiner Texte hat Klink geschrieben: »Wenn man vom Kochen viel weiß, kennt man noch längst nicht das Leben.« Das ist sicher richtig, aber Klink versucht alles, und eine Frage bleibt dennoch: Was ist das für ein Leben, in dem man nichts vom Kochen weiß? ■

PERLHUHN IN AMALFI-ZITRONENSAHNE

» Das Perlhuhn entbeinen, jedoch bei der Brust den Flügelknochen dranlassen. Bei den Keulen nur den Oberschenkelknochen entfernen. Die Knochen dann klein hacken und mit den gewürfelten Schalotten, dem Sellerie und Knoblauch andünsten, jedoch keine Farbe annehmen lassen. Mit dem Weißwein und der Hühnerbrühe auffüllen, Thymian und Lorbeerblatt zugeben und zehn Minuten kochen lassen.

Passieren, der Fond aufkochen und mit Mehlbutter binden. Sahne zugeben und die Schale der Zitrone komplett hineinreiben. Mit etwas Zitronensaft nur schwach säuern.

Nach der Saucenherstellung Keulen und Brüste des Perlhuhns pfeffern, salzen und in Butter rundum goldbraun braten. Dann für fünf Minuten in den Ofen bei 180 Grad. Die Brüste herausnehmen, warm stellen und die Keulen nach weiteren fünf Minuten mit der Brust auf den Teller geben.

Sehr gut passen Nudeln dazu und als Gemüse je nach Jahreszeit alle Arten von Rübchen.

Zutaten | FÜR 2 PERSONEN

1 Perlhuhn
2 Schalotten
1 Knoblauchzehe
1 Amalfi-Zitrone
2 Stangen Bleichsellerie
1/4 l Weißwein
1 EL Butter
1 TL Mehlbutter
1/8 l Sahne
1/8 l kräftige Hühnerbrühe
1 Lorbeerblatt
2 Zweige Thymian
schwarzer Pfeffer, Meersalz

Doch, ich nehme auch kurzfristige Reservierungen an – für amtierende Präsidenten oder den Papst.

FRANK PELLEGRINO
Der New Yorker Gastronom, dem Gäste 40 000 Dollar bieten, um in seinem Restaurant essen zu dürfen

Man nehme den Montag. Wer kommt montags ins Rao's, in ein kleines, unscheinbares New Yorker Eckrestaurant in East Harlem? Pleasant Avenue, Ecke 114. Straße, direkt gegenüber vom Jefferson Park. Rote Fassade, breite Fensterfront, keine Speisekarte, keine Preisliste, *cash only*. Ein Restaurant, bei dem man, wenn man im Jahr 2009 anrief, die folgende Ansage auf dem Anrufbeantworter zu hören bekam: »Willkommen bei Rao's. Alle unsere Tische sind belegt. Wir nehmen erst wieder Reservierungen Ende 2011 entgegen. Danke für Ihren Anruf.«

Die Ansage läuft noch heute, zwei Jahre später. Es ist natürlich eine Lüge. Man wird auch für 2012 nicht reservieren können. Es gibt Leute, die seit 15 Jahren auf einen Tisch warten und es einfach nicht kapieren: Sie werden es nicht schaffen. Rao's ist immer ausgebucht, keine Ausnahme, nie. Der letzte Abend, an dem ein Tisch frei blieb, war irgendwann in den 70ern.

New York hat über 18000 Restaurants, kein Tisch ist schwerer zu bekommen. Nicht mal ansatzweise. Es gab Leute, sehr dumme Leute, die haben Frank Pellegrino, dem Besitzer, Geld geboten. 40000 Dollar für einen Tisch für einen Abend. Frank, den sie »Frankie No« nennen, weil er immer Nein sagt, wenn man reservieren möchte, war beleidigt. Ernsthaft, man könnte sagen neapolitanisch beleidigt. Das Angebot war *an insult*, ein Angriff auf *his dignity*, auf seine Würde.

»*I don't sell tables, I give tables*«, sagt Frankie.

Auch das ist eine Lüge. Es gibt keine Tische, die Frankie »vergeben« könnte. Sie sind alle weg. Stammgast im Rao's zu sein heißt, dass man den Tisch immer an einem bestimmten Tag hat. So etwas wie eine Miete, eine Pacht. Entweder man kommt immer montags, immer dienstags oder immer mittwochs ... Mindestens einmal im Quartal, meist aber wöchentlich oder jede zweite Woche. Man kann den Tisch zurückgeben, kein Problem, aber keiner macht das. »Tische bei Rao's werden nicht zurückgegeben, sie werden vererbt«, sagt Frankie.

Wer schafft es also an einem Montag zum Beispiel?

kannt in der Stadt, war das Monster in der Serie »Die Schöne und das Biest«, hat den »Hellboy« in der gleichnamigen Hollywood-Produktion gespielt.

Dick Schaap gehörte auch dazu. Einer der bekanntesten Sportreporter der USA. Er starb vor ein paar Jahren. Er schrieb mal: »Ich bin ein richtiger New Yorker. Ich besitze

»Tische bei Rao's werden nicht zurückgegeben, sie werden vererbt.«

Woody Allen ist Montagsgast, er hat einen Tisch. Woody bringt immer zwei Flaschen Rotwein mit, teuren, meist französischen. Er darf das. Frankie hat es erlaubt. Woody erzählte vor einiger Zeit, dass sein Weinkeller so groß sei, dass er diesen nie leeren könne, und da Woody Frankie in drei seiner Filme hat mitspielen lassen (unter anderem in »Manhattan Murder Mystery«) und die beiden sich seit über 30 Jahren kennen, darf Woody seinen eigenen Wein bei Rao's trinken. Er muss nicht mal Korkgeld zahlen. Wer noch? Wer noch ist Stammgast am Montag? Ron Perlmann, der Schauspieler. New Yorker, sehr be-

kein Auto. Ich besitze kein Haus. Das Einzige von Wert, das ich besitze, ist mein Montagstisch bei Rao's. Ich weiß, was wichtig ist.« Bei Schaaps Trauerfeier erkundigte sich Billy Crystal, der aus »Harry and Sally«, wer den Tisch erben würde. Er war nie frei geworden. Schaaps Witwe wollte ihn behalten. Und wer hat keinen Tisch bekommen an einem Montag? Madonna zum Beispiel. Es war nicht ihre Schuld, denn einen Platz gibt es nur, wenn einer der Stammgäste absagt oder einer von ihnen einen mitnimmt. Das sind die einzigen Wege. Absagen sind äußerst selten. Madonna dachte, das würde für sie

»Doch, ich nehme auch kurzfristige Reservierungen an.«

nicht gelten, sie ist die größte Popsängerin des Planeten. Die Arme, Frankie No sagte Nein. Es ist nicht so, dass es keine Ausnahmen gibt. »Doch, ich nehme auch kurzfristige Reservierungen an – für amtierende Präsidenten oder den Papst – oder höher gestellte Persönlichkeiten.«

Andere Montagsverlierer waren unter anderem Bill Clinton, der zum Zeitpunkt der Anfrage leider nur noch Expräsident war. Brian De Palma, der Regisseur, kam auch nicht rein. Dabei ist er mit Richter Eddie Torres befreundet, der hat montags einen Tisch. Torres hat »Carlito's Way« geschrieben, das Buch hat De Palma mit Al Pacino verfilmt. Doch nicht mal Torres konnte helfen. Vielleicht hätte Martin Scorsese etwas tun können. Er hat einen Tisch. Als er »Goodfellas« vorbereitete, machte er bei Rao's einige seiner Castinginterviews. Frankie bekam damals eine Rolle. Er spielte den Gangster Johnny Dio. Aber montags? Da hätte vermutlich nicht mal Scorsese helfen können. Montag ist ein schwieriger Tag, gleich nach dem Wochenende. Am Wochenende ist Rao's geschlossen. Im August ebenfalls. Mittagessen gibt es nicht. Ein Tisch wird am Abend nur ein einziges Mal vergeben. Es gibt etwas über 40 Plätze, im Schnitt gibt man 120 Dollar pro Person aus. Draußen stehen an den meisten Abenden Stretchlimousinen. Fahrer warten vor der Tür. Es ist kurz nach sechs am Abend. Ein Dienstag. Die ersten Gäste werden nicht vor sieben kommen. Frank Pellegrino, vermutlich der am besten angezogene 74-Jährige New Yorks, steht in der Eingangstür neben einer kleinen Madonna, die auf der Fensterbank platziert ist. (Für lange Zeit die einzige Madonna, die es ins Rao's geschafft hat, irgendwann aber war auch die andere da. Tommy Mottola, der ehemalige Chef von Sony Music, war so nett. Er hat einen Tisch.)

»Ich wäre ja gern Frankie Yes«, sagt Frankie No, »das würde viel eher

Frankie hat kein Handy, keinen Computer. Er hat Susan, seine Sekretärin.

meinem Wesen entsprechen. Ich würde gerne allen Menschen die Möglichkeit geben, bei Rao's zu essen. Aber was kann ich machen? Der Laden ist so klein, wir haben einfach keinen Platz. Ich kann meinen Stammgästen, meiner Familie sozusagen, doch nicht den Tisch wegnehmen, nur weil jemand mich anruft.« Anrufen ist ohnehin schwierig. Frankie hat kein Handy, keinen Computer. Er hat Susan, seine Sekretärin.

Frank Pellegrino ist einer dieser freundlichen italienischen Gastgeber, wie man sie aus der Pasta-Werbung kennt. Immer lächelnd, seine Gäste umarmend, immer den Namen parat. Frankie kann der netteste Mensch der Welt sein. Bringt ein Stammgast sein eigenes koscheres Fleisch mit – und ein jüdischer Anwalt macht das –, dann wird der eigene Einkauf weggelegt und dieses Fleisch verwendet. Besteht ein Gast darauf, ein Gericht zu ändern, das seit 50 Jahren so im Rao's gemacht wird, dann wird es geändert. »Es sind nicht nur meine Gäste, es ist meine Familie.«

Frankie setzt sich an einen Tisch gleich am Eingang, direkt unter einen gerahmten Brief von Hillary Clinton, die sich für den »*wonderful evening at Rao's*« bedankt. In der Küche beginnt Dino, der blonde, meist übel gelaunte Koch, mit den Vorbereitungen. Nicky »*the Vest*«, der Barmann, hat heute frei. Er ist mittlerweile fast 80, seit 37 Jahren bei Rao's. Er arbeitet nur noch drei Tage die Woche. Er wird so genannt, weil vor Jahren Gäste anfingen, ihm Westen zu schenken. Er trägt nie zwei Tage hintereinander dieselbe. Hinten an der Wand hängt ein Foto vom Rennpferd eines Stammgastes, er hat das Tier »Nick the Vest« genannt. Es wird laut in der Küche, ein paar Küchenhilfen bringen Meeresfrüchte. Frankie gibt knappe Befehle, die Leute springen sofort. Rao's serviert süditalienische Küche. Linguine Aglio e Olio, Gnocchi alla Romana, Insalata Frutti di Mare, Penne con Salsa de Pomodoro. Gut gemacht, bodenständig, nicht besser als in jeder ernst zu nehmenden Trattoria in Italien, aber auch nicht schlechter. Wegen des Essens parken die Limousinen nicht vor der Tür.

»Es ist das Ambiente. Die Stimmung, vielleicht auch das Gefühl, an einem ganz besonderen Ort zu sein«, sagt Frankie. Die Frage ist natürlich, warum dieser Ort so besonders ist. Warum Leute fast alles tun, um hier reinzukommen. Einer der Stammgäste hatte einen Platz an seinem Tisch für einen Abend bei eBay angeboten. Mindestgebot: 5 000 Dollar. »Sofort kaufen«, also ohne Auktion, für 20 000 Dollar. Frankie hörte davon und ließ den Sofortkäufer nicht rein. Die Würde. Es ist ein kleines Restaurant, 40 Quadratmeter vielleicht, etwa in der Größe eines großzügigen Wohnzimmers. Die Decke ist niedrig, die Wände aus dunklen Paneelen, der Boden aus braunem Eichenholz. Sechs rechteckige Tische stehen an den beiden Seitenwänden, dazwischen vier runde. Die Holzbar, gleich am Eingang rechts, ist vier, fünf Meter lang, auch dunkle Eiche. Eine Garderobe gibt es nicht. In der hinteren Ecke steht eine Jukebox. Darin sind Platten, keine CDs, von Dean Martin (His Latest Hits), Lou Rawls (Greatest Hits), Engelbert Humperdinck (Best of, unter anderem »Please Release me«) und praktisch alles von Frank Sinatra (Frankie No hat auch ihm mal abgesagt). Die Wände sind voll von Bildern mit teilweise sehr bekannten Menschen. Sharon Stone, Sidney Portier, Cher, Michael J. Fox, Sandra Bullock, Sophia Loren, Ray Liotta, Pierce Brosnan, Jerry Lewis, sie waren alle da, sie kannten jemanden, der einen Tisch hatte. Auf anderen Bildern sind ernst schauende Männer mit glatt gekämmten Haaren in Anzügen. Frankie spricht die ganze Zeit nur über die bekannten Menschen. Er trägt heute einen eleganten grauen Anzug, eine Maßanfertigung. Sein weißes Hemd, die oberen zwei Knöpfe offen, ist ebenfalls maßgeschneidert. Das Anstecktuch sitzt perfekt, Kronenfaltung, *three corner up fold*. Dazu feine Schuhe, Loafer, braun, Krokoleder.

Frankie, man kann es nicht anders sagen, sieht ein wenig zwielichtig aus. Vielleicht die Goldkette am Handgelenk, die goldenen Manschettenknöpfe, der Siegelring mit seinen Initialen, es lässt sich schwer festmachen. Frankie könnte sofort wieder bei »Goodfellas« mitspielen. Er hat etwas von einem alternden Edel-Gangster, Hell's-Kitchen-New-York-Mob, und sein Laden, Rao's, hat das auch. Darum die parkenden

Limos, darum die Aufregung. Die meisten Italiener, die Ende des 19. Jahrhundert nach New York kamen, waren rechtschaffene, ehrliche Menschen. Familie Rao war das nicht.

Frank Pellegrino ist der Neffe von Vincent Rao, der wiederum der Neffe des Gründers Joseph Rao war. 1896 übernahm Joseph von der 38ern in teuren Anzügen hier saßen. Fremde waren nicht gern gesehen. Es war schon immer schwer, bei Rao's zu essen.

Charlie »Lucky« Luciano, für viele der Vater der organisierten Kriminalität in den USA, hatte in den 30ern einen Tisch. Paul Castellano, genannt Big Paulie, Chef der Gambino-Familie, damals die größte

Einer der Stammgäste hatte einen Platz an seinem Tisch für einen Abend bei eBay angeboten. Mindestgebot: 5 000 Dollar.

George-Ehret's-Brauerei den Eckladen. Anfangs war es eine einfache Eckkneipe, die Kundschaft bestand aus süditalienischen Einwanderern, die ihr Glück in der neuen Welt suchten. Rao's hatte immer kühles Bier, was nicht jede Kneipe in der Gegend behaupten konnte. Während der Prohibition wurde Wein verkauft. Die Flasche zu einem Dollar. Der Laden wurde »The Hole« genannt, das Loch. Er war ein bekannter *mafia hangout*, ein Gangster-Treffpunkt.

Der Laden war bekannt dafür, dass breitnackige Jungs mit geladenen Mafia-Familie des Landes, war in den 60ern oft hier. John Gotti, der letzte große Pate der USA und der Mann, der Big Paulies Ermordung anordnete, kam regelmäßig. Und in der Biografie *The Ice Man* von Philip Carlo, die das Leben des legendären Mafia-Killers Richard Kuklinski beschreibt, wird das Rao's einmal erwähnt. Kuklinski spricht von »phantastischer neapolitanischer Hausmannskost«. Nachweislich war dieser Kuklinski an der Ermordung von Paul Castellano beteiligt. Mit anderen Worten, sowohl das Opfer Paul Castellano als auch der Auftraggeber John Gotti und schließlich der Auftragskiller Kuklinski – alle drei aßen regelmäßig im Rao's.

Spricht man Frankie No auf diese Zeit an, verschwindet das neapolitanische Lächeln. Schnell, richtig schnell. Er tut dann so, als habe er die Frage nicht gehört, und wartet, dass man die nächste Frage stellt. Eine bessere Frage. Das Gespräch kühlt sich ab. Es ist, als würde die Klimaanlage anspringen.

Viele in New York sagen, dass das Rao's mit den Jahren zu einem Ort wurde, an dem sich der Mob mit der Politik treffen konnte, neutrales Gelände. Senatoren, Gewerkschaftsführer, Gouverneure – sie alle waren hier, natürlich nicht, um mit der Mafia zu reden, sondern nur, um zu essen. Man wird doch in East Harlem essen dürfen? Als dann mit den Jahren immer mehr Puerto-Ricaner nach East Harlem kamen und die alten italienischen Familien wegzogen, blieben am Ende nur noch die Nostalgie, die Erinnerung an die gute alte Zeit, und Rao's.

»Hier, das ist ein tolles Bild.« Frankie steht auf und zeigt auf eines der Bilder an der Wand. Auf dem Foto sieht man ihn, noch mit pechschwarzen Haaren, sitzend vor dem Rao's mit einer Zigarre in der Hand. Rechts sitzt Anna Pellegrino Rao, seine Tante.

»Mia Farrow hat ihre Rolle in ›Broadway Danny Rose‹ an Anna angelehnt. Woody Allen brachte Mia immer mit, und Mia gefiel der Stil meiner Tante. Sie hat hier gekocht, eine unglaubliche Frau.«

Anna Pellegrino war eine schöne Frau. Auf dem Foto trägt sie eine weiße Hose, einen weißen Rollkragenpullover und eine weiße Perlenkette, darüber ein veilchenblaues Jackett. Sie sieht wirklich wie Mia Farrow in dem Film aus.

»Und das«, sagt Frankie, »das ist Vincent Rao, lange Zeit die Seele des Restaurants, ein wunderbarer Mensch, warm, einzigartig, mit einem tollen Humor. *A great guy.*«

Vincent Rao, Frankies Onkel, hat den Laden fast 50 Jahre geführt, bis in die 90er. Er starb 1999 mit 87. Offiziell war Vincent Rao kein wohlhabender Mann. Er verdiente sein Geld mit dem Restaurant und als Miteigentümer von Firmen, die unter anderem Holzlattungen für den Bau herstellten. Die Firmen warfen über Jahrzehnte gerade so viel ab, dass sie nicht pleite gingen, ein Phänomen. In einem Untersuchungsbericht der Stadt aus den 70ern stand irgendwann, dass die Tochterfirmen der Lattenfirmen, einige in den Händen verurteilter Drogendealer, hingegen *shocking exorbitant profits* machten.

Das FBI hielt Vincent Rao für den Consigliere – den Ratgeber – der Lucchese-Familie, eine von fünf New Yorker Mafia-Familien Mitte des letzten Jahrhunderts. Rao soll die Geldwäsche organisiert haben und war wohl als Boss der Lucchese-Familie im Gespräch. 1967 musste er jedoch wegen Meineids fünf Jahre ins Gefängnis. Sein Bruder, Frankies anderer Onkel, Joseph »Tough Joey« Rao, war verurteilter Drogendealer und Schutzgelderpresser.

Frankie schaut noch immer etwas in Gedanken das Bild mit Onkel Vincent und seiner Tante Anna an. Irgendwie hat man das Gefühl, dass es jetzt nicht klug wäre, ihn zu fragen, wie das damals genau war mit dem Lucchese-Clan, der Geldwäsche und dem Meineid des Onkels.

»Rao's«, sagt Frankie plötzlich, »da geht es nicht ums Geld. Es geht um Werte, um Loyalität, um Würde. Meine Großeltern kamen mit Nichts aus einem kleinen Dorf aus der Nähe von Neapel. Meine Eltern, sie hatten nichts, aber sie hatten ihre Würde, ihre Ehre, dafür steht Rao's. Das, glaube ich, merken die Leute, und darum kommen sie.«

Frankie fing 1973 im Rao's an. Sein Onkel Vincent war gerade aus dem Gefängnis gekommen. Frankie sollte für zwei Wochen aushelfen. Er hatte das College geschmissen und sich als Entertainer versucht. Er singt noch immer für die Gäste. So richtig erfolgreich war er aber mit dem Singen nicht. Sein Onkel bot ihm an, voll einzusteigen mit der Aussicht, später den Laden zu übernehmen.

Frankie war zu der Zeit bereits verheiratet und hatte zwei Kinder, Frankie jun. und Angela. Er arbeitete erst an der Bar, später im Service und als Koch. Er hatte etwas zu Hause von seiner Mutter Ida aufgeschnappt, den Rest brachte ihm seine Tante Anna bei, die wirklich eine phantastische Köchin war. Auf sie gehen noch immer die meisten

Rezepte im Rao's zurück. Im Sommer 1977 erschien in der *New York Times* ein Text von Mimi Sheraton, der Restaurant-Kritikerin. Sie gab Rao's drei von vier möglichen Sternen, es gab damals in der ganzen Stadt nur sechs Restaurant mit vier Sternen, alle französisch.

»Das Telefon hörte nicht mehr auf zu klingeln. Es war so viel los, dass mein Onkel beschloss, drei Wochen Urlaub zu machen. Der Stress war uns zu viel.«

Vielleicht war es der Stress, vielleicht auch die Aufmerksamkeit, aber von diesem Moment an wollten auch andere Gäste kommen. Vincent, Anna und Frankie waren bis dahin eigentlich ganz gut mit den Leuten von früher klargekommen. Alternde Gangster, Leute wie Murray Richman, ein Mafia-Anwalt, der mal eine Jury davon überzeugen konnte, dass ein Mordopfer »zufällig« auf das Messer seines Mandanten gefallen war. Sieben Mal.

Doch die Zeiten änderten sich. Es waren die späten 70er. »Der Pate« hatte das Bild der amerikanischen Mafia etwas verklärt, nette Jungs, *goodfellas*, die nur töteten, wenn es nicht anders ging. Die Leute aus Downtown kamen immer wieder nach East Harlem. Beide Seiten lernten sich ein bisschen besser kennen. Woody Allen, Antony Quinn, später auch John F. Kennedy jun., der immer mit dem Fahrrad kam. Rao's wurde das, was es jetzt ist. Jemand sagte mal, es habe die »Patina der Gefahr«, natürlich vollkommen sicher.

»Ich habe damals meinen Onkel gebeten, den Laden größer zu machen. Ich wollte eine Wand einreißen oder die oberen Etagen mit Tischen besetzen. Aber er hat sich geweigert. Er sagte, dass der Laden so bleiben müsse, wie er war. Damals habe ich das nicht verstanden, heute tue ich das«, sagt Frankie.

Mittlerweile braucht auch Frank Pellegrino keinen Restaurantausbau mehr. Er hat genug Geld. 1989, nachdem ihm sein Onkel verboten hatte, den Laden zu erweitern, beschloss Frankie, die leckere, aber doch sehr gewöhnliche Sauce seiner Tante Anna von einem Lebensmittelproduzenten herstellen zu lassen. Heute gibt es von Rao's alles. Nudeln, Marinaden, Olivenöle. Nicht ganz billig, vier große Dosen Tomaten kostet 14 Dollar. Frankie Pellegrino wohnt schon lange nicht mehr in East Harlem. Er wohnt in den Hamptons, wo unter anderem auch George Soros, Calvin Klein und Howard Stern Häuser haben.

Nachdem ihn Scorsese 1990 für »Goodfellas« besetzt hatte, folgten kleinere Rollen in »Mickey Blue Eyes«, »Cop Land« mit Sylvester Stallone und den »Sopranos«. Frankie ist ein reicher, zufriedener Mann. Die Mafia-Sache ist Vergangenheit, Folklore.

Es ist kurz nach sieben. Die ersten Gäste treffen ein. Ein Pärchen kommt herein. Eine junge, sehr aufgeregte Frau und ein Mann, der eine Kamera in der Hand hält. Die Frau sagt: »Sie sind es, Sie sind Frank Pellegrino. Oh mein Gott, ich glaube es nicht. Wir sind heute eigens aus Miami eingeflogen, nur um hier zu essen. Das ist phantastisch, ich bin ja so froh. Darf ich ein Foto machen?«

Frankie lächelt und führt das begeisterte Paar an einen Tisch, der Stammgast, der die beiden eingeladen hat, verspätet sich wohl etwas.

Die Tür geht wieder auf. Wieder eine sehr attraktive Frau, die durch die Tür tritt. High Heels, Hochsteckfrisur und zu viel Make-up, begleitet von einem bulligen Mann in einem schwarzen Hemd mit einer bunten Krawatte und einem glänzenden, wiesengrünen Zweireiher. Mehr als ein Anzug, eine glänzende Minz-Sensation in Übergröße.

Frankie dreht sich zu ihnen. Er umarmt die attraktive Frau und gibt dem dicken Mann die Hand und einen Kuss auf die Wange. Der Dicke geht an die Bar und bestellt einen doppelten Whiskey. Die Frau muss für kleine Supermodels.

»Was die Leute vergessen«, sagt Frankie, »über die Hälfte der Tische sind ja noch immer an Freunde und

> »Rao's«, sagt Frankie plötzlich, »da geht es nicht ums Geld. Es geht um Werte, um Loyalität, um Würde.«

»Doch, ich nehme auch kurzfristige Reservierungen an.«

Bekannte vergeben, an Stammgäste, die noch mein Onkel Vincent Rao kannte.«

In dem Moment kommt wieder eine Gruppe Männer rein. Gewagte Anzüge, ernste Mienen. Typen, wie sie die Stammgäste aus Downtown lieben, vermutlich Verbrecher, aber nett, anderer Leute Probleme. Frankie begrüßt sie mit einem Kuss auf die Wange. Auch sie stehen jetzt an der Bar.

später sagte, wegen »muslimischer Terrorgefahr« stets bei sich trägt, und schoss Circelli in den Rücken. Der wiederum war ein Arbeitsloser aus New Jersey, auf den fünf Cadillacs, ein Chevy, ein Ferrari und ein Lincoln angemeldet waren. Circelli soll Mitglied der Lucchese-Familie gewesen sein. Nicky the Vest nannte ihn nur »Al«.

Frankie würde die Frage nach Louie Lump Lump jetzt sicher nicht gern

> **Typen, wie sie die Stammgäste aus Downtown lieben, vermutlich Verbrecher, aber nett.**

Wieder würde man Frankie gern ein oder zwei Fragen stellen. Zum Beispiel was vor ein paar Jahren hier los war, als der alte Louie »Lump Lump« Barone seine Smith & Wesson zog und damit Albert J. Circelli jun. erschoss, einen gerade »Gemachten«, also Eingeführten. Offenbar hatte Circelli eine junge Frau beleidigt, die zur Musik der Jukebox sang. Louie Lump Lump, wobei Lump für Trampel steht, fand das nicht in Ordnung. Eine Dame beleidigen, einfach so. Er nahm seine Waffe, die er, wie er

hören. Er ist gerade damit beschäftigt, ein älteres Pärchen zu begrüßen. Beide sind aus einer Stretchlimo ausgestiegen, beide unglaublich gelliftet. Sie sehen stark nach Upper Eastside aus.

»Große Filmproduktion«, flüstert Frankie im Vorbeigehen.

Es wäre auch der falsche Moment, Frankie nach Johnny Cupcake zu fragen. Vor ein paar Wochen kamen ein paar Polizisten ins Rao's und nahmen ein Bild von der Wand. Sie suchten ein Foto von Johnny Cupcake und einigen seiner Freunde.

Johnny hatte 20 Jahre wegen Totschlag gesessen und bei Verhören gesagt, dass er später mal im Rao's als Kellner arbeiten werde. Die Beamten suchten auf dem Foto nicht ihn, sondern einen Komplizen. Johnnys Familie hat einen Tisch hier.

Als Johnny von einem der vielen Verhöre zurückkam, erzählte er eine nette Geschichte. Die Kommissarin, die ihn befragt hatte, wollte wissen, wie man am besten an einen Tisch kommt. Johnny sagte ihr, dass sie doch New Yorks Gouverneur George Pataki fragen solle. Der hat einen Tisch. ∎

FRANK'S SCAROLA E FAGIOLI

» Bohnen 4 bis 8 Stunden in kaltes Wasser einlegen. Dann in einen Topf mit kochendem Wasser geben. Hitze reduzieren und für 1,5 Stunden köcheln lassen. Immer wieder Flüssigkeit zugeben, damit die bissfesten Bohnen zum Ende in einer flüssigen Brühe schwimmen.

Endiviensalat waschen und ein paar Minuten in gesalzenem Wasser ganz leicht köcheln lassen. Danach abseihen und sehr gut abtrocknen. Olivenöl und die Hälfte des klein geschnittenen Knoblauchs erhitzen, Salat dazugeben und kurz andünsten. Danach klein scheiden.

Öl in einer großen Saucenpfanne erhitzen. Den restlichen klein geschnittenen Knoblauch für zwei Minuten andünsten. Dann die Bohnen unterrühren und den Endiviensalat zugeben. Hühnerbrühe zugeben. Salzen und pfeffern. Bei geringer Hitze für 5 Minuten warm halten. Vor dem Servieren etwas gehobelten Pecorino aufstreuen.

Zutaten | FÜR 6–8 PERSONEN

1/2 Tasse gutes Olivenöl
1 Knoblauchzehe
4 Tassen Cannelini-Bohnen
1 Tasse Hühnerbrühe
2 Endiviensalate
Salz und Pfeffer
gehobelten Pecorino

Mein letzter ganz freier Tag? So richtig frei? Ich weiß nicht. Irgendwann Anfang der 70er.

OTTAVIA FASSER
Eine gefeierte Köchin aus Graubünden zieht die traurige Bilanz eines idyllischen Berglebens

Manchmal scheint es, als habe Ottavia Fasser zwei Leben. Seit ihr Gasthaus diesen Preis gewonnen hat, kommen immer wieder Journalisten zu Besuch. Sie besuchen Ottavia in ihrer Küche und schreiben über die schüchterne Köchin. Die Journalisten verlieben sich ein bisschen in sie. Es schmecke wie »bei Muttern«, schreiben sie, »wie früher«, alles frisch vom Feld, ohne Chemie, ohne Lüge. Man schmecke, dass ihre Welt noch in Ordnung sei. Die Berge, die Natur, die Einfachlen, ein Senn, den sie gut kennt, Milch und Käse, und ein Mal im Jahr, im Herbst, liefert ein Bauer ein Schwein, das immer frei auf dem Hof herumlaufen durfte.

Kochen wie früher, authentisch, nicht als Masche, mit der man Touristen lockt, nicht als Trend, schreiben die Journalisten.

Ottavia kocht so, weil sie es nicht anders kennt. Weil sie und ihre Küche aus der Zeit gefallen und jetzt eher zufällig wieder sehr modern sind. Die Beschreibungen der Journalisten sind liebevoll, sie klin-

Die Journalisten verlieben sich ein bisschen in sie. Es schmecke wie »bei Muttern«, schreiben sie.

heit. Ottavia umgeben Bergzinnen, Seen und Alpenwiesen. Sie nutzt vor allem Zutaten, deren Herkunft sie kennt. Im Garten zieht sie das meiste Gemüse, das sie für ihre Küche braucht. Der Jäger bringt das Wild, der Fischer die Forel-

gen wie diese kleinen Werbetexte aus dem Manufactum-Katalog. Es schwingt Sehnsucht mit, Nostalgie, sogar etwas Neid.

Eigentlich ist nichts gegen die Berichte über Ottavias Leben zu sagen, nichts an den Beschreibungen ist gelogen, nichts sonderlich übertrieben. Es stimmt, dass man jederzeit eine Vorabendserie in ihrem Gasthof drehen könnte. Ottavia, die glückliche Bergköchin. Das Problem ist nur, niemand fragt sie, ob sie dieses Manufactum-Leben wollte, niemand fragt sie, ob sie glücklich ist, die Bergköchin.

Es ist Sonntagmorgen, ein älteres Paar aus Oberbayern, das zum Wandern gekommen ist, hat gerade die Stube verlassen. Der Raum ist mit Zierbelkiefer verkleidet. Es ist helles, kräftiges Holz, der Boden knarzt beim Gehen. Durch die schmalen Fenster dringt nur wenig Licht, man sieht nicht, dass draußen die Sonne scheint. Keiner der zwölf Tische ist besetzt. Ottavia hält ein Tablett in der Hand und räumt die Frühstücksteller weg. Sie hebt die Schale mit der Erdbeermarmelade hoch und schüttelt sie. Die Marmelade hat sie selbst gemacht, mit Beeren aus ihrem Garten. Sie ist zu flüssig.

»Das ist nicht schön«, sagt sie. Sie klingt ernsthaft besorgt.

Ottavia Fasser ist 73 Jahre alt, eine zierliche Frau mit leiser Stimme, der es nicht leichtfällt, Deutsch zu sprechen. Sie hat es erst in der Schule gelernt, ihre Muttersprache ist Rätoromanisch. Sie ist in Graubünden aufgewachsen. Zusammen mit ihrem Bruder Jon betreibt sie die Chasa Chalavaina in Müstair, einer kleinen Gemeinde in der Ostschweiz unweit der italienischen Grenze. Ihr Bruder, ebenfalls über 70, ist der Wirt, Ottavia steht in der Küche. Sie machen das seit 50 Jahren. Das Haus gehörte schon ihren Eltern. Jan Fasser war der Dorflehrer und hatte einen Hof, seine hübsche Frau hieß Ida, Tochter einer Italienerin aus Bormio.

Die Chasa Chalavaina ist über 700 Jahre alt. Die Zimmer sind auf mehrere Etagen verteilt, klein und ziemlich verwinkelt. Einige der Betten sind aus dem 16. Jahrhundert. Ein Zimmermann hat sie vor einigen Jahren verlängern müssen. Sie waren zu kurz geworden für die Touristen. Die Menschen waren früher kleiner.

In der alten Küche, die vom Ruß der Jahrhunderte schwarz geworden ist und darum »cuschina naira« heißt, steht noch der alte Holzbackofen. Ein massiges gemauertes Ungetüm

»Mein letzter ganz freier Tag? Irgendwann Anfang der 70er.«

in einer Ecke des Raumes. Jon schwört, dass es der älteste Backofen Europas ist. Er ist aus dem 14. Jahrhundert.

Jon ist gerade nach unten gegangen, Ottavia ist oben geblieben. Die beiden haben das Wirtshaus aufgeteilt. Oben, in der alten Stube mit dem mächtigen grünen Kachelofen, sitzen Touristen, darunter viele Wanderer. Sie mögen das Tal, weil es ziemlich abgelegen ist und auch zur Ferienzeit ruhig. Unten, im Erdgeschoss, in der Schenke der Chasa Chalavaina, trinken die Einheimischen Bier. Ottavia und Jon ist irgendwann aufgefallen, dass Touristen und Einheimische in Wahrheit nicht so viel miteinander zu tun haben wollen.

Ottavia hat heute eine warme Strickjacke und eine dunkle Hose angezogen. Sie hat recht kräftige Arme, ist aber sehr schlank, sie war nie eine besonders gute Esserin. Mit einem Tuch in der Hand wischt sie die letzten Brotkrumen vom Tisch. Es ist kurz nach zehn. Sie wird gleich in die Küche gehen und sich an den Steinbock machen, der im Kühlschrank liegt. Es gibt ein paar Reservierungen fürs Mittagessen.

Sie bereitet immer nur ein Gericht vor. Eine Speisekarte gibt es bei ihr nicht. Früher gab es ein Gesetz im Kanton, das Gastwirte zwang, verschiedene Gerichte anzubieten. Jon schrieb damals eine Phantasiekarte und sagte den Gästen, dass alles bis auf ein einziges Gericht ausverkauft sei. Er war schon immer sehr geschäftstüchtig.

Ottavia kocht das, was sie von früher kennt, deftige regionale Küche. »So moderne Sachen machen wir hier nicht«, sagt sie. Flädlisuppe, Gerstensuppe, Brennnesselsuppe, Schnitzel, Salate mit Endivien, Gurken, Randen und gebratenen Bovisten, Hirschgeschnetzeltes, Forelle blau, Piccata mit Bratkartoffeln, heute Steinbock-Pfeffer mit Grünkohl und Hollunderäpfeln.

Der Jäger hat das Tier in der Nähe der Rötelspitze geschossen, nicht weit von hier. Der Bock wog 50 Kilo und war fünf Jahre alt. Das stand in dem kurzen Bericht, den er Jon gegeben hat, als er ihm den Bock verkaufte. Ottavia mag Steinbock, anders als Hirsch ist das Fleisch nicht von Fettfasern durchzogen. Es ist sehr mageres, gutes Fleisch, vermutlich gibt es kein Wild, das besser schmeckt. Sie hat auch schon Murmeltier zubereitet. Jeder Jäger im Tal darf acht Murmeltiere im Jahr schießen. Die Tiere tun ihr etwas leid, außerdem schmeckt Murmeltier ziemlich muffig, ein wenig nach Erde. Aber es gibt Gäste, die das mögen.

Ottavia geht in die Küche und beginnt mit den Vorbereitungen für das Mittagessen. Sie schneidet das Fleisch in Stücke, putzt etwas Lauch, schneidet Möhren. Ein paar Gäste läuten an der Tür. Jon kümmert sich um sie, ihm macht das mehr Spaß als ihr.

Sie war die Achte, darum nannte ihre Mutter sie Ottavia. Jon kam nach ihr. Ihr Vater hat sich wahnsinnig gefreut damals. Die Fassers hatten zehn Kinder, neun Mädchen und Jon.

Ottavias erste Schule war auf der anderen Seite des Dorfplatzes, gleich gegenüber der Chasa Chalavaina. Die Schule war Teil des Benediktinerklosters Sankt Johann, nach dem Jon benannt ist. Es ist ein prächtiger Bau aus der Karolingerzeit. Mittlerweile Weltkulturerbe.

»Wir hatten Nonnen als Lehrerinnen, sehr streng waren die damals. Man musste sauber in den Unterricht kommen, darauf haben sie besonderen Wert gelegt. Und eine ordentliche Schrift, das war ihnen auch wichtig.«

Ottavia hatte eine ordentliche Schrift, sie war eine gute Schülerin, überhaupt hat sie immer das gemacht, was von ihr erwartet wurde. Sie war die Brave, das Mädchen, das sich nie so wichtig nahm. Unterricht gab es in Müstair nur im Winter, im Sommer mussten alle Kinder auf dem Feld arbeiten. Ottavia half im Haushalt, bei der Ernte und kümmerte sich um die Kühe. Sture Tiere. Sie weiß noch, wie viel Arbeit es machte, eine »Kuh zu wenden«. Heute gibt es Elektrozäune an den Weiden, aber damals musste man aufpassen, dass die Kühe nicht das eigene Grundstück verließen, und sie dazu bringen umzukehren, also zu wenden. Nicht so leicht, wenn man fünf ist. Als sie älter wurde, arbeitete sie immer mehr im Gasthof der Eltern mit. Ihr Vater liebte es, in seinem Wirtshaus zu stehen und mit den Leuten über Politik zu debattieren. Jon hat das wohl von ihm. Ottavia war immer ruhiger. Sie war

»Mein letzter ganz freier Tag? Irgendwann Anfang der 70er.«

fleißig, bescheiden und träumte davon, dieses verdammte Tal zu verlassen.

Jon kommt in die Küche. Sie haben neue Gäste, eine Ausflugsgruppe aus Deutschland, die Wasser aus der Quelle bestellt hat. Jon macht

Ottavia verlässt die Küche und geht in den Garten. In der Mitte steht ein Apfelbaum, er ist über 200 Jahre alt. Sie hat ein paar Beete angelegt. Noch sind die Nächte zu kalt. Es ist gute, trockene Erde, die sich gut bepflanzen lässt. Ottavia baut Kartoffeln an,

> **Sie war fleißig, bescheiden und träumte davon, dieses verdammte Tal zu verlassen.**

das gut bei den Bestellungen. Er geht an den Tisch und fragt, was die Leute trinken wollen. Wenn sie Wasser bestellen, sagt er: »Möchten Sie es mit oder ohne Kohlensäure, oder möchten Sie etwas von unserer eigenen Quelle?« Es gibt kaum jemand, der nicht das Quellwasser bestellt. Die Quelle, wie Jon sagt, ist der Dorfbrunnen direkt vor der Chasa Chalavaina an der Durchfahrtsstraße. Die meisten Gäste haben direkt neben dem Brunnen geparkt. Aber das wissen sie nicht. Die Leute lieben das Wasser. Vermutlich wird er ihnen gleich den Steinbock »offerieren«, wie er sagt. Den Bericht des Jägers zeigt er den Gästen auch immer, und nachher zeigt er ihnen das Fell des Tieres.

Kürbisse, Blumenkohl, Gurken, Spinat, Mangold, Liebstöckel. Wenn sie im Winter nichts mehr hat, geht sie zu einem Bauern die Straße runter. Aber sie versucht, das zu vermeiden. Jon sagt immer, dass die Gäste gern die Sachen aus dem eigenen Garten essen. Außerdem ist es billiger.

Ottavia atmet tief durch. Sie hat von hier einen tollen Blick auf den Piz Chavalatsch, 2763 Meter, den Hausberg des Dorfes und den östlichsten Punkt der Schweiz. Es ist ein schöner Tag, der sattblaue Himmel ist von einigen Wolkenschlieren durchzogen, die Märzsonne taut den Restschnee auf den Dächern auf. Eigentlich ist Ottavia lieber im Garten als in der Küche.

Vor einiger Zeit hat sie Jon gesagt,

dass sie künftig nicht mehr so viel arbeiten möchte. Im Grunde besteht ihr Leben ja nur aus Arbeit. »Mein letzter ganz freier Tag? So richtig frei? Ich weiß nicht. Anfang der 70er.« Die paar Mal, die sie aus dem Tal herausgekommen ist, kann sie an einer Hand abzählen.

»Als ich jung war, vielleicht 17, kam eine Krankenschwester aus Chur zu uns ins Gasthaus und sagte, dass sie im Churer Krankenhaus noch Schwestern suchen.«

Ottavia hatte noch nie darüber nachgedacht, Krankenschwester zu werden, sie wusste nicht mal genau, was ein Krankenhaus war, denn sie war noch nie in einem gewesen, aber es war Chur und es war weit weg. Die Stadt hatte damals 20 000 Einwohner. Sie nahm all ihren Mut zusammen und sprach mit den Eltern.

»Dazumal war das so, dass die Mädchen folgen mussten, die Jungs durften einen Beruf erlernen, vielleicht sogar studieren, aber die Mädchen, die blieben zu Hause und halfen der Mutter.«

Es war nur eine kurze Zeit der Rebellion. Ottavia ging nach Chur und ließ sich zur Krankenschwester ausbilden. Der Mutter gefiel das nicht, zumal ihre anderen Töchter nach und nach heirateten und mit ihren Männern fortgingen. Die Mutter brauchte Hilfe in der Wirtschaft. Ottavia wollte nicht zurück. Auf keinen Fall, sie war endlich weg aus dem Tal, ging aus. Es war die beste Zeit ihres Lebens.

»Ich lebte im Schwesternheim und hatte nette Kolleginnen. Ich durfte machen, was ich wollte.« Anders als in Müstair musste sie nicht um Mitternacht nach Hause kommen. »Da wurde es doch erst schön.«

Drei Jahre hielt sie durch, drei Jahre sagte sie bei jedem Anruf der Mutter Nein. Die Mutter war wütend. Ottavia war die Letzte, die noch unverheiratet war.

»Sie rief jeden Tag an. Jeden Tag. Meine Mutter konnte sehr energisch sein. Sie hat mich zermürbt.« Ottavia kehrte nach Müstair zurück. Sie wusste, dass es nicht wichtig war, was sie dachte, es war nur wichtig, was von ihr erwartet wurde, und man lässt nun mal die eigene Mutter nicht im Stich, ganz gleich, wie glücklich man gerade ist. Ihre erste Aufgabe bestand darin, sich um die Großmutter zu kümmern. Die ältere Dame war kränklich und fürchtete sich im Dunkeln. Ottavia musste mit ihr im Zimmer schlafen. Tagsüber arbeitete sie im Gasthaus, viel in der Küche.

Jon hat gute Laune. Die Gruppe bleibt zum Essen, auch wenn es noch recht früh ist. Sie haben in den letzten Jahren immer mehr Gäste. Richtig viel wurde es, nachdem sie zum »Historischen Hotel des Jahres« gewählt worden waren. Der Graubündner Nationalheld Benedikt Fontana hat im Jahre 1499 vom Balkon des Hauses zu seinen Soldaten gesprochen. Er fiel am nächsten Tag in der Schlacht an der Calven gegen die Habsburger Truppen aus Österreich. Er saß in derselben Stube, in der heute die Touristen sitzen.

Den Restauranttestern gefiel damals, wie Ottavia kocht, dass nur Lebensmittel aus der Gegend verwendet werden, dass sie ihre Produzenten kennt. Ihre Küche war plötzlich preiswürdig. Der Schweizer Heimatschutz führt seit einigen Jahren die Chasa Chalavaina als eines der »außergewöhnlichsten Hotels der Schweiz«. Ein Hotel, das zwei über 70-Jährige im letzten Winkel der Schweiz führen. Die Leute kommen wie verrückt. Mittlerweile auch im Winter, obwohl es kein Skigebiet in der Nähe gibt. Sie haben sogar zu Weihnachten Gäste, was früher völlig ausgeschlossen war. Ottavia wundert sich immer noch darüber. Jon hat die Preise erhöht.

»Ein Ehemann«, sagt sie, »der hat sich leider nie ergeben. Ich hatte ja kaum Zeit, musste mich ums Haus kümmern. Oder um meine Mutter.« Kurz nach dem Tod der Großmutter hatte plötzlich auch die Mutter Angst davor, alleine zu schlafen. Ottavia verbrachte die Nächte bei ihr im Zimmer.

Nach der Rückkehr aus Chur hat sie das Tal nur ein paar Mal verlassen. Mit ihrer Mutter war sie als Begleitung einige Male zur Kur gefahren, nach Abano in Venetien zu den Warmwasserquellen. »Das hat sie gern gemacht, meine Mutter, sie war eine elegante Dame.«

Ottavia selbst war noch nie zur Kur. Allein hat sie nur eine Reise gemacht, mit dem Bus an die Adria. Sie weiß noch, dass es sehr schön war, kann sich aber nicht mehr an das Jahr erinnern. Ende der 70er vielleicht.

Ottavia hat keine Kinder, Jon auch

nicht, aber ihn scheint das nicht zu stören. Als die beiden darüber nachdachten, wer die Chasa Chalavaina mal übernehmen würde, fiel ihnen niemand ein. Sie haben 33 Neffen und Nichten. Die meisten wohnen in der Stadt. Die beiden verfassten einen Rundbrief an jeden Einzelnen. Sie boten das Haus an, eine gesicherte Existenz in den Bergen, die gute Luft. Nicht einer war interessiert. Sie bekamen 33 Absagen. Niemand wollte das Manufactum-Leben.

Die Stube ist wieder leer, die Ausflügler sind gegangen. Ottavia wird gleich ihren kleinen Spaziergang machen. Jeden Tag läuft sie ein bisschen, es tut ihr gut, sagt sie. Bevor sie losgeht, räumt sie den Tisch noch ab. Sie nimmt die Teller, Gläser, das Besteck und eine Zeitung, die ein Gast liegen gelassen hat. Es ist das Wochenende nach dem Tsunami in Japan. Die Küste des Landes ist zerstört, Zehntausende Menschen sind gestorben, und ein Atomkraftwerk, von dem noch nie jemand gehört hat, ist außer Kontrolle. Weltweit berichten die Sender über die Katastrophe in Fukushima. Ottavia hat keinen Fernseher, sie hat auch kein Radio und noch nie einen Computer benutzt. Ihr Telefon ist ein altes Gerät aus Bakelit, es hängt an der Wand und hat eine Wählscheibe. Sie braucht es nur selten. Ottavia bekommt nicht mit, dass in Japan gerade die Welt untergeht. Ihre größte Sorge ist die Marmelade. Sie ist zu flüssig, sie hätte sie länger auf dem Feuer lassen sollen. Es waren so schöne Erdbeeren dieses Jahr. ∎

STEINBOCK-PFEFFER CHALAVAINA MIT SPÄTZLE

» Fleisch in Würfel schneiden, in Rotwein einlegen, klein geschnittenen Lauch, Karotten, grob gestoßene Pfefferkörner dazugeben. Einen Tag ziehen lassen. Dann Flüssigkeit abseihen, Fleisch abtropfen lassen, Flüssigkeit aufheben.

In einer Pfanne Erdnussöl erhitzen, Fleisch anbraten, bis die ganze Flüssigkeit verdunstet ist.

In einer weiteren Pfanne die zuvor abgeseihte Flüssigkeit erhitzen, Knorr Pfeffersauce auflösen, ein bisschen Wasser dazugeben, geviertelten Knoblauch und das Fleisch dazugeben. Dann circa 1,5 Stunden (junges Tier) bis 2,5 Stunden (älteres Tier) köcheln lassen. Vom Herd nehmen, salzen und pfeffern.

Klein geschnittenen Mangold in Salzwasser kochen, abseihen. Butter, geviertelten Knoblauch und Zwiebel andünsten. Mit 0,1 l Rahm köcheln lassen und pfeffern.

Für die Spätzle aus Mehl, Salz, Eiern und Milch und Wasser (zu gleichen Teilen) einen Teig rühren. Mit einem Holzlöffel den Teig kräftig klopfen. Teig ruhen lassen. Mit einem Spätzlehobel den Teig ins siedende Wasser tropfen lassen. Spätzle mit einem Schaumlöffel umgehend herausnehmen, sobald sie oben schwimmen. Kochen sie zu lange, werden sie matschig und schmecken nicht. Auf dem Teller mit Parmesan verfeinern.

Zutaten | FÜR 4 PERSONEN

700 g Steinbock
1 l kräftiger Rotwein
grober Pfeffer
1 Stange Lauch
4 Karotten
2 Knoblauchzehen
Knorr Pfeffersauce
1/4 Tasse Erdnussöl
300 g entstielter Blatt-Mangold
50 g Butter

1/2 Zwiebel in Würfeln
0,1 l Rahm
500 g Mehl
5 Eier
Salz
Milch und Wasser zu gleichen Teilen, die Menge ist konsistenzabhängig
Parmesan zum Verfeinern

Zwei Dinge haben mich zum Koch gemacht: eine Frau und die Fische.

GERARDO ADDESSO
Ein Genie, das noch nie ein Kochbuch in der Hand hatte und derzeit leider im Gefängnis kocht

Wenn es so etwas wie eine Bestimmung fürs Kochen gibt, ein Talent, so wie Márquez es fürs Schreiben, Castro fürs Reden und Beckham fürs Flanken von halb rechts hat, dann besitzt es Gerardo Addesso. Gerry, wie ihn alle nennen, ist an guten Tagen ein Koch wurde, ist eine romantische Geschichte, die kein gutes Licht auf Deutschland und seine Gastronomie wirft. Ein Genie am Herd. An guten Tagen.

An schlechten sitzt Gerardo Addesso in seinem Mercedes, ein Polizist hat ihm Handschellen angelegt

Eine Kochausbildung hat Gerry nie gemacht, er hat fleischige, kräftige Hände, wache Augen, ein Mundwerk schmutzig wie ein Abflussrohr.

Genie. Das sagen viele, die mal im Gattopardo gegessen haben. Ein sensationeller Koch. Nicht jemand, der das Tris di Pasta flötend an den Tisch bringt. Eher der herbe Typ, jemand, der sich nach dem Nachtisch ungefragt an den Tisch setzt und irgendwelche Schweinereien erzählt. Eine Kochausbildung hat Gerry nie gemacht, er hat fleischige, kräftige Hände, wache Augen, ein Mundwerk schmutzig wie ein Abflussrohr, und warum er und diese am Lenkrad festgemacht. Ein Einsatzkommando stürmt gerade sein Restaurant, sein Gesicht ist nicht blass, es ist weiß wie die Unterseite einer Dorade. Der Staatsanwalt spricht an solchen Tagen von »Verbrechen des bandenmäßigen Handeltreibens mit Betäubungsmitteln in nicht geringen Mengen«. Ein Mafia-Koch, wird später in der Zeitung stehen. So ein Tag war vor einiger Zeit. Gerry, der ungehobelte, unverschämte, großartige Koch, sitzt derzeit im Gefängnis.

Das Gattopardo ist ein kleiner Laden in München. Gleich an der Tür sind ein paar hohe Tische, die man reservieren sollte, wenn man neben gelifteten Chefarztgattinnen aus Schwabing sitzen möchte. Dahinter gibt es noch ein paar niedrigere Tische, gleich neben einem Separee. Dunkles Holz, rote Kerzen, Eros Ramazzotti kommt aus den kleinen Boxen. An einer Wand hängen Autogrammkarten von Derrick, Bud Spencer, Vico Torriani und einigen anderen, denen es hier geschmeckt hat. Die Küche ist hinter einem kleinen Tresen, sie ist offen. Es gibt einen Hilfskoch, einen Spüler und Gerry. Zusammen haben sie acht Flammen und fünf Quadratmeter. Italienische Küche: Pasta, Carpaccio, Fisch in Salzkruste, Avocado-Salat mit Flusskrebsen. Nicht ganz simpel, aber auch keine Experimente. Gerrys Küche ist ein bisschen wie er, sagt er, kein Schischi. Er kauft gute Zutaten, er kennt sich mit Olivenölen aus, er hat ein grandioses Gefühl für Pasta und beschimpft immerzu den Aushilfskoch und die Mutter, »die ihn geschissen« hat, weil diesem regelmäßig bei der Arrabiata der Knoblauch anbrennt. Gerry hat keine Mengen im Kopf. Er weiß, was reinmuss, wann es reinmuss. Mal fehlt Spaghettiwasser, mal etwas Bouillon, aber er könnte nicht sagen was, wann und schon gar nicht wie viel. Vermutlich würde er durch jede deutsche Gesellenprüfung fallen.

Aber er kann eine Meeresfrüchte-Pasta machen, die nicht von dieser Welt ist, und wer seine Geschichte kennt, wird verstehen, warum Gerardo Addesso aus Avelino, nicht weit von Neapel, kein normaler Koch ist.

»Ich habe mir damals gedacht, ihr verfickten Schweine. Ihr wollt mein Brot, ihr sollt es bekommen, ihr verfickten Hurensöhne.«

Gerry sitzt in seinem Lokal. Es ist früher Nachmittag. Die Polizei hat seinen Laden verwanzt. Er weiß es nicht. Bis zu seiner Festnahme sind es noch ein paar Wochen.

Gerry trägt eine dunkelbraune Jacke und hat gute Laune. Die Geschäfte laufen gut. Es ist nicht leicht, im Gattopardo einen Tisch zu bekommen. Er soll seine Geschichte erzählen. Wie alles anfing,

»Zwei Dinge haben mich zum Koch gemacht: eine Frau und die Fische.«

ein paar Anekdoten von früher, etwas über sein Leben. Er überlegt und fängt mit der Brot-Geschichte an. Eine der besten. Kaum eine beschreibt ihn besser.

Als kleiner Junge fuhr er jeden Morgen mit dem Bus nach Avelino zur Schule, eine kleine Stadt unweit von Neapel in Kampanien. Gerry wohnte bei seinen Eltern in einem winzigen Kaff im Hinterland. Der Wald begann hinterm Haus, das Badezimmer war der Fluss. Im Sommer wurde oft gebadet, im Winter nur, wenn die Mutter Prügel androhte. Strom hatten sie nicht. Neun Geschwister. Die Familie lebte von der Landwirtschaft. Häufig wusste die Mutter nicht, wie sie alle satt bekommen sollte. Wenn sie Brot gebacken hatte, gab es welches für die Schule. Wenn nicht, sagte sie zu den Älteren: »Meine Engel, heute besorgt ihr euch euer Essen selbst.« Chicorée, Wirsing, Steinpilze, manchmal Beeren im Wald, Fische aus dem Fluss. Irgendwas fand sich immer im Wald oder auf einem der Felder der Nachbarn. Wenn es nichts gab, zum Beispiel im Winter, fällte Gerry Bäume und verkaufte das Brennholz. »Ich habe immer einen Weg gefunden. Immer. Nie habe ich Hunger gehabt. Oft nur ein Mal am Tag gegessen, aber Hunger nie. Es gibt immer einen Weg.«

Wer gesehen hat, wie Gerry eine Zwiebel schält, wie wenig er wegwirft, weiß, dass er sich die Geschichte nicht ausgedacht hat.

Wer gesehen hat, wie Gerry eine Zwiebel schält, wie wenig er wegwirft, weiß, dass er sich die Geschichte nicht ausgedacht hat.

Ein Pausenbrot gab es also nicht immer. Als er neun, zehn war, dachten einige ältere Jungs in der Schule, sie könnten ihm das Brot wegnehmen. Jeden Morgen, wenn er den Pausenhof betrat, standen sie vor ihm. Gerry war klein, schlecht ernährt, schmächtig. Es wurde zur Morgenroutine, Gerry das Pausenbrot wegzunehmen. Wochenlang ging das so.

An einem Morgen fuhr er wieder im Bus nach Avelino. Seine Mutter hatte ihm ein Pausenbrot zugesteckt. Gerry suchte sich eine ruhige Ecke im hinteren Teil des Busses, packte das Brot aus, nahm die obere Scheibe ab und öffnete seine Hose. Es dauerte eine Weile, bis was kam, aber nachdem er einige Male die Luft angehalten und kräftig gepresst hatte, hatte er einen hübschen Haufen Scheiße auf die untere Brotscheibe gedrückt. Er legte die obere Scheibe zurück, wickelte das Brot sauber ein, verstaute es und machte die Hose wieder zu.

»Natürlich haben sie es mir wieder weggenommen in der Pause. Ich habe gesagt, nein, nein, aber dann habe ich ihnen das Scheißbrot gegeben.«

Einer der Jungs riss ihm die Tasche von der Schulter, nahm das Brot heraus. Er führte es zum Mund, dann biss er rein.

Als Gerry das sah, rannte er los. Natürlich hatte er Angst. Aber er wusste auch, dass er sich wehren musste. Sie würden ihn nie in Ruhe lassen, wenn er sich nicht wehrte. Die anderen rannten ihm nicht nach. Anfangs lachten sie nicht mal, erst nach einer Weile, als sie merkten, dass einer von ihnen Scheiße gefressen hatte. Später fragten sie sich wohl, wie krank jemand sein musste, der sein eigenes Pausenbrot vollscheißt. Sie klauten ihm nie wieder eins.

Gerry beschimpft gerade Giovanni, den dümmsten Kellner der Stadt, wie Gerry findet. Giovanni hat Liebeskummer. »Verliebt sich in eine 60 Jahre alte Frau, lebt mit ihr zusammen, und jetzt wirft sie ihn auf die Straße.«

Giovanni hat die Blumen für die Veranstaltung heute Abend vergessen. Eine Agentur hat den ganzen Laden gemietet.

»*La puttana qui ti buttò*«, sagt Gerry. Die Hure, die dich geworfen hat. Giovanni hört nicht hin. Man wird niemanden finden, der für Gerry arbeitet und schlecht über seinen Chef spricht. Man wird aber auch niemanden finden, der sagt, Gerry sei normal.

»Ich habe Dreher gelernt.« Wer in der Nähe von Neapel in den 60er-Jahren aufwächst, der sucht sich die Arbeit nicht nach seinen Vorstellungen, sondern nach den Möglichkei-

---

»Zwei Dinge haben mich zum Koch gemacht: eine Frau und die Fische.«

ten. Dass die Landwirtschaft nichts abwarf, hatte er zu Hause gelernt. Er entschied sich für einen Beruf mit Zukunft. Dreher an einer Werkbank. Der einzige Ort, der damals in Süditalien wie ein Glücksversprechen klang, hieß Deutschland. Das Land des Wirtschaftswunders. Unternehmen suchten damals Leute. Gerry ging nach München. Eine Zahnradfabrik zahlte ihm 900 Mark im Monat. 1970 war das ein Vermögen. »Zwei Dinge haben mich zum Koch gemacht: eine Frau und die Fische.« Gerry ist aufgestanden und hat sich etwas Pasta gemacht. Giovanni hat mittlerweile die Blumen besorgt. Kurz nach seiner Ankunft in Deutschland lernte Gerry eine Frau kennen, die in einer Bank arbeitete. Grazia, eine hübsche, schüchterne Italienerin. Die beiden freundeten sich an, hatten allerdings ein Problem. Sie arbeitete bis 14.30 Uhr und durfte abends nicht lange ausgehen. Er, als Dreher, bis 18.30 Uhr in der Fabrik. Sie hatten kaum Zeit, sich zu sehen.

»*Un pelo di figa tira più di un carro di buoi*«, sagt Gerry. Ein Muschihaar zieht stärker als eine Ochsenkarre. Mag sein, dass es nicht so klingt, aber es ist Gerrys Liebeserklärung an seine Frau. Seit 38 Jahren kennt er sie, seit 31 ist er mit ihr verheiratet. Gerry gab seinen Job als Dreher auf und fing für 190 Mark plus Essen und Bett in einem italienischen Restaurant als Spüler an. Er arbeitete nun abends und konnte sich am Nachmittag mit seiner Freundin treffen. Es dauerte nicht lange, bis er merkte, dass man mit dem Kochen reich werden konnte in München. Mit Kochen – und mit Fischen.

Ein Freund von ihm fuhr regelmäßig nach Italien und kaufte Fisch, um ihn in München zu verkaufen. Er hatte einen alten, blauen Ford Transporter. Rostig, keine Kühlung, aber er kam über die Alpen. Auf einer dieser Fahrten nahm er Gerry mit. Sie fuhren nach La Spezia, kauften auf dem Fischmarkt die Ware auf, die an den Ständen liegen geblieben war, das Zeug, das keiner mehr haben wollte. Alten, stinkenden Fisch. Sie luden alles in den Bus. »Wir haben wie Schweine gestunken«, sagt Gerry. Eine Ladung Fisch im Sommer über den Brenner ohne Kühlung. »Das kauft kein Schwanz, habe ich gedacht.«

Er musste lernen, dass die Deutschen sehr wohl bereit waren, alten Fisch zu kaufen. Solange es italienischer Fisch war. Es waren die 70er, die Deutschen hatten Italien gerade sehr lieb. Die Filme aus Rom hießen »Großer, lass die Fetzen fliegen«, Adriano Celentano war ein Star, Al Bano hatte gerade Romina Power geheiratet, der Rimini-Strandaufreißer kam in Mode.

»Ich habe gedacht, super, ich bleibe in der Gastronomie.«

Gerry dachte sich, wenn die solchen Fisch essen, dann essen die auch, was ich koche. Er sollte nie wieder in einer Fabrikhalle an einer Werkbank stehen. Sein Freund mit dem rostigen Transporter wurde zu einem der größten Fischhändler Süddeutschlands. Jeder Gastronom in München kannte ihn. Er ist vor einiger Zeit gestorben.

Nach drei Monaten als Spüler wurde Gerry Pizzabäcker, ein Jahr später Küchenchef, weil er es billiger machte als der alte. Er hatte ein Händchen für die Küche, schaute sich Sachen ab, lernte mit den Jahren andere Köche der Münchner Gastronomie kennen, darunter

Er musste lernen, dass die Deutschen sehr wohl bereit waren, alten Fisch zu kaufen. Solange es italienischer Fisch war.

Leute wie Witzigmann und Schuhbeck. Die Küche machte ihm Spaß. Er ging viel essen, klaute Ideen, hatte bald eigene. Gerry hat noch nie ein Kochbuch gelesen.

Irgendwann kam ein Brief vom italienischen Verteidigungsministerium. Italien verlangte, dass Gerry seinen Militärdienst machte. Passte gerade gar nicht, fand Gerry.

»Irgend so ein Drecksarschloch sagte mir, man muss nicht zum Militär, wenn zwei Zähne fehlen. *Per insufficienza di masticazione.*« Kauinsuffizienz.

Es war klar, was Gerry durch den Kopf ging. Er suchte sich einen Münchner Zahnarzt, der sich vermutlich fragte, ob dieser Italiener noch zu retten war, und ließ sich zwei völlig gesunde Zähne ziehen.

»Ich dachte, denen habe ich es ge-

»Zwei Dinge haben mich zum Koch gemacht: eine Frau und die Fische.«

zeigt, den *figli di puttana*, na ja, falsch gedacht.«

Einen Monat später stellt sich heraus, dass Italien auch Männer mit Kauinsuffizienz zum Dienst einzog.

abends kommen. Gerry ist ein alter Koch, er ist mittlerweile 55 Jahre. Es gibt nicht viele in seinem Alter, die noch jeden Abend am Herd stehen. Köche werden nicht alt. Er sagt, er sei ruhiger geworden, nur so könne

Gerry nahm sich ein altes Auto, fuhr zum Haus des Mannes und parkte das Auto in dessen Wintergarten.

1980, er ist wieder aus Italien zurück, leiht er sich 6000 Mark, pachtet von einer Brauerei ein Lokal in der Georgenstraße und sagt den Karten spielenden Gästen, dass hier ab sofort italienisch gekocht wird. Den Laden nennt er Il Gattopardo, zu Deutsch Leopard, nach einem Visconti-Film. 70 Plätze, 80 Quadratmeter, furchtbare Eicheneinrichtung und ein Anfang. 1984 erscheint ein Artikel im Lokalteil der *Süddeutschen Zeitung*. Gerrys Essen wird gelobt. Er hat den Artikel noch immer. Plötzlich ist der Laden voll.

Gerry ist beim Espresso. Er muss noch den Einkauf von heute überprüfen und Giovanni erklären, was mit den Agenturleuten ist, die

man das so lange machen. Es stimmt vermutlich, aber als er vor einiger Zeit merkte, dass ein Lieferant ihm über Jahre überhöhte Rechnungen gestellt hatte, nahm sich Gerry ein altes Auto, fuhr zum Haus des Mannes und parkte das Auto in dessen Wintergarten. Die riesigen Fensterscheiben und die Inneneinrichtung gingen dabei natürlich zu Bruch. Dann stieg er aus und ließ den Wagen stehen. So ruhig ist Gerry mittlerweile.

Es gibt Dinge, die man sich merken sollte, wenn man mit Gerry zu tun hat. Wenn man ihn um etwas bittet, wird er einem kaum einen Wunsch abschlagen. Beschwert man sich als Gast über das Essen, und zwar zu Recht, wird Gerry sofort etwas Neues kochen und nichts berechnen. Möglicherweise auch nicht beim nächsten Mal. Gerry ist großzügig.

Behandelt man ihn aber schlecht, fängt man Streit an, beleidigt ihn, versucht man ihn auszutricksen, dann ist Gerry kein Feind, den man haben möchte. Es wird eine Warnung geben. Eine, nicht zwei. Sie lautet: »Komme nicht mehr in mein Lokal.«

Tut man es trotzdem, ist man selbst schuld. Gerry vergisst nicht. Die Nummer mit dem Wintergarten ist eine Möglichkeit, eine andere erinnert an die Geschichte mit dem Pausenbrot. Man sollte nie bei einem Koch essen, der sich rächen will.

Gerry zieht sich seine Schürze an, raunzt Giovanni an und geht lachend in die Küche. »Mein Leben ist gut«, sagt er noch.

Etwa vier Wochen später, am 29. März 2010, erscheint eine Pressemitteilung des Polizeipräsidiums Nord in Ingolstadt. Die Überschrift lautet: »Bandenmäßiger Handel mit Kokain aufgedeckt, 11 Haftbefehle gegen mutmaßliche Mitglieder der kalabresischen Mafia.«

Auf der Mitteilung sind das bayerische Staatswappen und ein Foto vom Ortsschild von San Luca, Hochburg des 'Ndrangheta-Clans, zu sehen. Der Text lautet: »Seit Frühjahr 2009 führt die Kriminalpolizei des Polizeipräsidiums Oberbayern unter Sachleitung der Staatsanwaltschaft München ein Ermittlungsverfahren gegen eine aus Kalabrien stammende Personengruppe wegen des Verdachtes des bandenmäßigen Kokainhandels (...) Konkrete Beschuldigte sind derzeit 18, zumeist italienische Staatsangehörige im Alter von 22 bis 54 Jahren. Gegen 11 liegen Haftbefehle vor, die im Laufe des Vormittages vollzogen werden konnten. (...) Die Ermittler gehen derzeit davon aus, dass durch Kurierfahrten regelmäßig mehrere Kilogramm Kokain von Italien nach Deutschland eingeführt und anschließend an Großabnehmer, überwiegend Gaststättenbetreiber im Raum München und Oberbayern, verteilt wurden. Von hier aus erfolgte die Abgabe der Droge an die Endkonsumenten.«

Während Gerry gefesselt in seinem Auto saß, stellte die Polizei das Gattopardo auf den Kopf. Sämtliche

»Zwei Dinge haben mich zum Koch gemacht: eine Frau und die Fische.«

Kaffeepackungen wurden aufgerissen, alle Kisten, Kühlschränke und Kellerräume durchsucht. Zeitgleich wurden Gerrys Wohnung, die Garage und sein kleines Büro die Straße runter durchsucht.

30 Gramm gestrecktes Kokain wurden sichergestellt. Straßenwert 1500 Euro. Das ist sicherlich nicht wenig, aber bei jeder deutschen Film-Premierenparty in Berlin-Mitte dürfte mehr zu holen sein.

Gerry kam in die JVA Nürnberg-Kaisheim.

Sein Zellennachbar ist Ludwig-Holger Pfahls, ehemaliger CSU-Staatssekretär, der mehrere Millionen vom Waffenlobbyisten Karlheinz Schreiber bekommen hatte. Die Staatsanwaltschaft ermittelt gegen Pfahls unter anderem wegen Geldwäsche. Holger erzählte von der CSU, Gerry von seinen koksenden Chefarztgattinnen im Gattopardo. Die beiden verstanden sich bestens. Nach ein paar Wochen greifen bei Gerry wieder die alten Reflexe. Die Gefängnisleitung erlaubt nur wenig Taschengeld. Gerry weiß, mit Kochen kann man in Deutschland immer Geld verdienen. Sogar im Knast. Er fängt an, mit Wasserkochern Torten zu machen und sie an die anderen Häftlinge zu verkaufen. Innerhalb von wenigen Wochen kennt jeder den verrückten Italiener, der mit vier Wasserkochern Geburtstagstorten macht. Es ist ein bisschen wie früher in Avelino. Es gibt immer einen Weg.

Der Prozess dauert nur zwei Tage. Kontakte zur kalabrischen Mafia können Gerry nicht nachgewiesen werden.

Der Staatsanwalt fordert viereinhalb Jahre Haft – und die Einweisung in eine therapeutische Einrichtung. Gerrys Haaranalyse weist absurd hohe Kokainwerte auf. Auch ziemlich hohe Konzentrationen an Cialis, einem Potenzmittel, was ihm bis heute ziemlich peinlich ist. Der Richter stimmt zu.

Gerry sitzt derzeit im Isar-Amper-Klinikum in München-Haar, Fachbereich Forensik Sicherungsstufe A, also im Hochsicherheitstrakt. Die Fenster sind vergittert, die Patienten, wie hier die Häftlinge heißen, werden in den Gemeinschaftsräumen nie aus den Augen gelassen. 18 Monate soll seine Therapie dauern, der Rest der Strafe wird auf Bewährung ausgesetzt. Gerry hat eine kleine Zelle mit einem Fernseher, seine beiden Kinder besuchen ihn regelmäßig, seine Therapeutin sagt über ihn, er sei »ein guter Junge«.

Risotto servieren wird, und frische grüne Erbsen.

»Ich bin ruhiger geworden«, sagt Gerry. Er sieht etwas blass aus. Seit

Es finden sich so hohe Konzentrationen an Kokain, dass sich der Richter überrascht zeigt.

Zwei Monaten sind nach dem Urteil vergangen. Gerry steht in der Gemeinschaftsküche der Station und packt eine große Kiste mit Lebensmitteln aus. Die Küche ist gut ausgestattet, es gibt zwei große Herde, jede Menge Pfannen und Töpfe, Küchengeschirr, nur die Messer fehlen. Ein Sicherheitsbeamter steht neben Gerry und reicht ihm ein kleines Brotmesser. Er muss damit zurechtkommen, Messer sind auf der »Geschlossenen« verboten. Der Chefarzt hat Gerry erlaubt, für die ganze Station zu kochen. Er wird sein Lieblingsgericht machen, das er immer im Gattopardo gekocht hat: »Risi e bisi«, Reis mit Erbsen. Seine Frau hat die Zutaten geschickt: acht Packungen italienischen Reis, Olivenöl, Butter, Gewürze, einen großen Laib Parmigiano, in dem er das

über einem Jahr ist er nun eingesperrt. Mit den Jungs hier, richtig bösen Jungs, die alle schwer drogenabhängig sind, kommt er nicht so gut klar.

Als Gerry die weiße Schürze sieht, die ihm seine Frau geschickt hat, lächelt er. Er zieht sogar die Kochmütze auf. Er hat das früher gehasst. Jedes Mal, wenn der Typ vom Kreisverwaltungsreferat ins Gattopardo kam, um den Laden zu überprüfen, griff Gerry in die Kasse und holte 200 Euro raus. Das ist die Strafe, wenn ein Koch erwischt wird, der ohne Kopfbedeckung am Herd steht. Gerry war es egal, er wollte die blöde Mütze nicht anziehen. Lieber zahlte er. Jetzt macht er es, obwohl er gar nicht muss. Es tut ihm gut zu kochen. Gerry fängt wieder mit seinen Witzen an. »Die Presse, die hat mich wirklich ge-

»Zwei Dinge haben mich zum Koch gemacht: eine Frau und die Fische.«

fickt. Weißt du, was die geschrieben haben? Es gab Koks zur Pizza. Was für ein Scheiß. Die totale Lüge. Das Gattopardo war doch keine Pizzeria!«

Gerry setzt das Wasser für die Erbsen auf, wäscht den Reis in der Spüle und höhlt den Käse aus.

angemeldet Blutproben nehmen. Gerry verwandelt sich in der nächsten Stunde, lächelt, schmeckt immer wieder das Essen ab. »Ein Schuss Chardonnay wäre jetzt perfekt.« Der Sicherheitsbeamte, der Gerry nicht aus den Augen lässt, schaut nervös.

Er ist noch immer ein unglaublicher Koch. Das Risi e bisi schmeckt unfassbar.

Seine Gesichtszüge werden weicher. »Ich habe die Küche vermisst.«

Gerry weiß noch nicht was wird, wenn er rauskommt. Er denkt darüber nach, nach Italien zu gehen. Die Psychologin, die ihn betreut, sagt, dass er noch einen langen Weg gehen muss. Er hat über 30 Jahre Nachtleben hinter sich, am Ende nahm er Kokain wie andere Leute einen Espresso. Jetzt hat die Frau Gerry erklärt, dass Drogen tabu sind. Wenn er auch nur einen einzigen Tropfen Alkohol in den nächsten drei Jahren auf Bewährung anrührt, bekommt er Schwierigkeiten. Polizisten werden ihn immer wieder aufsuchen und un-

Gerry ist noch immer ein unglaublicher Koch. Das Risi e bisi schmeckt unfassbar. Der Sicherheitsbeamte probiert ein bisschen und ruft per Funkgerät Kollegen, die nach und nach in die Station kommen und fragen, ob noch Risotto da ist. Ärzte und Forensiker der anderen Stationen kommen in die Küche. Sie haben Teller in der Hand. Gerry lacht an dem Morgen zum ersten Mal. Es ist wie früher, Gerry im Mittelpunkt, umgeben von Leuten, die sein Essen lieben.

Das Gattopardo führt mittlerweile Gerrys Frau Grazia zusammen mit seinen zwei Söhnen. Giovanni, der dümmste Kellner der Welt, arbeitet nicht mehr da, die alten Hilfsköche sind alle weg. Wer nach Gerry fragt, bekommt gesagt, dass er zu »Installationsarbeiten« nach Italien gefahren sei. Aufwändige Installationsarbeiten.

Gerry will nicht sagen, was genau passiert ist in den letzten Jahren, was es mit der Mafia-Sache auf sich hat. Es sei einfach passiert. Er ist in der Nähe von Neapel aufgewachsen. Irgendwann zwischen der Geschichte mit den Fischen und der Eröffnung des Gattopardo hat man ihn angesprochen. Den Koch aus Kampanien, der in Schwabing Pasta mit Meeresfrüchten macht, die man nie mehr vergisst.

Schwer zu sagen. Auch sie finden immer einen Weg. ∎

»Zwei Dinge haben mich zum Koch gemacht: eine Frau und die Fische.«

RISI E BISI
servita nella forma di parmigiano

» Erbsen schälen (Schalen aufheben), Schalotten klein schneiden. Erbsen für 3 Minuten in 3 l kochendes Wasser geben, herausnehmen. Wasser aufheben.

Mit dem Wasser die Schalen der Erbsen für 15 Minuten leicht kochen lassen. Schalen entfernen und Gemüsebrühwürfel zugeben (Dosierung der Brühwürfel für 1,5 l).

Olivenöl erhitzen und die halbe Menge der Schalotten leicht anbraten, rohen Reis dazugeben, 5 Minuten ständig rühren. Weißwein zugeben und reduzieren. Dann köcheln lassen und immer wieder etwas von der Erbsenbrühe zugeben, bis der Reis nach circa 20 Minuten gar ist.

300 g Butter in einem Topf erhitzen, restliche Schalotten anbraten, Erbsen dazugeben, salzen, pfeffern und in den Topf zu dem Reis geben. 5 Minuten weiterrühren, dann Herd ausmachen. 200 g Butter unterrühren und mit einem Holzlöffel 2 Minuten schlagen, dann in den Laib Parmigiano geben und umrühren. Pfeffer und Salz drüber und mit geschnittenen Zuckerschoten, Petersilie oder Erbsen garnieren. Parmesan zum Schluss drüberstreuen.

Zutaten | FÜR 6 PERSONEN

1/2 ausgehöhlten Laib Parmigiano
8 kg Erbsen in der Schale
1/2 kg Butter
1/2 kg Schalotten
1/4 l Olivenöl
1/2 kg Parmesan gerieben

1 kg Reis Vialone Nano
1/2 l Weißwein trocken
Gemüsebrühwürfel für 3 l
Salz, Pfeffer
geschnittene Zuckerschoten, Petersilie oder Erbsen

Ohne Mann und mit fünf Kindern bist du weniger wert als Dreck.

FAITH MUTHONI
Die Frau, die auf der größten Mülldeponie von Nairobi ein Restaurant eröffnet hat

Der Wind ist dein Freund, das ist der erste Gedanke gleich nach der Schranke. Er steht dir bei, er bläst wenigstens einen Teil des Geruchs weg. Man spürt, wie er sich in den Lungen festsetzt. Der einzige Widerstand, den man zustande bekommt, ist ein lächerlicher Würgereiz. Erschreckend, wie machtlos der Körper reagiert. Augen kann man verschließen, Ohren zuhalten, aber Geruch, Geruch ist mächtiger.

Er möchte beruhigen, ein netter Kerl in einem Overall. Er ist der Aufseher der Dandora Dumpsite, der einzigen Deponie Nairobis. Safari heißt Reise auf Suaheli, und weil er immer in Bewegung ist, diese Müllberge auf- und abläuft, jeden Winkel kennt, nennen ihn hier alle so. Safari-Safari meint, dass in einer halben Stunde alles vorbei sein wird. Man wird nichts mehr riechen, wenn man erst mal bei der

Augen kann man verschließen, Ohren zuhalten, aber Geruch, Geruch ist mächtiger.

Ein paar Schritte weiter der zweite Freund. Ein brennender Haufen Müll. Er verschafft Linderung. Genauer gesagt, der Rauch tut es. Er ist vermutlich giftig. Plastiktüten, Joghurtbecher, Reste von Autoreifen, Müllsäcke lodern, die Abgase brennen in den Augen, aber es riecht anders, nach verbranntem Gummi. Alles besser als der andere Geruch. Safari-Safari bemerkt die Übelkeit.

Frau ist, die er sucht. Der Körper wird aufgeben, der Geruchssinn kapitulieren, man kann wieder durchatmen. Der Gestank siegt.
Safari-Safari steigt auf einen der Hügel, die gleich nach der Schranke beginnen. Zehn, 15 Meter sind sie hoch, einige mehr. »Wir sind gleich da«, sagt er.
Safari-Safari bewegt sich schnell, mit unglaublicher Sicherheit. Seine

Schritte wippen etwas. Aufgetürmter Müll lässt sich nie ganz festtreten. Sein Gang hat etwas Beschwingtes, als gehe er auf Watte. Oben, auf der Spitze des Hügels, bleibt er stehen.

Die Fläche ist riesig. »40 Hektar«, sagt Safari-Safari, 50 Fußballfelder Müll. Seitlich erkennt man noch graue Wohngebäude, aber sonst ist da nur Müll. Bis zum Horizont. Ein Plastikozean. Kein Metall, kein Papier, keine Elektroteile, keine Batterien. Plastik, graues, schwarzes, weißes, blaues, gelbes, grünes Plastik. Kunststoffverpackungen, Plastebecher, Fetzen von Duschvorhängen, CD-Hüllen, Einmalrasierer, Zahnbürsten, Tüten. Millionen von Tüten. Täler, Hügel, Lichtungen, eine Welt aus Müll.

»Der richtige Boden ist über 30 Meter unter uns. Mülllaster wie in Europa könnten hier gar nicht rein. Kriegt man nie wieder raus, würden einfach versinken.« Ein alter Isuzu-Truck fährt vorbei. Drei Männer sitzen auf dem Fahrerdach, der Truck neigt sich gefährlich weit zur Seite, während er sich durch das Plastik arbeitet. Die Männer halten sich an den Stangen der Ladefläche fest. Maribus kreisen am Himmel. Aasfresser, über einen Meter groß, größer als Geier, einige stehen zwischen dem Müll. Ihr Gefieder ist verdreckt. Rauchwaden steigen auf.

> **Die Fläche ist riesig. »40 Hektar«, sagt Safari-Safari, 50 Fußballfelder Müll.**

Überall auf Dandora wird Abfall verbrannt. Eine Gruppe Frauen kommt vorbei, vornübergebeugt mit Metallstäben in der Hand stechen sie in den Plastikboden. Sie nehmen etwas in die Hand, prüfen es, werfen es weg oder stecken es in einen kleinen Sack, der an den Hüften baumelt. Sie suchen nach Metall. Chromkorken, den Rest einer Dose. Metall lässt sich auch grammweise verkaufen. Sie sehen schmutzig aus. Die ursprüngliche Farbe ihrer Schürzen ist nicht mehr zu erkennen. Dreckiges Braun vielleicht, ungefähr die Farbe der Maribus. Mensch und Tier gleichen sich an. Keine der Frauen trägt Handschuhe, knöcheltief stehen sie in

ihren Gummisandalen im Plastik, ihr Blick fixiert den Boden. Als hätten sie etwas darin verloren. Vermutlich die Hoffnung.
Safari-Safari beschleunigt den Schritt, nimmt einen weiteren Hügel.

die ganze Stadt sei eine Müllkippe, die Dandora Dumpsite sei nur der Ort mit dem offiziellen Namen. Aber mit den Slums in Kibera, Uthiro, Mathare, mit den Ansammlungen von Baracken, den Straßenzügen, durch die sich Abwasser- und Jaucherinn-

Man glaubt in diesen Slums, es gehe nicht schlimmer. Dann steht man vor der Frau mit dem Kopftuch und weiß, dass man sich irrt.

»Da, in der Hütte, da ist sie.«
Ein kleiner Holzverschlag taucht hinter einem Müllhügel auf. Ein paar zusammengebundene Äste, die von Planen überzogen sind, halten ihn zusammen. Durch den Boden haben sich ein paar Sträucher gekämpft, fast könnte es wie ein Garten aussehen. Vor der Tür raucht ein kleiner Schwelbrand. Der Geruch ist noch da, aber er ist jetzt erträglicher. Safari-Safari hatte recht.
»Wen sucht ihr?« Die Frau trägt ein schwarzes T-Shirt und einen weißen Rock. Um den Kopf hat sie ein Tuch gewickelt.
»Na dich«, sagt Safari-Safari, »die einzige Köchin auf der Dumpsite.«
Es gibt Leute in Nairobi, die sagen,

sale den Weg bahnen, mit diesen Orten hat Dandora kaum etwas gemein. Man glaubt in diesen Slums, es gehe nicht schlimmer. Dann steht man vor der Frau mit dem Kopftuch und weiß, dass man sich irrt.
2 000, vielleicht 3 000 Menschen arbeiten auf der Deponie. Sie filzen die 50 Fußballfelder, sammeln ein, was Nairobi wegwirft. Die untersten 3 000 der Stadt, und Faith Muthoni ist ihre Köchin.
Safari-Safari betritt den Verschlag und fragt: »Na, Faith, was gibt's heute zu essen?«
Faith antwortet nicht. Es ist ja auch keine Frage. Es ist ein Scherz. Es gibt Reis, Bohnen und Maismehl. Das, was es jeden Tag gibt. Seit vier

Jahren kocht sie hier. In einer Ecke stehen drei schwere Steine, darunter brennen Holzscheite. In den zwei Metalltöpfen darüber kocht Wasser. Faith ist eine schüchterne Frau, 35 Jahre alt, mit einer leisen, einnehmenden Stimme. Sie kann sehr ernst und durchdringend schauen, wenn sie sich unwohl fühlt. Gerade fühlt sie sich unwohl. Moses, ihr Sohn, spielt in einem Korb.

Faith lehnt sich an einen der Äste, die die Deckenplane stützen. Sie versteht das alles nicht. Warum interessiert sich jemand für ihr Leben? Oder für das, was sie da kocht? Sie hat kein gutes Gefühl.

Eine Portion kostet 20 Shilling bei Faith, etwa 20 Cent, serviert auf Plastiktellern, die sie aus dem Müll gezogen hat. Ab und zu, wenn sie etwas Gemüse im Müll findet, alten Kohl, Zwiebeln oder Lauch, kocht sie es mit ein. Aber das ist selten. Das wenige Essbare, das die Müllautos heranschaffen, schnappen sich meist andere.

Man muss essen, sagt sie. Und am nächsten Tag wieder, dann wieder. Bei Faith klingt es, als finge so der ganze Ärger an. »Am Nachmittag kann ich reden, jetzt besser nicht«, sagt Faith unvermittelt.

Sie hat Moses auf den Arm genommen. Er spielt mit einem Stück grüner Pappe. Faith zieht ihm die Pappe weg, hält sie dem Kleinen wieder hin, und er versucht sie zu fangen. Jedes Mal, wenn er sie packt, lacht er laut auf. Faith lächelt zum ersten Mal.

»Ja, am Nachmittag ist es besser«, sagt Safari-Safari.

Es ist kein guter Ort, zu viel Aufmerksamkeit ist nicht gut. In etwa einer Stunde kommen die ersten Kunden. Am Tag hat sie 20 bis 30. Sie könnten sehen, dass sie Besuch hat. Leute, die Fragen gestellt haben. Ihre Gäste könnten tratschen.

Faith weiß, dass man auf der Dandora Dumpsite besser kein Gesprächsthema ist.

»Wir holen dich um fünf ab, dann könnt ihr reden. Wo wohnst du überhaupt?«

»Korogocho«, sagt Faith. Direkt an der Deponie.

»Dann gehen wir nachher zu dir.«

Safari-Safari verlässt die Hütte und geht Richtung Norden. »Für das Wasser, mit dem sie kocht, muss sie übrigens bezahlen«, sagt er und zeigt auf einen schmalen Fluss. Ein paar Frauen stehen dort und reinigen Plastiktüten. Sie werden sie später an die Obsthändler in der Innenstadt verkaufen. Darin tragen ihre Kunden das Gemüse heim. Kindergeschrei weht herüber. Früher, in den 70ern, war Dandora noch eine wenig bevölkerte Gegend außerhalb der Stadt. Heute leben Hunderttausende hier. Die Kinderstimmen sind von einer der Schulen, die an die Deponie grenzen. Die James Gichuru Primary School, die Ngunyum Primary School, die Faith Integration School. Wem muss Faith Geld für das Wasser geben?

Safari-Safari tut so, als habe er die Frage nicht gehört. Er beschleunigt seine Schritte. »Hier lang, hier geht's zum Ausgang.«

Und warum will Faith nicht hier reden, auf der Deponie?

»Da vorne, wir nehmen den Ostausgang, das geht schneller«, sagt Safari-Safari.

Steht man auf einem der Hügel, sieht die Laster, die sich wankend durch das Plastik kämpfen, ist da nur Müll. Eine verdreckte, sinnlose Welt. Verlumpte Menschen, die wahllos auf LKWs steigen und im Dreck herumstochern. Chaos, Unordnung. Wenn man aber erklärt bekommt, wie man zu schauen hat, wo man hinblicken soll, ändert sich alles.

Die Ordnung wird sichtbar. Es ist, als würde sie aus dem Müll heraustreten und sich offenbaren. Erst sieht alles verrückt aus, aber nichts passiert hier zufällig. Es gibt eine Ordnung, Abläufe, es gibt Regeln, viele, mehr als auf jeder Mülldeponie in Europa. Eine davon ist, dass man keine Fremden in die Deponie lässt. Darum ist Faith so besorgt. Fremde stellen Fragen, Fremde machen Scherereien.

Die andere, die wichtigste: Es wird gemacht, was die Herrscher der Deponie sagen. Die Mungiki-Leute. Ein Reporter der *New York Times* hat sie so beschrieben: »Womöglich nette Jungs, leider könnte es sein, dass sie dein Blut trinken.«

Man muss verstehen, wie Dandora funktioniert, um Faith zu verstehen, um ihre Vorsicht nachzuvollziehen. Sie kocht nicht in der Hölle, weil sie ihr kleines Restaurant, wie sie es nennt, hier betreibt, mitten im Dreck. Ihre Hölle, das sind die Leute, die ihr das Wasser verkaufen.

Die Mungiki-Leute sind nicht einfach eine Gruppe kenianischer Krimineller. Sie bezeichnen sich als Sekte und haben sich einen archaisch-mystischen Anstrich verpasst, der alles nur schlimmer macht. Mungiki bedeutet Masse

Dumpsite, nicht dem Nairobi City Council. Das sind die Regeln: Fährt ein Laster an die Schranke, gibt der Fahrer dem Beamten der Stadt 200 Schilling. Zwei Euro offizielle Müllgebühr, falls der Beamte gerade Lust hat zu arbeiten. Meist hat er sie nicht. Dahinter wartet einer der Mungiki-Männer, heute ist das ein

> »Womöglich nette Jungs, leider könnte es sein, dass sie dein Blut trinken.«

und soll wohl nach Revolution klingen. Die Gruppe beruft sich auf kenianische Befreiungskämpfer, auf alte Stammesriten der Kikuyus, dem größten Stamm Kenias, und auf den radikalen Islam. Sie erpressen Schutzgeld, kontrollieren Teile des Taxigewerbes und haben gute Kontakte zur Regierung.

Die Mungiki-Leute tyrannisieren ihre Opfer aber nicht einfach nur, sie versuchen sie auch zu bekehren. Schwer zu sagen zu was. Für Frauen bedeutet es: Zwangsbeschneidungen, Verbot von Tabak, Alkohol, Hosen und Miniröcken. Männern ist im Gegenzug Polygamie erlaubt. Dieser Sekte gehört die Dandora

drahtiger, unscheinbarer Typ im weißen T-Shirt. 800 Schilling, acht Euro, kassiert er. Passiert der Wagen die Schranke, gehört er für die nächsten zwei bis vier Stunden nicht mehr dem Abfallunternehmen. Er gehört der Deponie, den Mungikis.

Der Lastwagen fährt 800, 900 Meter, bis er eine große, recht flache Anhöhe erreicht. Man muss wissen, dass die Fahrer der Trucks, bevor sie sich auf den Weg zur Deponie machen, ihrerseits drei, vier Müllsammler engagiert haben, die bereits während der Fahrt den Müll durchsuchen. Kurz vor der Deponie fahren sie bei einem *junk shop* vorbei und verkaufen eilig, was sie gefunden haben.

Auf der Deponie verkaufen dann die Mungiki-Leute das Recht, den Müll zu durchstöbern, an einen Zwischenhändler. Die grünen Mitsubishi-Lastwagen von Garbage Limited, dem größten Müllunternehmen Kenias, sind am teuersten. Der Fahrer trägt eine saubere Uniform und eine Schirmmütze. Auf der Seite des Wagens steht: *People, Service, Environment*. Die Kunden sind British American Tobacco, die Coca-Cola Bottling Company, Hotels und Krankenhäuser. Das bedeutet: guter Müll, Büromüll, Erste-Welt-Müll. Viel teurer als einer der braunen Tata-Laster, die Hausmüll aus den armen Vierteln der Stadt herbeischaffen.

Es braucht etwas Zeit, bis man in dem Gewusel aus Lastwagen und Menschen sehen kann, wie alles ineinandergreift. Es gibt Bereiche, die zu einer Gruppe gehören, die niemals von einer anderen überschritten würden. Unsichtbare Grenzen. Die Sammler der grünen Mitsubishi schauen abschätzig auf die der anderen Laster. Nichts hat so viele Schattierungen wie das Elend.

Faith sieht niedergeschlagen aus. Heute waren es nur 15 Essen, kein guter Tag. Moses hat sie in ein weinrotes, um den Bauch gewickeltes Tuch gesteckt, die grüne Pappe hat er noch immer in der Hand. Es scheint sein einziges Spielzeug zu sein. Steven, sein Bruder, steht neben Faith. In der Hand hält Faith ihr Handy fest. Es ist der wertvollste Besitz der Familie. 20 Schilling Guthaben. 20 Cent.

Ihr Haus ist eine Holzbaracke, die abschüssig an einen Hang gebaut wurde. Vielleicht sechs, sieben Quadratmeter groß. Etwa 1,80 Meter hoch. Ein Wellblechdach soll den Regen abhalten. Die Hälfte des Raums nimmt ein großes Brett auf Holzpflöcken ein, auf das sie eine Schaumstoffunterlage gelegt hat. Davor hat Faith ein Tuch gespannt. Die Toilette besteht aus einem Loch im Fußboden. Es bleibt alles unter der Hütte liegen, bis ein Regenguss es wegspült. Moses weint, Faith streichelt ihm das Gesicht und hebt das T-Shirt an. Moses greift sich die Brust. Faith kommt zur Ruhe. Es ist nur eine Baracke, aber es ist ihr Zuhause. Die Anspannung fällt langsam von ihr ab.

»Meine Mutter hat mir das Kochen beigebracht, aber so schwer ist es ja nicht«, sagt sie.

In Europa ist Essen Genuss. Für sie ist es ein Problem.

Reis, Bohnen und Maismehl. Dazu kann sie beim besten Willen nicht viel sagen. Sie benutzt keine Gewürze, es gibt verschiedene Bohnen in Kenia, viele verschiedene, aber sie nimmt immer nur die billigsten.

In Europa ist Essen Genuss. Für sie ist es ein Problem. Ein Tag für Tag wiederkehrendes Problem. Sie und die Kinder müssen jeden Tag essen. Essen ist die einzige Gewissheit, die sie hat, das bestimmende Thema. Mehr kann sie nicht sagen, und überhaupt, viel mehr gibt es über ihr Leben auch nicht zu sagen.

Sieben Jahre war Faith auf der Schule. Viele Worte auf English kann Faith nicht, aber die wenigen, die sie kann, sagt sie perfekt. Mit 13 fing sie bei einer wohlhabenden kenianischen Familie als Hausmädchen an. Eigentlich wollte sie Schneiderin werden. Es ist ein sauberer Beruf, bei dem man sitzen kann. Mit 19 heiratet sie, etwas später wird sie schwanger, gleich danach wieder. Ihr Mann ist ein Tyrann, der keine Arbeit findet und irgendwann abhaut. Sie lernt einen anderen kennen, der verspricht, sich um die Familie zu kümmern. Sein Sohn heißt Veron, er wird ihn nie sehen. Es folgen weitere Männer, weitere Versprechen und zwei Kinder.

Vor vier Jahren lernt sie einen Mann kennen, der auf der Deponie arbeitet. Er kennt die richtigen Leute, die Gefallen an der Idee finden, in ihrer Müllwelt ein Restaurant zu haben. Sie bekommt den Platz zugewiesen und darf den Verschlag errichten. Alles, was sie zum Aufbau des Restaurants braucht, findet sie auf der Deponie.

Sechs Tage die Woche steht sie nun da. Sie kommt um neun und geht um fünf. 40 Essen sind ein toller Tag, 15 sind schlecht.

»Ich würde gern etwas anderes machen. Vielleicht Obst verkaufen an einem Stand, aber es geht auch so.« Faith braucht etwas Zeit, um das Misstrauen abzulegen. Sie hat einfach zu viele schlechte Erfahrungen gemacht. Aber nach einer Weile merkt man, dass dieser ernste, traurige Blick sehr warm sein kann. Sie, die nichts hat, bietet Reis an.

Es gibt bessere Leben, findet sie, aber es gibt auch schlechtere. Wenn man es so betrachtet wie sie, und nur das zählt, dann waren die letzten vier Jahre nicht schlecht. Sie hat ein Handy, Moses muss nicht hungern, und weil in Kenia die Schulgebühren abgeschafft wurden, kann sie ihre Kinder in die Schule schicken. Die 15 Euro für die Schuluniform bringen sie zwar jedes Jahr um den Schlaf, aber irgendwie geht's.

Faith stellt sich die Frage gar nicht, ob sie weggehen soll. Gehen wohin? »Ohne Mann und mit fünf Kindern bist du weniger wert als Dreck«, sagt sie. Es spielt keine Rolle, dass die Dandora Dumpsite ursprünglich nach 15 Jahren geschlossen werden sollte und es sie seit über 30 Jahren gibt. Es ist auch egal, dass Wissenschaftler des Umweltprogramms der Vereinten Nationen, das ausgerechnet in Nairobi seinen Sitz hat, Bodenproben genommen haben. Der Bleigehalt auf der Deponie lag 27-fach über dem Grenzwert, Quecksilber überschritt den Wert 26-fach. Hinzu kommen die Gefahren durch die Krankenhausabfälle. Spritzen, Kanülen, Ampullen. Die Kinder, die in der Nähe der Deponie zur Schule gehen, wurden untersucht. Der Schwermetallgehalt ver-

Der Bleigehalt auf der Deponie lag 27-fach über dem Grenzwert.

ursacht Hautkrankheiten, Anämie, Krebs. Die Hälfte hat Asthma oder chronische Bronchitis. Rund die Hälfte der Männer, die auf der Deponie aus Papierabfällen Zellulosebriketts zum Heizen gemacht haben, sind gestorben.

Moses lebt nicht an der Deponie, er lebt auf der Deponie. Vielleicht ist es besser, dass Faith den Bericht nicht kennt. Vielleicht ist es nur so erträglich. Ihre Baracke kostet 500 Schilling, die kann sie bezahlen. Ihr erster Mann, der Tyrann, ist vor einer Weile gestorben, was auch keine so schlechte Nachricht war. Sie braucht kein Mitleid, sagt sie. Geld für Schulbücher, mehr Guthaben auf ihrem Handy, Reserven für einen Arztbesuch, damit kann sie etwas anfangen. Aber sie kommt zurecht.

Um ehrlich zu sein, hasst sie es, Köchin zu sein. Köchin ist nicht ihre Berufung, Köchin ist nicht mal ihr Beruf, Köchin ist ihr Schicksal. Aber Faith ist eine starke Frau, sie macht das Beste daraus. ∎

DANDORA

» Kidneybohnen über Nacht einweichen und dann bissfest kochen. Reis kochen.

Zwiebel fein hacken und in Pflanzenöl andünsten, Kohl in schmale Streifen schneiden und anschmoren. Unter kräftigem Rühren bei hoher Hitze bräunen. Dann bei geringer Hitze und unter ständigem Rühren circa 50 Minuten weich garen.

Die Kidneybohnen zugeben und weitere 5 Minuten garen. Mit Salz und Pfeffer abschmecken.

Mit Reis servieren.

Zutaten | FÜR 5 PERSONEN

3 El Öl
1 Zwiebel
250 g Reis
250 g Kidneybohnen
1 Weißkohl
Salz und Pfeffer

» Kinder, Goldminen, Malerei, Pferdewetten – ich habe überall versagt, ich funktioniere nur in der Küche! «

PASQUALE TALIERCIO
Der unterhaltsamste italienische Koch von allen

Pasquale Taliercio sitzt in einem Restaurant an der schmalen Promenade von Ischia Porto und klärt erst mal, was er alles nicht ist. Impotent zum Beispiel.

»*My friend, I'm 75 years old, but I still fuck like a dog. Two, three, four hours, for me no problem.*« Seine Worte hören sich an, als würde Lothar Matthäus' Englisch aus Giovanni Trapattonis Mund kommen.

zehn Jahre jeden Gast schief angeschaut, der eine Rechnung haben wollte, zehn Jahre sich lieber die Hände abgehackt, als eine Kreditkarte zu akzeptieren, zehn Jahre Steuererklärungen von der Aufrichtigkeit nordkoreanischer Depeschen an die Finanzbehörde geschickt: Pasquale Taliercio ist ein wohlhabender Mann. Und er findet, das sollte man sehen.

Seine Worte hören sich an, als würde Lothar Matthäus' Englisch aus Giovanni Trapattonis Mund kommen.

Nachdem der Kellner die Antipasti gebracht hat und in groben Zügen das Sexuelle geklärt ist (neue Freundin, Argentinierin, zugegeben ziemlich alt, schon 52, macht aber *lot of sport, nice body*), geht es um die ökonomische Gesamtsituation.

Arm, also arm ist Pasquale Taliercio wirklich nicht.

Zehn Jahre Gastronom in Chicago, Goldene Armbanduhr, Siegelring, rot karierte Schottenmütze, die mit der Bommel, kombiniert mit dem Brillenmodell, das Robert De Niro in »Casino« trug, dazu ein gestärktes Hemd in optimistischer Frühlingsfarbe, eine hellblaue Bundfaltenhose, beige Schnürschuhe und eine Herrenhandtasche.

Da sitzt er, Pasquale Taliercio, der

Visionär, dessen gastronomische Ideen bereits Konrad Adenauer und Charles de Gaulle diskutierten. Der Gigolo, der Frauen für Geld liebte. Der Telegraphist, der 1954 als letzter Mensch mit den Piloten der berühmten Comet sprach, kurz bevor sie ins Tyrrhenische Meer stürzte. Der Pizzabäcker, der 1972 die 1500-Dollar-Pizza erfand. Und schließlich der Mann, von dem es heißt, er habe bei den Dreharbeiten zum größten Mafia-Film aller Zeiten gekocht. Der Koch des Paten, Al Pacinos Koch, Coppolas Koch, Robert De Niros Koch, da sitzt er, Pasquale Taliercio, zurück auf Ischia. Gut gelaunt, entspannt und sehr zufrieden mit den Nudeln, die man ihm gerade serviert hat.

»*This pasta vongole not good, great*«, sagt Taliercio. Er winkt den Kellner herbei und wechselt ins Italienische: »Sagen Sie dem Koch, dass die Spaghetti sehr gut sind. Der Koch macht eine gute Arbeit, sie kommt von Herzen, er ist glücklich in der Küche, das kann ich schmecken.«

Der Kellner, ein Mann mit dem traurigen Gesicht, das man von der Arbeit in einem überfüllten Touristenlokal bekommt, schaut Taliercio lange an. Für einen Moment scheint es, als würde er den Mund öffnen. Vielleicht denkt er über das Kompliment an die Küche nach. Vielleicht an den glücklichen Koch. Vielleicht ist es auch nur Taliercios Schottenmütze.

»Kaffee?«, fragt er schließlich.

Taliercio möchte keinen. Aber Nachtisch, das wäre nicht verkehrt. Er weiß auch wo, der perfekte Ort, um zu sprechen. Ein sehr stilvoller Laden, schöne Atmosphäre, perfekter Kaffee, großartige neapolitanische *Sfogliatelle riccie*, Blätterteigtaschen mit Ricotta, *not good, great*. Übrigens, ein Freund von ihm ist der Eigentümer.

Taliercio gibt Trinkgeld, biegt links am Hafen ab, er hat einen flotten, kraftvollen Schritt, nimmt zügig den kleinen Hügel Richtung Zentrum und steht kurz danach in einem eng bestuhlten Lokal, das so gut wie leer ist. Ob dieser Laden einen glücklichen Koch hat, weiß Taliercio nicht, aber der Eigentümer, der ist mittlerweile sicher glücklich.

»*It's a secret, but the owner, he killed his wife. Really, but it's long ago. I think because he is gay. This was a problem in Ischia. Now he has money, now it's okay, he can afford to be gay. Espresso for you?«*

Taliercio erkundigt sich am Tresen nach seinem Freund. Der schwule Frauenmörder ist nicht da.

Nachdem die Getränke und die Teigtaschen auf dem Tisch stehen, lehnt sich Taliercio zurück. Er hat ein perfektes Lächeln, schöne weiße Zähne, wie sie nur amerikanische Zahnärzte hinbekommen.

»So, my friend, you want to write a book about my life?«, sagt Taliercio. Eigentlich ist es nur ein Text. Ein Artikel, die anderen Köche bekommen auch nicht mehr. Taliercio scheint etwas enttäuscht zu sein.

»Oh, no problem, so you want to know about my father and mother? No problem«, sagt Taliercio, bevor man einwerfen kann, dass man sich in Wahrheit mehr für die Geschichte mit dem Flugzeugabsturz, für Konrad Adenauer und Al Pacino interessiert.

Die Ehe seiner Eltern war arrangiert. Das war damals nicht ungewöhnlich auf Ischia. Die Insel liegt 30 Kilometer vor Neapel und war berühmt für ihre vulkanischen Heilquellen und die Schrulligkeit ihrer Bewohner. Die beiden Familien hatten nebeneinanderliegende Grundstücke, und da beide nicht das Geld hatten, das jeweils andere Grundstück zu kaufen, schien eine Hochzeit die beste Lösung.

Pasquale Taliercio kommt 1935 als eines von vier Kindern zur Welt. Sein Vater Raffaele ist Maurer, ein ruppiger Kerl, der zu viel trinkt und regelmäßig seine Frau schlägt. Es ist keine heile Welt, in die Pasquale da hineingeboren wird.

Während des Zweiten Weltkriegs geht Raffaele mit einem Bautrupp nach Österreich. Irgendwie halten die Russen Taliercios Vater für einen Deutschen und nehmen ihn in Kriegsgefangenschaft. Er kommt erst drei Jahre nach Kriegsende zurück.

Rosa, die überforderte Mutter, betreibt eine Pension, die kaum Gäste hat. Es ist nie genug Essen im Haus, also fängt Pasquale früh an, sich um sich selbst zu kümmern. Er klaut. Er klaut einfach alles. Den Fischern im Hafen den Fang, den Bauern die Kartoffeln vom Feld, den Marktfrauen das Obst.

Die Mutter liebt ihren Pasquale, sehr sogar, weiß aber auch, dass sie ihm nicht trauen kann. Sie wird mit der Zeit so misstrauisch, dass sie abends ihren neun Hühnern den Finger in den Po steckt, um zu erfühlen, wie viele Eier diese am nächsten Morgen legen werden. Fehlt am Morgen ein Ei, bekommt Pasquale Prügel.

Taliercio lacht noch heute, wenn er an die Hühnergeschichte denkt. Es macht Spaß, ihm zuzuhören. Er erinnert sich an kleinste Details, schmückt aus, macht die Pausen an den richtigen Stellen. Herrliches Englisch, das sich einen Dreck um die korrekte Aussprache kümmert. Es ist nicht immer zu verstehen, aber es klingt phantastisch, in manchen Momenten ein bisschen nach Roberto Benigni bei der Dankesrede zu seinem Oscar. Pasquale Taliercio ist ein phantastischer Erzähler. Und gute Erzähler wissen, was ihre Gäste interessiert. Promis und Sex.

Taliercio entscheidet sich für Sex und für einen aus seiner Sicht durchaus erwähnenswerten biografischen Punkt in seinem Leben. Seine Entjungferung. Er arbeitet damals im Regina Isabela, dem besten Hotel auf der Insel. Das Hotel wird von reichen Touristen aufgesucht, die wegen der ischitanischen Thermalquellen kommen. Darunter viele allein reisende ältere Damen, die sich schnell langweilen und sich irgendwann nicht mehr nur den Fangotherapien widmen wollen. Taliercio ist Page, ein fröhlicher, lustiger Junge, der blendend aussieht.

Gute Erzähler wissen, was ihre Gäste interessiert. Promis und Sex.

Es sind die 50er, die USA haben gerade den Weltkrieg gewonnen, der Italoamerikaner Marlon Brando hat mit »Endstation Sehnsucht« die Welt erobert, junge, lässige Süditaliener wollen vor allem eines: Amerikaner sein. Taliercio ist einer von ihnen, er mag Rock'n'Roll, er trägt eine Haartolle, Anzüge und dünne Krawatten. Ein kleiner Gigolo, der in Rimini junge Schwedinnen verführt hätte. Auf Ischia sind leider keine Schwedinnen, nur rheumatische Rentnerinnen.

Taliercio weiß nicht mehr, wie sie

hieß, aber sie war ziemlich genau 80 und er 18. »I was young, a good looking Gigolo, okay, the women were 70 or 80 years, but it was good money, and if you don't look too close ... And I learned a lot.«

Man muss einen Moment lang überlegen, ob man die Frage wirklich stellen soll, einem 75 Jahre alten Herren.

Was hat er damals gelernt?

»Okay, one piece of advice: You should wait for the woman when you fuck her. I know it sound strange, and most men don't think like that, but if you wait, my friend, sex is not good, is great. Like explosion of the Vesuvio. Believe me, I'm a sex-maniac.«

Es ist spät geworden. Der schwule Frauenmörder scheint nicht mehr cios Freund gelingt es jedes Jahr, die Schachweltmeisterschaft in seinem Hotel zu veranstalten. »Every year«, sagt Taliercio, hier auf Ischia, bei seinem Kumpel. Noch nie gehört? Fernsehsender aus der ganzen Welt haben darüber berichtet. Dort könne man ein Bad nehmen, sich entspannen und weiterreden. Das Hotel hat ein großes Außenbecken, gefüllt mit Wasser aus den heißen Quellen.

Wieder gibt Taliercio Trinkgeld. Er wird während der ganzen Zeit darauf bestehen, die Rechnungen zu begleichen. Er ist ein großzügiger Mann und er wird jeden Kellner respektvoll behandeln. Wenn es stimmt, dass man den Charakter eines Menschen daran erkennen

> **»If you wait, my friend, sex is not good, is great. Like explosion of the Vesuvio.«**

zu kommen. Pasquale Taliercio schlägt vor, in das Hotel eines Freundes zu gehen. Wie sich herausstellt, gibt es auch hier eine interessante Geschichte.

»The best chess players of the world come every year to this hotel.«

Es ist kaum zu glauben, aber Talier- kann, wie er Kellner behandelt, dann ist Pasquale Taliercio ein herzensguter Mann.

Das Hotel Galidon liegt in der Nähe des Citara-Strandes im Westen der Insel. 110 saubere, aber etwas heruntergekommene Zimmer, eine kleine Lobby mit zwei blauen Sofas, ein älterer Herr an der Rezeption mit breiten Koteletten und ein paar Veranstaltungsräume, die weder Anatoli Karpow noch Garri Kasparow noch irgendein anderer Schachweltmeister jemals betreten hat.

Die Schachweltmeisterschaft sei etwas übertrieben. Das Hotel organisiere jedes Jahr ein Schachturnier, an dem auch Hotelgäste teilnehmen dürfen, erklärt der Mann an der Rezeption. Aber die Weltmeisterschaft, das können man sich ja mal überlegen. Taliercio nickt zufrieden. Er hat doch gesagt, dass hier Schach gespielt wird, dass es keine Weltmeisterschaft ist, ist nur ein Detail, außerdem ist das Entscheidende doch, dass man baden kann. Das beheizte Becken, das gibt es – groß, leer und leicht nach Schwefel duftend.

Ein paar Minuten später hat sich Taliercio eine blaue Badehose und eine Badekappe angezogen und kommt auf den Flugzeugabsturz und Konrad Adenauer zu sprechen. Anfang der 50er macht sich Taliercios Mutter Sorgen um ihren Sohn. Über einen Verwandten hat sie Kontakt zum Bischof von Neapel und bittet diesen um eine Ausbildungsstelle für Pasquale. Irgendeine. Der Bischof vermittelt einen Platz in der Telegraphenschule in Rom. Pasquale geht zum Unterricht, fällt durch die meisten Prüfungen, darf aber – etwas überraschend, wie er selbst zugibt – dennoch den Flugraum über Rom bewachen.

Am 8. April 1954 sitzt Taliercio im Tower vom Flughafen Roma-Ciampino, als eine der größten Flugkatastrophen der Geschichte ihren Lauf nimmt. Der Absturz der DH 106 Comet G-ALYP, des berühmten britischen Flugzeugs, des ersten Passagierjets der Welt. Alle 35 Insassen kommen an diesem Tag ums Leben. Die Meldung geht um die Welt.

»I was the last man who talked to them, then I only heard ›schhhhhh‹, I called the authorities and so they find the plane with my help. But I didn't like the job, I preferred to cook.«

Es gab zwar einige Jahre später eine ausführliche Dokumentation zu dem Unglück, in der sehr viele Zeitzeugen zu Wort kamen, aber irgendwie müssen die Taliercio, den Mann im Tower, übersehen haben. »Oh, that's okay with me, no big deal.« Trotz der Heldentat des Fluglotsen

»Kinder, Goldminen, Malerei, Pferdewetten – ich habe überall versagt.«

Taliercio, der nie die Telegraphistenprüfung abgelegt hat, geht er zurück nach Ischia. Sein Onkel hat ein Restaurant und braucht jemanden, der in der Küche hilft.

Raffaele, der Vater, spricht nicht mehr mit seinem Sohn. Er hält ihn für einen Versager, doch seine Schwester, Pasquales Tante Rosa, mag den Jungen. Sie ist eine wundervolle Köchin.

Taliercio gefällt die Arbeit in der Küche. Er ist organisiert, kann sich konzentrieren und mehrere Dinge gleichzeitig tun, was mit Abstand die wichtigste Eigenschaft eines Kochs ist. Die Gäste mögen sein Essen. Das Problem ist, Gäste essen im Restaurant, nicht in der Küche. Gerade um die weiblichen Gäste tut ihm das leid. Er muss aus der Küche raus, obwohl es der einzige Ort ist, an dem mal für eine Weile alles glattging.

Taliercio lernt einen jungen Deutschen kennen, einen Mann aus Weiden in der Oberpfalz. Taliercio war schön seit Längerem aufgefallen, dass immer mehr Deutsche ihren Urlaub auf Ischia verbringen. Er beschließt nach Deutschland zu gehen. Der Plan ist, Deutsch zu lernen, später zurückzukommen und mit dem gesparten Geld ein Hotel zu eröffnen. Der Plan geht nicht auf. Sie ist hübsch, jung und sofort in diesen Italiener verliebt. Taliercio gefällt die junge Frau sehr. Ihm gefällt auch, dass der Vater gerade ein Hotel gekauft hat.

Sie heiraten, Taliercio arbeitet anfangs als Koch, später, als er die Sprache beherrscht, ist er der sympathische, lustige Italiener, den die Deutschen in der Gastronomie so sehr schätzen, der Mann im Restaurant. Taliercio gründet eine Familie, bekommt drei Kinder und findet, es sei nun an der Zeit, etwas für die Europäische Integration zu tun.

»*I had the idea to build an European hotel, and Adenauer and de Gaulle thought about my idea, they talked about me.*«

Taliercio hat es sich vor einem Wasserstrahl gemütlich gemacht, der aus der Wand des Schwimmbeckens kommt. Er dreht seinen Rücken nach links und rechts und genießt die Unterwassermassage. Es schaut zufrieden, es geht ihm gut, nein, *not good, great*.

Eigentlich ist es eine tolle Idee, die

Taliercio da für Europa hat. Er möchte ein Hotel eröffnen, in dem nur Menschen arbeiten sollen, die zuvor ihre Staatsbürgerschaft gegen eine neu zu schaffende europäische Staatsbürgerschaft eingetauscht haben. Arbeitsplätze, europäische Integration und ein schickes Hotel, alles auf einmal. Als Direktor sieht er sich, erster Standort Weiden in der Oberpfalz. Er schreibt einige Briefe und bittet, die Kosten für den Hotelbau aus Steuermitteln finanziert zu bekommen. Völlig unerwartet gibt es Schwierigkeiten. Adenauer und de Gaulle gründen doch keine Hotel, sondern die Europäische Wirtschaftsgemeinschaft und den gemeinsamen Binnenmarkt.

»This was not a problem. Politicians are criminals, you know that. I think there was a problem between Adenauer und de Gaulle, they had misunderstandings about other things. Sometimes ideas are just too good. But no problem for me, I changed plans.«

Und wie Taliercio die Pläne ändert. An einem Morgen hebt er ein paar Hundert D-Mark von der Bank ab, verlässt seine Frau, seine drei Kinder und mietet sich in München ein rotes Cabriolet, mit dem er an die Côte d'Azur fährt. Taliercio hat beschlossen, dass Weiden nicht seine Zukunft sein kann, nicht sein Leben, er will nicht als italienischer Gastronom in der Oberpfalz enden, Franz Josef Strauß, Weißbier, Haxen im Herrgottswinkel, das kann es nicht sein. Sein Lieblingslied, seine Hymne ist »Tu vuò fà l'americano« von Renato Carosone, »du willst den Amerikaner machen«. Es muss Amerika sein.

In Monte Carlo lernt er Charles Bluhdorn kennen, einen amerikanischen Industriellen, der ein paar Jahre zuvor Paramount Pictures gekauft hatte. Bluhdorn ist auf der Suche nach einem Privatkoch für seine Jacht. Taliercio wird nach einem Probekochen engagiert, und nachdem Bluhdorn sich an ihn gewöhnt hat, nimmt er ihn mit nach New York. Es ist 1971, in den USA versucht sich gerade ein junger Mann namens Francis Ford Coppola an der Drehbuchadaption von Mario Puzos Bestseller »Der Pate«. *»Let's go have dinner«*, sagt Taliercio. Aber was ist mit dem Paten? Wie ist Al Pacino, wie Francis Ford Coppola?

Taliercio, der gerade erfahren hat, dass es ein ausführliches Making-of zu dem Film gibt, in dem nicht einmal der Name Pasquale Taliercio fällt, überlegt eine Weile und sagt schließlich, dass er Charles Bluhdorn versprochen hat, nie über die Dreharbeiten zu sprechen.

Aber er hat doch davon erzählt, oft. Ja, aber er habe noch mal nachgedacht.

»I promised I will never speak about that time. I promised to Charles Bluhdorn, because I didn't have a working permit.«

Charles Bluhdorn ist 1983 gestorben.

»Yes, but I keep my word.«

Bevor Taliercio das Wasser verlässt, erzählt er noch ein wenig über die Jahre in den USA. Er machte in den 80ern ein kleines Restaurant in einem Einkaufszentrum in Chicago auf. 42 Sitzplätze, Pasquales Michelangelo. Es gab Pasta und deutsche Küche. Das Restaurant lief gut, die Gäste bestellten so gut wie nie bei den zwei Kellnerinnen, die Taliercio angestellt hatte. Sie gingen immer direkt zum Chef in die Küche. Taliercio war angekommen. Er konnte endlich die beiden Dinge gleichzeitig machen, für die er geschaffen war. Kochen und Leuten Geschichten erzählen. Zehn Jahre hatte er das Restaurant. Er vermied es, eine richtige Registrierkasse zu kaufen, genau Buch zu führen und Steuern zu zahlen. Nach zehn Jahren hatte er über eine Million Dollar verdient. Alles schwarz. Er verließ Chicago und ging ins warme Arizona. Wo er seit Jahren von den Zinsen sehr gut lebt.

Drei Dinge passieren, wenn man Zeit mit Pasquale Taliercio verbringt. Das Erste ist, man fragt sich, wie man wohl selbst mit 75 sein wird. Vielleicht möchte man nicht exakt so sein wie Taliercio, aber später mal seine Energie zu haben, das wäre schön.

Die zweite Sache, die man schnell begreift, Pasquale Taliercio ist ein phantastischer Koch. *Not good, great.* Er kann lange über Essen reden, über die Vorzüge der italienischen Küche und die überbewerteten Franzosen, die alles verkochen, über die Schönheit eines Wiener Schnitzels. Vielleicht muss man Hunger gehabt haben, um so liebevoll über Essen zu reden.

Und schließlich beginnt man über

die Wahrheit nachzudenken, über das, was sie für Pasquale Taliercio bedeutet.

Die Wahrheit ist, er war wohl nie der Koch des Paten, und Adenauer und de Gaulle haben vermutlich auch nicht über Taliercios Hotelpläne diskutiert. Und selbst in Italien ist es unwahrscheinlich, dass ein Telegraphenschüler den Luftraum überwachen darf.

Was ist die Wahrheit? Die Wahrheit ist, dass er sich noch heute, 70 Jahre danach, an die Schreie seiner Mutter erinnern kann, während sein Vater auf sie einschlug. Die Wahrheit ist, dass seine erste Frau nichts mit ihm zu tun haben will, weil er weder für sie noch für seine Kinder je einen Cent Unterhalt gezahlt hat. Die Wahrheit ist, dass er seit dem Tod seiner zweiten Frau, die er sehr liebte, ein ziemlich einsamer Mann ist. Die Wahrheit ist, dass alles, was er in seinem Leben angefasst hat und nichts mit Kochen zu tun hatte, in einer Katastrophe endete. Er kaufte von irgendwelchen Italienern eine Goldmine, in der alles Mögliche war, außer natürlich Gold. Er versuchte sich als Künstler und malte ein schreckliches Bild nach dem anderen. Er wollte Pferde züchten, um beim Kentucky Derby drei Millionen Siegprämie zu kassieren, aber gewann kein einziges Rennen.

»Kinder, Goldminen, Malerei, Pferdewetten – ich habe überall versagt, ich funktioniere nur in der Küche«, sagt er. Und auch das ist die Wahrheit: 42 Plätze, jeder viermal pro Abend besetzt, fast 200 Essen, über 1000 Essen die Woche. Nur er und ein Hilfskoch. Die Küche, das ist sein Reich. Das ist die Wahrheit, und diese Wahrheit ist nicht schön, warum sie nicht schöner machen? Für sich, ja, aber vor allem auch für die anderen. Es sind nur Geschichten. Illusionen. Sagen nicht viele Spitzenköche, dass Essen vor allem Illusion ist?

Taliercio hat sich ein Handtuch übergeworfen. Er friert etwas. Er schlägt vor, einen Happen zu essen. Eine schöne Pasta, dazu etwas Wein, bei der Gelegenheit könne er auch noch eine Geschichte erzählen. ∎

AMORE D'ISCHIA
otto minuti

» Das Öl in einer hohen Pfanne erhitzen, Paprikas in schmale längliche Streifen schneiden, in das Öl geben.

Nach 2 Minuten die in schmale längliche Streifen geschnittenen Zucchini zugeben. Nach weiteren 2 Minuten die klein geschnittenen Thunfischstücke zugeben, Cocktailtomaten vierteln und zugeben. 2 Minuten bei kleiner Hitze ziehen lassen.

Knoblauch und Petersilie sehr klein schneiden und zusammen mit dem Wein dem Gericht zugeben.

Dazu passen Fettuccine, die anschließend mit der Soße, dem Gemüse und dem Fisch noch zwei Minuten ziehen sollten.

Zutaten | FÜR 4 PERSONEN

3 EL Olivenöl
1 rote Paprika
1 gelbe Paprika
2 junge keine Zucchini
12 reife Cocktailtomaten
3 Knoblauchzehen
1/2 TL Salz
1 Bund Petersilie
1 Glas trockenen Weißwein
400 g Thunfisch-Filets
400 g Fettuccine

Kochen war immer was für Frauen. Für Schwuchteln.

NIHAD MAMELEDŽIJA
*Der bosnische Elitekämpfer,
der Olympionike wurde, nur um
endlich in Italien Koch zu werden*

Nihad Mameledžija steht neben Miro, dem Produzenten seiner Kochsendung, und wartet auf den bosnischen Schnulzensänger. Der ist entweder wieder betrunken oder hat sich verlaufen. Vermutlich beides. Es ist Freitag kurz nach fünf. Gestern hat es geschneit. Die Berge um Sarajevo wirken wie riesige Haufen zerknülltes Zeitungspapier. Mameledžija bereitet sich seit einer Weile auf die Sendung vor. Meist zeichnen sie gleich richtet sich die Schürze. Er mag keine schwarzen Schürzen. Köche arbeiten in weiß, findet er, findet jeder ernst zu nehmende Koch. Miro, der Produzent, besteht aber auf schwarz.

»Schwarz ist schick«, sagt Miro.
»Schwarz ist schwul«, antwortet Mameledžija.
Miro will nicht diskutieren, dreht sich weg und brüllt in den Raum: »Wo bleiben denn die Kameraleute?«

Er ist etwas, was es viel häufiger geben sollte, ein maulfauler Fernsehkoch.

mehrere am Abend auf. Heute sind es zwei. Eine, falls er auftaucht, mit dem Sänger, die zweite mit einem Professor von der Universität Sarajevo. Mameledžija geht in das winzige Klo und zieht sich die schwarze Kochschürze an. Durch die Tür sieht man seinen Oberkörper. Er hat mehrere große Narben. Mameledžija tritt aus dem Klo und Man kann viel über Miro sagen, aber sicher nicht, dass er wie der Produzent einer Kochsendung aussieht. Er ist zwei Meter groß, hat Oberarme, die sich wie Autoreifen anfühlen, einen kahl rasierten Kopf und trägt eine Jogginghose. Das ist der Mann, der Nihad Mameledžija ins Fernsehen gebracht hat. Es gibt keinen besseren. Denn auch über

Mameledžija kann man viel sagen, aber sicher nicht, dass er ein normaler Fernsehkoch ist.

Nihad Mameledžija kann eine Kalaschnikow in sechs Sekunden auseinandernehmen. Zusammenbauen dauert etwas länger. Er ist mehrfacher bosnischer Meister im Judo, war als Bobfahrer bei Olympia, hat eine Einzelkämpferausbildung und mehrere Jahre Häuserkampf hinter sich und noch heute einen Granatsplitter von der Größe eines Reiskorns im Kopf.

Heute ist dieser Mann der bekannteste Fernsehkoch Bosniens, und wenn der italienische Botschafter in Bosnien ein wirklich wichtiges Bankett organisiert, dann leistet er sich Mameledžija.

Es gibt seit einigen Jahren einen seltsamen Trend im Fernsehen. Der Fernsehkoch als Tyrann, als Diktator in der Küche. Kochen als Konflikt, als Krieg. In England und den USA glauben sie, der Schotte Gordon Ramsay sei der härteste Fernsehkoch der Welt. Weil er regelmäßig seine Souschefs niederbrüllt und seine Sätze mit »*Fuck me*« anfangen und mit »*Fuck you*« aufhören.

Mameledžija hat noch nie in einer Sendung geflucht, er ist nie aggressiv, nie schlecht gelaunt, im Gegenteil: Er ist sehr höflich. Und je mehr Zeit man mit ihm verbringt, je mehr man von seinem Leben erfährt, desto klarer wird, dass Fernsehköche wie Gordon Ramsay einfach nur Punks sind. Kleine Spinner, die nicht wissen, wovon sie reden.

Vermutlich hätte Mameledžija es in den meisten Ländern schwer als Fernsehkoch. Er macht keine Witze, wenn er vor der Kamera steht, keine Gags. Dafür gibt es den Moderator der Sendung. Wenn die Kamera läuft, kann der notfalls mit einem Pfund Polenta im Mund moderieren. Mameledžija steht dann dabei und schweigt. Er ist etwas, was es viel häufiger geben sollte, ein maulfauler Fernsehkoch. Jemand der einfach nur kocht, keine Späße mit der Regie, keine mit dem Kameramann, nur seine Arbeit. Es hat etwas Würdevolles.

Mameledžija hat sich eine ruhige Ecke gesucht. Er setzt sich an einen breiten Tisch gleich neben dem Eingang. Er ist 39 Jahre alt, ein ruhiger Mann von kräftiger Statur. Er hat kräftige Oberarme und eine fast bedächtige Art, sich zu bewegen. Freundlich, zurückhaltend. Es ist fast so, als sei er gar nicht da.

Zwei Männer mit Taschen kommen ins Studio. Die Kameraleute. Die beiden schauen sich kurz um. Es sieht nicht aus wie ein Fernsehstudio, eher wie ein Loch, ein etwa 30 Quadratmeter großer Raum im Erdgeschoss eines Wohnblocks in Breka, einem Stadtteil Sarajevos. Der vordere Bereich ist mit alten Möbeln, Tischen und Regalen zugestellt. An den Wänden hängen ein paar Poster mit nackten Frauen, Urkunden, die Mameledžija gewonnen hat. Der hintere Teil ist das eigentliche Kochstudio. Es ist zwar klein, aber das sieht man im Fernsehen nicht. Da sieht es perfekt aus. Ein großer Gasherd in der Mitte, Schränke in grellen Farben, bunte Gewürzdosen, der Schriftzug eines Sponsors, an der Wand verschiedene Pfannen und Töpfe.

Die Männer stellen die Taschen auf den Boden. In ihnen sind Ansteckmikros und zwei kleine HD-Camcorder. Kurz danach folgen eine großbusige Blondine und ein Mann, der Moderator, der aussieht, als habe er die letzte Nacht in der Gosse verbracht. Er war aus, sagt er. Für einen Moment sieht das Ganze mehr nach Pornoproduktion in einem Küchenset aus. Allerdings stellt sich heraus, dass die Blondine Maskenbildnerin und vielleicht auch Zauberin ist, denn etwas später sieht der Moderator wieder aus wie ein Mensch, den man ins Fernsehen lassen kann. Miro klatscht in die Hände, seine Stimmung hellt sich auf. »Wenn jetzt noch die Sänger-Plinse auftaucht, machen wir heute vielleicht sogar noch eine Show.«

Mameledžija sitzt noch immer am Tisch. Keiner scheint ihn zu beachten. Er nimmt sich ein Glas Weißwein, einen Žilavka, und schließt die Augen. Er hat jetzt Pause. In der Küche liegt alles bereit.

Mit 15, 16 wollte er Soldat werden. Er hatte viele amerikanische Filme gesehen und konnte die 100 Meter unter elf Sekunden laufen. Er trug kurze Haare, machte Judo, hatte sich einen muskulösen Oberkörper erarbeitet, und die Kumpels aus dem Freundeskreis hatten sich damit abgefunden. Die meisten von ihnen waren Schläger, Dealer und Kleinkriminelle. Sie respektierten seinen Wunsch, Soldat zu werden, weil sie ihn respektierten. Er steckte bei keiner Rauferei zurück. Seine Freunde, das war der Mob Sarajevos, und er war einer von ihnen. Die Schule brach er ab.

Koch zu werden war nicht drin. Da hätte er ja gleich Röcke tragen können.

Natürlich war ihm aufgefallen, dass er beim Essen anders war als der Rest. Wählerischer, schwieriger. Er warf die Wurst weg, wenn sie ihm zu fettig war. Er ließ im Restaurant ständig etwas zurückgehen, weil sich der Koch mit dem Salz, dem Pfeffer oder der Garzeit vertan hatte. Er liebte es, seiner Mutter beim Kochen zuzuschauen oder auf dem Markt spazieren zu gehen. Aber Koch zu werden war nicht drin. Da hätte er ja gleich Röcke tragen können.

»In meinen Kreisen konntest du nicht sagen, dass du dein Leben mit Tomatenschneiden und Fischgaren verbringen willst. Kochen war immer was für Frauen. Für Schwuchteln.« Er ist ein ruhiger, leiser Erzähler. Sein massiger Körper spannt unter der Kochschürze.

Es war nur so ein Gefühl zu Beginn, die Ahnung, dass er für etwas anderes geschaffen war. Bei der Armee bekommt er Unterricht in Waffenkunde und taktischer Kriegsführung. Es ist seltsam. Er lernt, seine Gegner zu besiegen. Je besser er wird, desto schwerer wird es, seinen Wunsch zu bezwingen, etwas anderes zu machen. Nach einer Weile nervt ihn die ganze Armee. Am besten gefällt ihm noch, während der Mittagspausen die AK-47 zu reinigen. Es hat etwas Beruhigendes. Einen Vorteil hat die Ausbildung aber. Mameledžija weiß irgendwann, was er werden will. Er möchte Koch werden.

Mameledžija quittiert den Dienst und sucht sich eine Kellnerstelle in einer kleinen Pizzeria in Sarajevo, der Pizzeria Toskana im Zentrum. Mäßige Küche, aber tolle Stimmung. Nihad Mameledžija, Einzelkämpfer, ehemaliges Mitglied einer Antiterroreinheit, liebt es, um die Tische zu hetzen, Bestellungen aufnehmen und Essen zu servieren. Es ist die beste Zeit seines Lebens. Er ist noch nicht in der Küche, aber er nähert sich.

»Ich wusste schon damals, ich mach irgendwann meinen eigenen Laden«, sagt Mameledžija. Es war ihm egal, für wie schwul ihn die alten Kumpel hielten.

Im April 1992 bricht der Krieg aus. Es ist ein Schock für die Stadt. Sarajevo verändert sich in Tagen, auch Mameledžija. Er ist wieder Soldat.

Bosnier und Serben, Moslems und Christen waren jahrhundertelang friedlich miteinander ausgekommen. Moscheen stehen in Sarajevo in Sichtweite von Kirchen. Es spielte keine Rolle, ob man Serbe oder Bosnier war, ob man in die Kirche oder die Moschee ging. Niemand konnte sich vorstellen, dass es wirklich Krieg geben würde. Dass irre Nationalisten das alte Jugoslawien brennen sehen wollten. Dass es bald lebensgefährlich sein würde, in Sarajevo auf die Straße zu gehen, weil sich in den Bergen um die Stadt serbische Scharfschützen postiert hatten und auf alles schossen, was sich unten bewegte. Es wird nie so weit kommen, war der Glaube damals. Die Menschen in Sarajevo irrten sich. Am Ende wurde es die längste Belagerung der Menschheitsgeschichte. 1425 Tage. 11 000 Menschen starben.

Die Blondine hat sich Mameledžija genähert und betupft sein Gesicht. Mittlerweile ist auch der Sänger gekommen, der sich über den Žilavka hergemacht hat. Miro hat sich zu ihm gesetzt und ihm ein Stück Livanjski angeboten, einen phantastischen bosnischen Käse. Die Kameraleute brauchen noch etwas Zeit, um die Stative aufzubauen. Mameledžija möchte eigentlich nicht über den Krieg reden, aber er hat versprochen, auf alle Fragen zu antworten. Und Nihad Mameledžija ist ein Mann, der sein Wort hält.

Zwei Jahre lang musste er im eingekesselten Sarajevo gegen die Serben kämpfen. Es war keine Frage, dass er kämpfen würde. Er war jung, er hatte eine militärische Ausbildung. Es war nicht die Zeit, sich in eine Pizzeria zu stellen und zu sagen, dass man mit der Armee nichts zu tun haben wolle.

»Ich kam zur Interventni vod.« Mameledžija sagt es unaufgeregt, auch wenn jeder in Bosnien weiß, was das bedeutet. Es bedeutet, dass man gute Chancen hatte zu sterben.

Die Interventni vod war die Truppe, die immer dann gerufen wurde, wenn irgendein Frontabschnitt unter besonders schweren Beschuss kam.

»Meine Kameraden fielen wie die Fliegen«, sagt Mameledžija, »überall konntest du draufgehen.«

Zu Beginn gab es keinen Frontverlauf. Man wusste, dass die Serben die Stadt umstellt hatten. Sie hatten sich auf den Bergen postiert, hatten Außenbezirke eingenommen. Einige Kämpfer hatten sich den Weg bis in die Stadt freigeschossen und Position in einem hohen Gebäude bezogen. Wo die Grenze genau verlief, war unklar. Niemand wusste, woher die Schüsse und die Granaten kamen. Manchmal von den serbischen Stellungen, ein anderes Mal aus einem Haus mitten in der Stadt. Ganze Straßenschluchten waren von einem Tag auf den anderen lebensgefährlich. Die Menschen begannen Container und Holzwände vor die Sichtschneisen zu schieben. Die Hauptverkehrsstraße Sarajevos, die Zmaja od Bosne, wurde »Sniper Alley« genannt. Auf den Schildern stand: »Pazi – Snajper!«, Vorsicht – Heckenschützen. Jeder wollte raus. Wer Kontakte ins Ausland hatte, nutzte sie und setzte sich ab.

»Natürlich haben viele damals an Flucht gedacht, auch ich. Aber wer hätte die Stadt denn verteidigen sollen? Leute wie ich mussten das sein. Soldaten und der Mob, meine Freunde von früher, die hatten niemanden im Ausland, die hatten nur diese Stadt. Sie waren die Ersten, die zurückschossen.«

Mameledžija steht auf und holt ein Foto. Sechs, sieben Männer am Lagerfeuer sind darauf zu sehen. Der eine trägt einen Mexikaner-Hut und einen dicken Schnauzer, in der Hand eine Gitarre. Der Oberkörper ist mit Tätowierungen übersät. Die anderen Männer auf dem Bild sehen wie Verbrecher aus, Knasttattoos, Ohrringe, dazwischen Mameledžija. »Das ist in den ersten Wochen in einem Waldstück, die Front verlief 500 Meter von hier. Ein paar Wochen später warfen die Serben eine Granate rein. Viele der Männer auf dem Bild sind tot.«

Er hatte kein eigenes Restaurant. Er

war nicht mal auf dem Weg, Koch zu werden. Es war beim Militär, und das mehr als jemals zuvor.

Mameledžija legt das Bild weg und nimmt sich noch ein Glas Wein. Miro und der bosnische Sänger haben begonnen, gemeinsam zu singen. Der Sänger ist ein winziger, schmächtiger Mann mit grauen, wirren Haaren. Er sitzt im Schlüpfer am Tisch, weil er nicht möchte, dass die Hose knittert. Mameledžija sieht die beiden und lacht. Er nimmt ein weiteres Foto, schaut es lange an und schenkt sich anschließend noch etwas Wein nach. Dann erzählt er, wie der reiskorngroße Splitter in seinen Kopf kam.

Hrasno ist eine Wohngegend ein paar Kilometer von der Altstadt Sarajevos weg, Richtung Flughafen. Serbische Stellungen haben Teile des Gebiets eingenommen. Am Morgen des 8. Juni 1992 bekommt Mameledžijas Einheit den Befehl, diese Stellungen anzugreifen.

Gegen elf rücken Mameledžija und ein paar seiner Kameraden Richtung Frontlinie auf. 17 Männer sind zu dem Zeitpunkt schon tot. Die meisten durch serbische Granaten. Als Schüsse ertönen, wirft sich Mameledžija hinter einen Metallcontainer. Er sieht, dass zwei seiner Kameraden es nicht geschafft haben und verletzt am Boden liegen. Plötzlich hören die Schüsse auf. Die beiden Soldaten leben noch. Mameledžija weiß warum. Der Schütze könnte sie problemlos töten. Aber es ist viel effektiver zu warten, bis ein Rettungstrupp versucht, die Männer zu bergen. Mehr Opfer.

Mameledžija weiß: Je länger er wartet, desto besser wird sich der Sniper auf die Situation einstellen. Er sagt den anderen hinter dem Container, dass sie den Posten am Ende der Straße unter Feuer nehmen sollen. Kaum erklingen die Maschinengewehrsalven, rennt er los, zieht die Männer von der Straße, und kurz bevor er zurück ist, wird ihm schwarz vor Augen.

»Eine Granate schlug ein paar Meter von uns in ein Haus ein. Ich spürte einen Stich im Hinterkopf, dann kippte ich um und wachte erst im Krankenhaus wieder auf.«

Die Gänge des Krankenhauses sind überfüllt. Menschen liegen auf dem Boden, manche mit Verbrennungen, manche blutüberströmt. Mameledžija wird wach, das Blut läuft ihm den Hals hinunter.

»Der Arzt hat sich kurz meinen Kopf angeschaut und gesagt: ›Du hast Glück, ein, zwei Millimeter weiter, und der Splitter hätte dein Gehirn erreicht.‹ Er säuberte die Wunde und schickte mich weg.«

Eine Woche später meldete sich Mameledžija wieder bei seiner Einheit. 800 Scharfschützen hatten die Stadt umstellt, Tausende von Granaten zerstörten ganze Straßenzüge, die Totengräber kamen mit der Arbeit nicht nach. Es gab keine Alternative, er musste kämpfen. An den Splitter hat sich nie wieder ein Arzt getraut.

Präzision. Er muss nicht schauen, wo die Sauciere steht, wo die Pfanne, wo das Basilikum. Die Aufzeichnung läuft. Der Moderator macht Witze, der Sänger singt eine bosnische Schnulze, dazwischen macht sich Mameledžija an das angekündigte Lammfilet mit Minzpesto. Man hat den Eindruck, dass er die anderen beiden gar nicht wahrnimmt. Er röstet Pinienkerne, arbeitet Öl, Petersilie, Zitrone, Minze und eine Schalotte ein und schmeckt das Pesto mit Salz und Pfeffer ab. Es geht wahnsinnig schnell. Effizient. Wer so kocht, muss nicht viel reden.

Während des Krieges ist an vernünftiges Essen nicht zu denken.

»Zwei Millimeter weiter, und der Splitter hätte dein Gehirn erreicht.«

»*Dobro veče*«, guten Abend, sagt der Moderator in die Kamera, der mit Maske und Anzug fast seriös aussieht. Er stellt Mameledžija kurz vor. Dann beginnen die üblichen zwei Minuten Small Talk, bei denen eigentlich nur der Moderator spricht. Mameledžija bewegt sich in der schmalen Küche mit mechanischer

Mameledžija versucht es gar nicht, es gibt einfach keine vernünftigen Lebensmittel. Linsen gibt es, Zucker irgendwann nicht mehr. Hilfsorganisationen und die UNO verteilen Notrationen, eine Suppenküche in der Altstadt gibt Essen aus, einige ganz Verzweifelte basteln sich aus einem Karton Fallen und fangen

Stadttauben ein. Mameledžija wird sich Jahre später ein Gericht dazu einfallen lassen.

Nach und nach lassen die Granatenangriffe nach, die Front verstetigt sich, und die Menschen lernen langsam, mit der Gefahr zu leben. Irgendwann ist ein Tunnel fertig, der aus der Stadt führt. Er führt hinaus ins bosnische Gebiet, das nicht von Serben besetzt ist. Diesen Tunnel darf man nur mit Genehmigung passieren. Denn kaum einer, der er hinaus schafft, kehrt wieder zurück. Lebensmittel werden so in die Stadt gebracht, Medikamente, Waffen. Wer in Sarajevo sitzt, ist in der Falle, er braucht schon einen sehr guten Grund, um rausgelassen zu werden. Mameledžija will raus. Zwei Jahre hat er gekämpft. Es ist mehr als genug.

Anfang 2004 kommt die Chance, auf die er gewartet hat. Nach der Unabhängigkeit Bosniens wollen bosnische Politiker, dass möglichst viele Sportler an internationalen Wettkämpfen teilnehmen. So soll das Land im Ausland bekannt gemacht werden. Eine Sportart hat seit den Olympischen Spielen in der Stadt eine gewisse Tradition: Bobfahren. Der Bobverband sucht kräftige und spurtstarke Männer, die für Bosnien an internationalen Rennen teilnehmen wollen. Mameledžija interessiert Bobfahren null, aber er war zwei Jahre Soldat und wollte eigentlich nur kochen. Wenn er jetzt auch noch einen dämlichen Schlitten anschieben musste, um aus der Stadt zu kommen, dann würde er das verflucht noch mal tun. »Zum Bobfahren braucht man eigentlich nur einen erfahrenen Piloten, den hatten wir, und sonst nur jemanden, der kräftig und schnell anschiebt. Ich hatte zwar 15 Kilo verloren im Krieg, aber ich war noch immer schnell.«

Er bewarb sich.

Mittlerweile ist die erste Sendung vorbei. Mameledžija setzt sich an den Tisch und öffnet eine Flasche Slibowitz. Er greift sich wieder ein Bild. Man sieht ihn auf einem Parkplatz, ein graues Etwas steht vor ihm.

Der Verband machte damals ein paar Tests, bei denen Mameledžija am besten abschnitt. Aus Blech baute sich das Team eine Seifenkiste, die zumindest so ähnlich wie ein Bob aussah. Am Unterboden schraubten sie ein paar Rollen von einem alten Einkaufswagen auf und übten auf einem Parkplatz in Vilsonovo Šetalište das Ein- und Aussteigen.

Im Herbst hatte er es geschafft. Er und sein Pilot durften durch den Tunnel und verließen die Stadt Richtung Schweiz. Weltcup-Rennen in Sankt Moritz.

»Ich saß zum ersten Mal in meinem Leben in so einem Ding. Mir wurde kotzübel. Als wir durchs Ziel fuhren, zog ich wie von Sinnen an einer Stange, weil ich das Bremsen übernehmen sollte. Das Problem war, ich zog nicht am Bremshebel, ich zog wie bescheuert an einer Konstruktionsstange. Wir rasten ungebremst in einen Schneehaufen.«

Keine drei Wochen später war Mameledžija in Italien. Vier Wochen danach hatte er eine Stelle als Küchenhilfe in einer kleinen Trattoria. Er war am Ziel. Risotto, Ravioli, Fettuccine, Ossobuco, Saltimbocca, Vitello tonnato, Antipasti. Mameledžija verliebte sich in das Essen. Er lernte in Monaten die Sprache, kaufte sich Kochbücher, arbeitete nachts und lernte morgens Rezepte. Er war Koch. Später ging er nach Mailand, war in guten Restaurants beschäftigt. Er arbeitete in verschiedenen Gaststätten, lernte so viel wie möglich und gab kein Geld aus. Sechs Jahre später, vier Jahre nach dem Ende des Krieges, ging er zurück nach Sarajevo.

Nihad Mameledžija ist wohl der bekannteste Koch Bosniens. Er hat zwei Töchter und eine Frau, die er liebt, und wenn es ihm die Zeit erlaubt, reist er nach Italien und geht essen. Er ist ein bescheidener Koch, der sagt, dass es einfach sei, gut zu kochen, wenn man gute Zutaten hat. Er bevorzugt noch immer die italienische Küche, er mag das Simple, das Raue an ihr. Eine hochentwickelte Mamaküche, nicht von Gastronomen erfunden, sondern von normalen Menschen. Mameledžija ist ein anfangs schüchterner, aber im Grunde sehr offener, herzlicher Mensch, der berühmteste Fernsehkoch seines Landes. Viele Köche, gerade die im Fernsehen, sagen, Kochen ist Krieg. Mameledžija sagt nichts, wenn er das hört, aber er würde es nie so ausdrücken.

Auf den Gedanken kommt man wohl nur, wenn man keine Ahnung hat, was Krieg ist. ∎

EINE TAUBE
ZUM ÜBERLEBEN

» *Zubereitung Taube*

Taube mit kochend heißem Wasser übergießen und 5 Minuten im Wasser ruhen lassen, dann Federn entfernen, Kopf und Krallen abschneiden. Danach die Taube ausnehmen, Herz und Leber in eine Schale mit Milch legen und mindestens eine Stunde darin belassen. Ausgenommene Taube reinigen und abtupfen. Taubenbrust und Schenkel auslösen.

In einem Topf Wasser erhitzen, Rotweinessig, Knoblauch, Rosmarinzweig und Lorbeerblatt zugeben. Vom Herd nehmen, auskühlen lassen und die ausgelösten Schenkel und Brust der Taube einlegen. Mindestens 5 Stunden im Sud belassen. Taubenschenkel und Brust danach aus der Flüssigkeit nehmen und gut abtupfen.

Taube bei kleiner Hitze in der Pfanne mit ein wenig Olivenöl anbraten, oft wenden, bis das Fleisch zartrosa ist.

Zutaten | FÜR 1 PERSON

Für die Taube
- 1 Taube
- 4 EL Rotweinessig
- 1 Knoblauchzehe
- 1 Rosmarinzweig
- 1 Lorbeerblatt
- 2 EL Olivenöl
- 1/2 Tasse Milch

Für die Sauce
- 3 EL Olivenöl
- Karkasse der Taube
- 40 g Karotten
- 40 g Sellerie
- 40 g Lauch
- 1/2 Zweig Rosmarin
- 1/2 Zweig Majoran
- 1/2 Zweig Thymian
- 1 EL Zucker
- Pfeffer
- 0,1 l Weißwein
- 2 EL Kirschlikör
- 50 g Butter
- 20 g Petersilie

Für das Linsen-Bohnen-Mus
- 50 g rote Bohnen
- 50 g Linsen
- 50 g Sellerie
- 0,3 l Gemüsebrühe
- 1/2 Knoblauchzehe
- Salz
- Pfeffer
- Olivenöl
- Blattspinat zur Deko

Zubereitung Sauce

Olivenöl in einer Pfanne erhitzen, Karkasse der Taube anbraten, frischen Rosmarin, grob geschnittene Karotten, Lauch und Sellerie dazugeben. Circa 3 Minuten köcheln lassen, dann 1 Esslöffel Zucker dazugeben und bei mittlerer Hitze karamellisieren. Einen guten Schuss Kirschlikör und ein halbes Glas Weißwein sowie die Kräuterzweige zugeben, köcheln lassen. Gut pfeffern und weiter reduzieren. Abseihen. Flüssigkeit in kleines Behältnis geben. Leber und Herz aus der Milch nehmen und klein schneiden. In Olivenöl anbraten und dann abgeseihte Flüssigkeit zugeben, Butterflocken und gehackte Petersilie unterrühren.

Zubereitung Linsen-Bohnen-Mus:

Linsen und rote Bohnen zusammen mit Knoblauch und Sellerie in der Gemüsebrühe kochen, danach mit dem Pürierstab und einem Schuss Olivenöl zerkleinern. Mit Salz und Pfeffer abschmecken.

Blattspinat dünsten. Linsen-Bohnen-Mus kreisrund mit einem Metallring geformt auf dem Teller anrichten, mit Taubenschenkeln und Blattspinat dekorieren, die Taubenbrust aufgeschnitten darauf drapieren. Danach die Sauce kreisrund auf dem Teller verteilen.

Warum meine Brüste so groß sind? Das macht das Leitungswasser in Portland.

NURSE TIFA
Kein Koch wird im Internet häufiger besucht

Das »Fried Chicken Breast Video« dauert exakt zehn Minuten. Fried Chicken Breast bedeutet frittiertes Hähnchenbrustfilet. Es geht nur am Rande um die Zubereitung. Nurse Tifa, so heißt die Köchin in dem Clip, trägt eine weiße, sehr knappe Krankenschwester-Uniform, was etwas irritierend ist, denn schließlich handelt es sich um ein Kochvideo. Tifas Schwesternkleid endet oberhalb der halterlosen weißen Netzstrümpfe. Sie sind etwas verrutscht, was vermutlich nur Engländer noch Chinesen etwas verstehen dürften. Die Dramaturgie ist einfach: Gleich zu Beginn betritt Tifa eine große Küche, offenbar in einem US-amerikanischen Privathaushalt, man erkennt das am riesigen Kühlschrank im Hintergrund und an dem großen Herd. Tifa, die eine hohe, piepsende Stimme hat, wedelt mit den Armen und sagt, dass sie heute für die Zuschauer kochen werde. Dann stellt sie sich vor und zeigt auf einige Hähnchenbrustfilets. Sie kündigt an, die

Ihre Brüste sind von monumentaler Präsenz, wären sie ein Berg, er würde im Himalaya stehen.

Frauen bemerken werden. Denn die meisten Männer werden auf Nurse Tifas Busen schauen. Ihre Brüste sind von monumentaler Präsenz, wären sie ein Berg, er würde im Himalaya stehen.

Sie spricht in dem Film eine Mischung aus Chinesisch und Englisch, und zwar so, dass weder Hähnchenbrüste etwas flach zu klopfen. Eigentlich gibt es keinen Grund, die ohnehin schon sehr dünnen Filets zu klopfen. Das Ziel des Klopfens besteht jedoch nicht darin, das Fleisch zu bearbeiten. Es geht darum, dass beim Schlagen Tifas Oberkörper auf und ab springt – samt Brüsten.

Das Ganze geht zehn Minuten, und man fragt sich: Wer schaut sich so etwas an? Die Antwort lautet: 1 080 000 Menschen.

Das Video mit Paul Bocuse, als er vom Culinary Institute of America zum Koch des Jahrhunderts gekürt wurde, haben auf YouTube rund 1 000 Leute gesehen. Das Video von Alain Ducasse – dem erfolgreichsten Koch der Welt, der insgesamt 19 Sterne in seinen verschiedenen Restaurants erkocht hat –, in dem er sein Restaurant im Eiffelturm eröffnet, haben rund 30 000 Menschen gesehen.

Der einzige Koch, der mehr Clicks auf sich vereint als Nurse Tifa, ist der Koch der »Muppet Show«.

Nurse Tifa sitzt neben ihrem Mann, einem groß gewachsenen, blonden Amerikaner, in Portland, Oregon. Im Hintergrund die Küche aus dem Video. Robert gehören mehrere Wohngebäude in Portland. Die beiden wohnen in einem riesigen Haus mitten im Wald, ein paar Meilen unweit der Stadt. Wer sie besucht, betritt das Haus meist nicht durch die Eingangstür, sondern durch die riesige Garage. Spätestens dann ist klar, dass die beiden ausgesorgt haben dürften. Mehrere Oldtimer, ein Hummer-Geländewagen, ein VW-Bulli und noch einige weitere Fahrzeuge stehen da rum. Warum stellt so jemand solche Videos ins Netz?

Nurse Tifa, die ihren wahren Namen nicht nennen wird, hat sich ein schwarzes Oberteil mit roten Applikationen angezogen. Es hat einen riesigen Ausschnitt. Ihre zehnjährige Tochter ist gerade in der Schule. Ihr Mann Robert steht dabei. Er trägt ein braunes Poloshirt und ist einer dieser Typen, die ihre Hosen so weit hochziehen, wie es irgendwie geht. Er möchte helfen, falls es Probleme beim Gespräch gibt.

In Grunde gibt es zwei Interviews, die man mit Nurse Tifa führen kann. Ein einfaches und ein schweres. Eines für die rund 30 000 Abonnenten ihrer Koch-Show und eines für den Rest der Menschen, die sich nicht vorstellen können, dass eine Frau so etwas gerne macht.

Das einfache geht so:

Nurse Tifa, Sie sind ein Superstar im Netz. Mehrere Millionen Menschen schauen sich Ihre Kochvideos an. Macht Ihnen das Spaß, halb nackt zu kochen?

Nurse Tifa: »Oh ja, das macht mir sehr viel Spaß. Ich ziehe mich sehr gern sexy an. Wissen Sie, in China sind die Menschen konservativer als hier. In China würde man das nicht verstehen. Aber hier in Amerika ist man lockerer. Es ist aufregend.«

Geht es Ihnen bei Ihrer Show »Hot for Cooking« wirklich ums Kochen?

»Ja, natürlich. Kochen kann doch Spaß machen. Das muss nichts Ernstes sein. Ich habe schon mit acht meiner Mutter beim Kochen geholfen, wenn ich von der Schule kam. Früher hatte ich ein Restaurant in China. Und ich freue mich über die vielen Reaktionen meiner Fans.«

Was schreiben die Fans?

»Einer hat mal geschrieben, dass er gerade eine Ausbildung zum Koch machte und kurz vor der Abschlussprüfung noch keine Idee für ein eigenes Rezept hatte. Dann fand er mich im Netz, kochte mein Gericht nach und bekam eine Eins.«

Das ist ja toll.

»Ja, andere schreiben, dass sie ihre Frauen mit einem leckeren Gericht überrascht haben, obwohl sie früher nie gekocht haben.«

Ein Kommentar zu einem Ihrer Filme lautete: »Erst war ich geil, jetzt bin ich hungrig.«

»Mir gefällt es, dass es ums Kochen geht. Es ist so aufregend, so phantastisch, das machen zu dürfen.«

Das einfache Interview würde noch eine Weile so weitergehen. Man spricht etwas über Essen und über die verschiedenen Kostüme, die Nurse Tifa wählt. Mal sieht sie aus wie eine Krankenschwester, mal wie Laura Croft, dann trägt sie ein knallenges rotes Kleid. Das erste Interview wäre eher kurz.

Das andere Interview dauert viel länger. Es geht um die Kindheit, um die Eltern, um ihre Heirat mit einem amerikanischen Mann, den sie kaum kannte, um die Zeit in Florida, um ihre zehnjährige Tochter, die gerade in der Schule ist und nicht so genau wissen soll, was Mama eigentlich macht. Dieses Interview ist viel schwieriger.

Wann wurden Sie geboren, Nurse Tifa?

Sie überlegt ein bisschen. »1978.«

Sie sind erst 33 Jahre alt? (Nurse Tifa sieht älter aus.) Okay, wo wurden Sie geboren?

»In China.«

Wo genau?

»Im Süden.«
Die richtige Antwort lautet Hengyang, eine Stadt mit sieben Millionen Einwohnern in der Provinz Hunan.
Was machten Ihre Eltern?
»Mein Vater war Vorarbeiter in einer Fabrik, meine Mutter Friseurin.«
Sind die Brüste operiert?
Sie überlegt. »Nein.« (Nurse Tifa ist eine miserable Lügnerin.)
Die Brüste sind wirklich echt?
»Ja.«
Nie operiert?
»Nein.«
»Warum meine Brüste so groß sind? Das macht das Leitungswasser in Portland. Ich hatte schon in China große Brüste, aber dann kam ich in die USA, und sie fingen an zu wachsen. Sie wuchsen von Körbchengröße Doppel-D auf H.«
In diesem Moment unterbricht sie ihr Mann, Robert. Er hat einen massigen Körper und dünne, blonde Haare, die er kurz trägt.
Robert: »Wir haben anfangs noch bei Victoria's Secret gekauft, aber die gehen ja nur bis DD. In einem anderen Geschäft, bei Frederick's of Hollywood, geht es hoch bis Körbchengröße F. Auch das wurde zu klein. Wir kaufen jetzt die sehr teuren europäischen Modelle von Freya. Es gibt hier in Portland ein Geschäft, das Nordstrom heißt. Da gibt es die.«
Freya ist ein englischer Unterwäschehersteller, benannt nach einer germanischen Göttin der Fruchtbarkeit. Freya macht BHs in Zeltgröße.
War das Ihre Idee mit den Videos auf YouTube, Nurse Tifa?
»Es war seine.«
Gefiel Ihnen die Idee?
Nurse Tifa antwortet nicht. Robert macht das: »Anfangs musste ich sie überzeugen, aber mit der Zeit hat es ihr immer mehr Spaß gemacht. Nicht wahr?« Nurse Tifas Gesicht sagt Nein.
Sie waren verheiratet in China, oder?
Nurse Tifa: »Ja, ich habe jung geheiratet. Mein Mann hatte ein Restaurant, und ich habe in der Küche gearbeitet. Er hat mich betrogen. Während ich in der Küche stand, vergnügte er sich mit anderen Frauen. Wir haben uns getrennt.«
Was haben Sie gemacht?
»Ich bin nach Shenzhen gezogen. Ich habe mich zwei, drei Jahre mit Gelegenheitsjobs über Wasser gehalten. Shenzhen liegt direkt an der

Grenze zu Hongkong, eine riesige, quirlige Stadt. 1999 sagten mir ein paar Freundinnen, dass es die Möglichkeit gäbe, Ausländer über eine

Es klingt nicht nach Liebe, es klingt nach einem Geschäft.

Agentur kennenzulernen. Es war irgendetwas mit Internet. Ein Jahr später war ich in Portland.«
Nurse Tifa, die sehr freundlich ist, fühlt sich nicht sehr wohl. Sie möchte nicht so in die Einzelheiten gehen. Sie hatte ein anderes Interview erwartet. Weniger direkt.
Robert springt ein: »Wir lernten uns über eine Seite kennen, die es heute nicht mehr unter diesem Namen gibt, *www.oceanbridge.net*. Eine Agentur in Hongkong betrieb sie. Sie vermittelte asiatische Frauen an Ausländer. Ich schaute mir 10 000 Frauen an, und als ich sie sah, war es so, als würden wir uns schon immer kennen.«
Wirklich?
»Ja. Ich rief bei der Agentur an und bekam die Privatadresse.«
Was? Die rückten die Adresse raus?
»Ja, dann schrieb ich ihr einen Brief, den ein chinesischer Freund von mir übersetzte. Drei Wochen später flog ich nach China. Ich hatte meine Scheidungspapiere und mein Gesundheitszeugnis dabei, und zwei Wochen später waren wir verheiratet.«
Fünf Wochen vom Kennenlernen zum Heiraten, stimmt das, Nurse Tifa?
»Ja.«
Liebe auf den ersten Blick?
Nurse Tifa antwortet nicht.
Robert sagt: »Sort of.« So in der Art. Es klingt nicht nach Liebe, es klingt nach einem Geschäft. Es klingt, als sei ein reicher Amerikaner ins Internet gegangen und habe sich eine Chinesin mit riesigen Brüsten gekauft. Nurse Tifa hatte damals eine gescheiterte Ehe hinter sich und kaum Kontakt zu ihrer Familie. Dieser blonde Riese hatte Geld und bot ihr eine Zukunft in den USA an. Sie wusste nicht, worauf sie sich einließ.
Und was sagte die Familie?
Dem Gesicht nach ist das die bisher schlimmste Frage. Sie hat einen Bruder und eine Schwester. Seit

zwölf Jahren lebt sie hier, noch nie hat sie ein Verwandter besucht. In ein paar Wochen wird sie nach China fahren, damit die Tochter Zeit mit ihren Großeltern verbringen kann. Familie ist wichtig in China.
Robert antwortet: »Ich denke, die fanden das gut. Ist doch schön, wenn man die Richtige gefunden hat. Ist doch ein Grund, sich zu freuen. Meine Eltern haben das auch akzeptiert.«
Was hatte sie in den USA für Pläne?
»Erst Englisch lernen und dann vielleicht ein Restaurant eröffnen. Das hatte ich ja schon gemacht.«
Warum ist es nicht dazu gekommen?
»Er wollte es nicht.«
Robert: »Ich finde, dass Restaurants zu viel Arbeit machen. Man muss viele Stunden in der Küche stehen. Sie sind nicht sonderlich profitabel. Die meisten machen ja schnell wieder zu. Ich könnte mir höchstens ein Cosplay-Café vorstellen.«
Cosplay-Cafés, wobei »cosplay« für »costume play« steht, gibt es seit ungefähr zehn Jahren. Sie sind in Japan entstanden. Die Kellnerinnen in diesen Cafés sind wie Dienstmädchen angezogen, oft auch wie junge Schülerinnen in Schuluniformen. Die Gäste werden mit »Gebieter« angesprochen. Die devoten kleinen Mädchen bringen die Speisen auf Knien an den Tisch. Sie rühren sogar den Zucker in den Kaffee.
Und die Idee war, das in Portland, Oregon, zu machen, ja?
Robert: »Sie würden sich wundern. Portland hat einen Spitznamen in den USA – Pornland. Wir haben mehr Stripclubs pro Einwohner als jede andere Stadt im Land. Es gibt hier viele Orte, die auf den ersten Blick ganz normal aussehen und dann ihre kleinen, schmutzigen Geheimnisse haben.«
Irgendwie hat man den Eindruck, dass Robert sich mit dunklen Geheimnissen auskennt.
Was war mit Miami?
Robert hatte das erwähnt. Er scheint ein bisschen stolz auf die Zeit zu sein. Nurse Tifa verdreht die Augen.
Robert: »Sie hat für ein Magazin gemodelt.«
Was war das für ein Magazin?
Robert: »Ein Magazin für Brüste.«
Genau genommen waren es zwei Magazine. *Voluptuous*, was üppig bedeutet, und *Score*. Sie bestehen

aus Bildern mit Frauen, die riesige Brüste haben.
Robert: »Sie war das erste chinesische Modell in diesen Heften.«
Nurse Tifa: »Ach, wirklich.«
Während Robert immer mehr erzählt, entgleiten Tifa die Gesichtszüge. Robert redet immer weiter, und irgendwann ist klar, dass sie nicht nur Bilder gemacht hat. Es waren auch Hardcore-Pornos.
Robert: »Ja, aber unter anderem Namen.«
Nurse Tifa scheint das nicht zu trösten. Die Frau schämt sich. Robert findet es nicht so schlimm, dass man darüber redet.
Robert: »Sie möchte nicht, dass unsere Tochter das erfährt. Die Kleine weiß von nichts.«
Aber es ist im Internet. Diese Filme bleiben für immer im Internet.
»Ja, aber man muss sich schon ein bisschen damit auskennen, um es zu finden.« Robert lacht. Er kennt sich aus. »Außerdem ist es ja auch ganz anders, als sich die Leute, die sich das anschauen, vorstellen. Sie glauben, dass Menschen in dem Geschäft alle drogenabhängig sind, dass sie es machen müssen, weil sie kein Geld haben, dass sie in der Kindheit missbraucht wurden. Aber das sagen nur Leute, die sich nicht auskennen. Wir haben ein paar wirklich nette Menschen kennengelernt.«
In diesem Moment raschelt etwas im Wohnzimmer. Es ist ein Fernsehtechniker, der seit einer Weile die Satellitenanlage repariert. Robert verlässt die Kirche, um sich um den Mann zu kümmern. Zum ersten Mal ist Tifa unbeobachtet. Sie kann offen sprechen.
Hat Ihnen die Zeit in Miami Spaß gemacht, Nurse Tifa?
»Nein.«
Warum haben Sie es getan?
»Es war seine Idee.«
Hatten Sie das schon in China gemacht?
Tifa ist überrascht, dass man das denken könnte: »Nein, nur hier, nur in den USA.«
Wie oft haben Sie das gemacht?
Tifa überlegt ein wenig: »Nur ein Mal.« Sie lügt erbärmlich.
Robert kommt zurück.
Es war Ihre Idee? Sie haben Ihre Frau überzeugt, bei Pornos mitzumachen?
»Ja, ich dachte, es würde ihr Spaß machen, vielleicht.«
Tifa: »Vielleicht.«

Robert: »Wir waren zwei Mal in Florida. 2003 und 2006. Damals war Internet vor allem Bilder. Wir ahnten nicht, dass sich das irgendwann auch auf Film erweitern würde.«
Und das hat Ihnen nichts ausgemacht, Ihre Frau vor der Kamera?
»Nein, ich glaube, dass die Dinge, die wir gemeinsam erlebt haben, uns näher zusammengebracht haben.«
Robert wird noch eine Weile erzählen, warum es für die »Beziehung« gut war, dass seine Frau Dinge machen musste, die sie nicht wollte. Tifa sitzt daneben und wird immer ruhiger. Ihr Gesicht sagt, lass dieses Interview bald vorbei sein.
Erzählen Sie uns von Ihrer Tochter?
»Sie ist zehn. Ich versuche, dass sie immer gut beschäftigt ist. Hausaufgaben, Klavierunterricht, Sport, Rechnen.«
Mögen Sie die Schule in den USA?
»Schulen sind hier zu lasch. In China muss man sich mehr anstrengen. Ich finde das gut. Meine Tochter muss jeden Tag mit dem

Irgendwie hat man den Eindruck, dass Robert sich mit dunklen Geheimnissen auskennt.

Abakus kopfrechnen. Zwei Stunden. Meist hat sie keine Lust, aber ich zwinge sie.«
In China heißt der Abakus Suan Pan. Wenn man viel übt, kann man mit dieser Rechenhilfe schneller addieren und subtrahieren als mit einem Taschenrechner.
»Es ist gut für den Kopf«, sagt Tifa. Sie muss ihre Tochter jetzt von der Schule abholen. Die Kleine lernt Englisch und Chinesisch. Tifa will, dass sie sich anstrengt, dass sie versucht, jeden Tag alles zu geben. Sie bläut es ihr täglich ein, und die Kleine gehorcht. Derzeit ist sie Klassenbeste.
Sie wird nie einen Mann heiraten müssen, den sie nicht will. ∎

»Warum meine Brüste so groß sind? Das macht das Leitungswasser.«

EGGROLLS YOUTUBE

» Geschälte Karotten in schmale längliche Streifen schneiden. Die geschälte Gurke halbieren. Eine Hälfte in kleine halbmondförmige Scheiben schneiden – damit wird später der Teller garniert. Bei der anderen Hälfte der Gurke den weichen Kern entfernen und in schmale Streifen schneiden.

Klein geschnittenen Schnittlauch, klein gehackten Ingwer, Salz, weißen Pfeffer, Austernsauce, Sesamöl zum Putenfleisch geben und gut vermengen.

Die Eier verschlagen. Eine Pfanne mit ein wenig Butter ausstreichen und erhitzen. Bei geringer Hitze langsam etwas von den geschlagenen Eiern in die Pfanne geben, die Pfanne schwenken, damit ein sehr dünner Eierkuchen entsteht. Eierkuchen vorsichtig herausnehmen und darauf achten, dass er ganz bleibt. Die Eier ergeben circa 4 Eierkuchen. Ein wenig Ei aufheben, welches später zum Verkleben der Eggrolls verwendet wird.

Je 1 Eierkuchen auf die Bambusmatte legen, mit einer dünnen Schicht des Putenfleischgemisches bestreichen, 1 Blatt der getrockneten Algen und 4 Gurken- und Karottenstreifen drauflegen und fest einrollen. Die Naht ein wenig mit Ei bestreichen, damit die Rolle zusammenklebt.

In einem Topf Wasser erhitzen, einen Abstandhalter einlegen und die Eggrolls darauflegen. Sie sollen vom Wasserdampf nur gedämpft und nicht nass werden. Deckel drauf und für 10 Minuten dämpfen.

Eggrolls in Scheiben schneiden und mit den geschnittenen Gurken auf einem Teller anrichten. Warm servieren.

Zutaten | FÜR 4 PERSONEN

250 g gehacktes Putenfleisch
2 Eier
1 daumengroßes Stück frischer Ingwer
1 Bund Schnittlauch
2 geschälte Karotten
1 geschälte Gurke
1 TL Austernsauce
2 TL Sesamöl
1 TL Salz
1 TL weißer Pfeffer
4 getrocknete Nori-Algenblätter
Butter
Bambusmatte
(wie man sie vom Sushirollen kennt)

Der eine verlangte Dreck. Er bekam Joghurt.

BRIAN PRICE
*Der verurteilte Vergewaltiger,
der 200 Todeskandidaten in Texas
ihre Henkersmahlzeit bereitete*

Der erste Mann, für den Brian Price das letzte Gericht zubereitete, hieß Lawrence Lee Buxton, ein massiger Kerl mit zerbeulter Nase und Doppelkinn, Häftlingsnummer 743. Es war der 26. Februar 1991. Buxton hatte elf Jahre im Todestrakt auf seine Hinrichtung gewartet und gerade auf einen kleinen Zettel den Wunsch für sein letztes Abendessen geschrieben. Die Hinrichtung durch die Giftspritze war wie immer für abends um sechs angesetzt. Buxton sollte um 16 Uhr essen, auch das war festgelegt. Er bestellte Filet Mignon, ein Stück Ananaskuchen, Tee, etwas Fruchtbowle und Kaffee. Price war damals Hilfskoch in der Gefängnisküche der »Wall Unit« in Huntsville, Texas. Er war ein großer, kräftiger Mann, mit Händen wie Pfannen, der vier Tage die Woche Hanteln stemmte und liegend 150 Kilo drückte. Sein Brustkorb hatte die Größe eines Röhrenfernsehers. Er war 40 Jahre alt. Vom Kochen verstand er zwar nicht viel, aber wer in der Gefängnisküche von Huntsville arbeitet, muss vor allem zupacken können. 1800 Essen gehen hier täglich an die Gefangenen raus.

Einer der Aufseher fragte Price, ob er für Buxton die Henkersmahlzeit kochen könne. Price saß unter anderem wegen Vergewaltigung seiner Exfrau. 15 Jahre hatte er bekommen, zwei hatte er damals bereits abgesessen.

Die anderen Köche, die schon länger dabei waren, alles Häftlinge, hatten sich geweigert. Man hilft dem Staat nicht, einen Gefangenen zu töten. Auch nicht, wenn es um einen wie Buxton geht.

Der Kerl hatte am 19. September 1980 bei einem Raubüberfall auf einen Lebensmittelladen den Familienvater Joel Slotnik erschossen. Buxton kam mit zwei bis heute unbekannten Komplizen in das Geschäft an der Fry Road unmittelbar an der Interstate 10 West. Sie stürmten in den Laden und verlangten von den Kunden, sich auf den Boden zu werfen. Buxton schnappte sich die Registrierkasse. Er war schon fast draußen, als er bemerkte, dass ein kleiner Junge sich nicht auf den Boden gelegt hatte. Es war Joel Slotniks Sohn.

der Küche, dachte sich Price, das hieß er kam an Lebensmittel ran, konnte etwas rausschmuggeln und tauschen. Köche haben es nicht schlecht im Knast. Viele haben Privilegien, weil sie für die Wärter kochen. Price hatte früher als Rausschmeißer in einem Club gearbei-

Wollte er der Koch sein, der die Henkersmahlzeiten in Huntsville zubereitete?

Der Fünfjährige war völlig verstört und zitterte. Slotnik versuchte seinen Jungen zu beruhigen. Buxton drehte sich um. Er ging zu dem Jungen und brüllte ihn an, aber der Kleine hörte nicht, er blieb einfach stehen. Buxton erschoss den Vater.

Price schaute den Wärter an und überlegte. Wollte er der Koch sein, der die Henkersmahlzeiten in Huntsville zubereitete? Wollte er sich das wirklich antun?

Zu der Zeit war er davon überzeugt, dass die Todesstrafe eine gerechte Sache sei. Auge um Auge, so hatte er das immer gesehen. Er wusste, dass die anderen Häftlinge in Huntsville ihn einen Verräter nennen würden. Aber er arbeitete in

tet. Falls es nötig sein sollte, konnte er sich wehren.

Filet Mignon gab es in der Küche nicht. Price machte Buxton ein Steak. Als Nachtisch legte er auf ein Kuchenstück zwei Scheiben Ananas aus der Dose.

Etwa eine halbe Stunde vor der Hinrichtung ließ Buxton durch den Kaplan ausrichten, dass er sein letztes Essen sehr gemocht habe. Price war irgendwie gerührt.

Von diesem Tag an wurden Price mehrmals im Monat die kleinen Zettel mit den handgeschriebenen letzten Bestellungen der Todeskandidaten geschickt. Die Küche war nur 15 Meter von der Todeszelle entfernt. Der Lieferanteneingang für die Lebensmittel und der Ein-

»Der eine verlangte Dreck. Er bekam Joghurt.«

gang zur »Holding Cell«, direkt neben der Todeskammer, lagen nur ein paar Meter auseinander.

Das Gefängnis, in dem Price damals saß, das Texas State Penitentiary in Huntsville, ist anders als andere Gefängnisse in den Vereinigten Staaten. An keinem anderen Ort der westlichen Welt werden so viele Menschen hingerichtet. Ein Drittel aller Hinrichtungen in den USA erfolgte hier. Seit Texas 1976 die Todesstrafe wiedereingeführt hat, wurden in Huntsville 470 Menschen getötet.

Die Prozedur ist immer die gleiche. Einen elektrischen Stuhl gibt es nicht mehr. Der Gefangene wird auf eine Liege geschnallt, Injektionsnadeln werden in beide Arme eingeführt. Erst wird eine Kochsalzlösung verabreicht. Der Körper entspannt sich. Dann wird der Gefangene nach seinen letzten Worten gefragt. Sind die gesprochen, fließt das Betäubungsmittel Natriumpentothal, dann Pancuroniumbromid, das die Muskeln lähmt und Lungenversagen auslöst, schließlich Kaliumchlorid, das zum Herzstillstand führt. Dauer: sieben Minuten. Kosten: 86 Dollar für die Chemikalien.

Price hat für über 200 Häftlinge das letzte Mahl gekocht. Buxton, der Raubmörder, war 1991 der erste. Sein letztes Essen machte Price für

Die Küche war nur 15 Meter von der Todeszelle entfernt.

Miguel A. Richardson am 26. Juni 2001. Richardson, ein Schwarzer aus San Antonio, Dallas, hatte einen Hotel-Wachmann in einem Holiday Inn erschossen. Richardsons letzter Wunsch war ein Geburtstagskuchen, auf dem »2/23/90« stehen sollte, darauf hätte er gern sieben rosa Kerzen gehabt. Außerdem eine Kokosnuss, eine Kiwi, eine Mango, Trauben, Hüttenkäse, Pfirsiche, eine Banane, einen Apfel, einen Chef-Salat ohne Fleisch, einen Obstsalat, Käse und Tomatenstücke. Price machte ihm den Chefsalat, einen zweiten Salat mit Dosenobst, etwas Käse und Tomaten. Er schrieb das

Datum auf ein Stück Schokoladenkuchen. Mango, Trauben, Bananen und die anderen Früchte gab es nicht. Auch keine rosa Kerzen. Price weiß noch heute, dass er nach Richardsons Tod froh war, als es endlich vorbei war.

Es ist früher Sonntagmorgen, die Sonne über Texas jagt schon um neun das Thermometer auf über 30 Grad. Price ist seit fast acht Jahren ein freier Mann. Er sitzt in seinem kleinen Restaurant und trinkt den ersten Kaffee. Sein Laden heißt »The Way Station«. Er liegt direkt am Houston County Lake, zehn Meilen von Crockett, Texas, etwa drei Stunden südlich von Dallas. Es ist ein kleiner Raum für ein Restaurant. Neun Tische, niedrige Decken, die Wände sind aus Holzplanken, vor den Fenstern hängen Netze gegen die Moskitos. Price hat braune, mit Kunstleder bezogene Metallstühle und längliche Tische mit grün gemusterten Tischdecken aufgestellt, in der Ecke ein Fernseher, in dem gerade Tarzan mit Johnny Weissmüller läuft. Den Raum hat er selbst eingerichtet, er hat etwas von einem Hobbykeller, aber Price gefällt es. Seit bald vier Jahren ist er hier. Die Miete ist billig, man hat einen schönen Blick auf den See, und Price schwört, dass es keinen Koch in ganz Houston County gibt, der größere Portionen serviert als er. The Way Station ist direkt neben einem großen Campingplatz, der im Sommer von übermotorisierten Rentnern mit riesigen Wohnmobilen belagert wird. Die Leute in der Gegend schätzen das Essen, *good down home cooking* nennt man das hier. Burger, Steaks, fingerdicke Pommes, die in Seen aus Ketschup oder Sahnesauce treiben.

Price setzt sich auf einen der braunen Stühle und wartet nicht, dass ihm eine Frage gestellt wird. Er weiß, was die Leute hören wollen. Er hat die Geschichten schon hundert Mal erzählt. Er macht das gut. »Bin ich für die Todesstrafe?«, fragt sich Price selbst. »Ich war es früher. So wie 90 Prozent der Leute in Texas. Bin ich es heute noch immer? Schwer zu sagen. Es kommt darauf an, welche Schuhe du anhast. Bringt jemand meine Tochter um, schwöre ich, dass ich versuchen würde, den Kerl umzulegen. Sitzt meine Tochter aber in der Todeszelle, weil sie jemanden umgebracht hat, würde ich um Gnade betteln und ihren Platz einnehmen wollen. Ich sage den Leuten immer, stellt euch für einen Moment vor, es wäre euer Sohn, euer Bruder, der da auf der anderen Seite sitzt. Was sagt ihr dann?«

Die Wahrheit ist, sagt Price, die meisten Leute in Texas hätten nie über die Todesstrafe nachgedacht. Sie sind dafür, weil alle dafür sind. Price nippt kurz am Kaffee und legt die zweite Frage nach: »Was die Jungs am häufigsten bestellt haben? Cheeseburger mit Pommes frites und Schokoladenkuchen.«

Viele hätte Steaks bestellt, zu Beginn seiner Zeit sei das noch erlaubt gewesen, weil es davon ja mehr als genug gibt. Das Gefängnis hat einen eigenen Schlachthof. »Aber irgendwann wurde das verboten. Ich weiß gar nicht mehr, wann genau.«

1993 war das. In diesem Jahr legte Texas fest, dass die Zutaten fürs letzte Essen in der Gefängnisküche vorrätig sein müssen. Und in der Großküche des Gefängnisses gibt es vor allem Dosenware und Hackfleisch. Keine Filets, keine Steaks, kaum frisches Obst.

Es gibt dieses romantische Gerücht, dass der Staat beim letzten Essen Größe zeigt. Eine letzte Geste der Versöhnung zwischen Henker und Todgeweihtem. Wir werden dich umbringen, aber dein letztes Essen, das bestimmst du. Ganz gleich, was es ist, wie werden versuchen, es dir zu kochen. Soziologen sagen, dies sei der Ursprung dieser Tradition. Ein letzter Akt der Menschlichkeit, ein Akt der Versöhnung.

Das Gerücht ist eine Lüge. Der größte Arbeitgeber von Texas, und das ist die privatisierte Gefängniswirtschaft, hat klare Regeln für die Hinrichtung. Das gilt auch für die Henkersmahlzeit. Sie darf nicht mehr als 45 Dollar kosten, und alle Zutaten müssen in der Küche des Gefängnisses vorhanden sein.

James Russell, hingerichtet am 19. September 1991 wegen Entführung und Mord nach 16 Jahren Einzelhaft, verlangte einen Apfel. Frische Äpfel gab es in der Küche nicht. Es gab nur vorgeschnittene aus der Dose.

John Michael Lamb, hingerichtet am 17. November 1999, Häftlingsnummer 734, wollte zehn frittierte Riesengarnelen. Er bekam zwei frittierte Tiefkühl-Fischfilets. Garnelen sind nicht erlaubt.

Clarence Allen Lackey, am 20. Mai 1997 wegen Mordes an Toni Diane Kumpf hingerichtet, wünschte sich Zigaretten, am liebsten Camel. Er war am Tag seines Todes 42 Jahre alt, britischer Staatsbürger, und hatte fast 20 Jahre in Einzelhaft verbracht. Zigaretten sind nicht erlaubt.

Ruben Cantu, am 24. August 1993 durch die Giftspritze gestorben, wollte einen Kaugummi. Kaugummis sind nicht erlaubt.

Harold Amos Barnard, am 2. Februar 1994 wegen Mordes hingerichtet, verlangte nach 14 Jahren in der Todeszelle ein Glas Wein. Wein ist nicht erlaubt. Gleiches gilt für die oft gewünschte Bierdose.

Jack Wade Clark, am 9. Januar 2001 wegen Mordes und anschließender Vergewaltigung der 23-jährigen Melissa Ann Garcia hingerichtet, wusste vermutlich, dass Wein nicht genehmigt wird. Er verlangte Traubensaft. Traubensaft ist nicht erlaubt.

James Smith, Häftlingsnummer 763, hingerichtet am 26. Juni 1990, schrieb nur ein Wort auf den Bestellzettel, den ihm die beiden Wärter reichten. Er verlangte Dreck. Er bekam Joghurt.

»Es waren die schlimmsten Jahre meines Lebens«, sagt Price, der sich von seinem Stuhl erhoben hat und in die Küche geht. Es ist Vormittag kurz vor elf. In Texas wird früh gegessen. Die ersten Rentner vom Campingplatz dürften gleich rüberkommen.

Price schlief in den über zehn Jahren, in denen er diese Arbeit machte, nie sonderlich gut. Besonders schlimm war es nach der Exekution von Benjamin Herbert Boyle, einem freundlich aussehenden Mann mit hoher Stirn und eleganten Gesichtszügen.

Am 14. Oktober 1985 fuhr Gail Lenore Smith zu einem Rastplatz in der Nähe von Fort Worth, Texas. Sie wollte ihre Mutter in Amarillo besuchen und hoffte, dass sie jemand mitnehmen würde. Ihr Stiefbruder und ihre Schwägerin brachten sie an den Stadtrand. Gemeinsam warteten sie, bis Gail bei einem Lastwagenfahrer eingestiegen war. Der Fahrer hieß Benjamin Boyle.

Einen Tag später wurde die junge Frau in einer abgelegenen Gegend,

14 Kilometer nördlich von Amarillo, gefunden. Sie war vergewaltigt und anschließend mit einem Tuch erwürgt worden. Sie lag an einer Landstraße mit zusammengebundenen Gliedern. Die Polizei fasste Boyle, weil sich Gails Schwägerin an den Namen der Transportfirma erinnern konnte.

Price kann gar nicht sagen, warum er in dieser Nacht so schlecht schlief. Es gab in Huntsville Leute, die noch ganz andere Dinge getan hatten, aber am Morgen nach Boyles Hinrichtung schrieb Price in sein Tagebuch: »Ich hatte schon wieder einen Albtraum. Ich habe geträumt, dass ich an die Exekutions-Bahre festgebunden war. Ich schaute hoch zu Kaplan Brazzil, der über mir stand. Ich konnte fühlen, wie das Gift langsam durch meine Venen floss. Brazzil schaute zu mir runter und sagte: ›Huste nur, Brian. Huste, und du wirst bei Jesus sein.‹ Ich hustete und spürte, wie die Luft aus meinen Lungen gesaugt wurde. Ich bin hustend aufgewacht.«

Price zieht sich eine weiße Kochschürze an, macht den Herd an, holt ein paar Zutaten aus dem Kühlschrank und legt sie zur Seite. Die Hände sind riesig, aber flink. Er würde jetzt gerne über etwas anderes sprechen. Übers Kochen vielleicht.

»Ich habe das ja nie gelernt, Koch.« Aber er ist stolz darauf, es geschafft zu haben. Sein eigener Laden, sein Reich, seine eigene Küche. Eigentlich ist sein Reich nur ein schmaler Gang, in dem rechts ein großer Grillposten steht, auf den Price gerade zwei Hacksteaks gelegt hat.

»Es ist kein gesundes Essen in meiner Küche«, sagt Price, »viel Fett, viel Sahne, viel Fleisch.«

Als er 1989 ins Gefängnis kam, schickte man ihn in die Küche. Terry Parrack, ein schwuler Koch aus El Paso, lernte ihn an. Erfahrung hatte Price keine. Er hatte mal als Jugendlicher in einer Pizzeria gejobbt.

Sein Vater war bei der Army in San Antonio, die Mutter war Hausfrau. Price, ein wilder Junge, der sich von niemandem etwas sagen ließ, brach das College ab und fing als Rausschmeißer im Papa Jack's an, einem legendären Rock'n'Roll-Club in San Antonio, der für seine Schlägereien bekannt war.

»Irgendwann merkte ich, dass unsere Musiker die ganzen Frauen abbekamen, selbst der widerlichste Typ kriegte eine. Klar, was ich machte.«

Price gründete mit ein paar Freunden Trax, eine Hardrock-Band, nicht gut, aber wahnsinnig laut. 1974 war das. Da war er bereits verheiratet. Seine Tochter heißt Dana Lea.

Ende der 8oer fing der Ärger an. Die Musik warf nicht mehr genug Geld ab. Price begann, Fotos auf Hochzeiten zu machen. Nach einem Streit nahm seine mittlerweile Exfrau die Fotoausrüstung mit. Price war so wütend, dass er ihren jüngeren Bruder entführte, um wieder an die Sachen zu kommen. Sie rief die Polizei, die Price festnahm. Er bekam eine Bewährungsstrafe, weil niemand Anzeige erstattete. Ein paar Monate später ging er betrunken ins Haus seiner Ex. Sie hatten wilden Sex, sagt er, dann schlief er ein. Als er aufwachte, war die Polizei da. Seine Exfrau hatte ihn wegen Vergewaltigung angezeigt.

Da er gegen die Bewährungsstrafe verstoßen hatte, wurde er wegen der Entführung des Exschwagers und wegen Vergewaltigung angeklagt. Der Sex muss sehr wild gewesen sein, denn seine Exfrau hatte Messerspuren am Hals. Price sagt, dass er sehr betrunken gewesen sei. Er spricht von einem Missverständnis.

Am 30. Januar 2003 wurde Price entlassen, elf Monate vor Ablauf der 15 Jahre. Er sei heute ein anderer Mensch, sagt er, ein »wiedergeborener« Christ. Seine zweite Frau Nita, eine blonde, zupackende Texanerin, arbeitet als Radiomoderatorin für ein christliches Gefängnisradio. Sie und Price gehen regelmäßig zum Gottesdienst, mehrmals die Woche.

Price braucht eine kurze Pause. In der Küche ist es heiß, als er auf die Straße tritt, merkt er, dass es draußen kaum kühler ist. Es ist Sommer in Texas. Einige Angler sind so wahnsinnig, ihre Boote in den See zu lassen. Es sind sicher über 45 Grad da draußen. Price, der nicht gerne in der Sonne sitzt, stellt sich unter einen schattigen Dachvorsprung. Wieder redet er, ohne dass man ihm eine Frage stellt.

»Es war wirklich die Hölle da drin«, sagt er schließlich. Manchmal sei die Zeit einfach wieder da, sagt er. Die ganzen Geister von früher. All die Leute, für die er gekocht hat. Troy Dale Farris, der am 13. Januar 1999 hingerichtet wurde, Polizistenmord. Dem ermittelnden Sheriff wurde die Fälschung von Beweismaterial nachgewiesen, es gab massive Zweifel an Farris Schuld, dennoch wurde er hingerichtet.

Essen einem Obdachlosen zu geben. Dem Wunsch wurde nicht entsprochen.
»Am meisten war natürlich bei Tucker los.«
Tucker war die einzige Frau, für die er kochen sollte. Der Fall ging damals um die Welt. Karla Faye Tu-

Der Sex muss sehr wild gewesen sein, denn seine Exfrau hatte Messerspuren am Hals.

Robert A. Madden, Häftlingsnummer 822, hingerichtet am 28. Mai 1997. Ein tumber Mann mit weit abstehenden Ohren. Madden soll im September 1985 Herbert Megason und seinen Sohn Don mit einem Jagdgewehr erschossen haben. Als die Leichen gefunden wurden, waren an beiden Hosen die Reißverschlüsse geöffnet. Die Kehle des Sohnes war durchgeschnitten. Nach dem Mord nahm Madden die Brieftaschen und floh mit dem Truck der beiden. Er benutze die Kreditkarten seiner Opfer und unterschrieb die Belege mit seinem eigenen Namen. Madden war von erschreckender Dummheit. Die Polizei hatte ihn sofort. Er verzichtete auf eine Henkersmahlzeit, bat aber, sein

cker, Häftlingsnummer 777. Tucker, damals eine Prostituierte und stark drogenabhängige Frau, hatte in der Nacht zum 13. Juni 1983 im Rausch Jerry Dean und Deborah Thornton mit einer Spitzhacke ermordet. Sie lief noch Tage später herum und erzählte jedem, was sie getan hatte. Tucker, die sich in der Haft sehr veränderte und eine ruhige, charismatische Person wurde, bekam Unterstützung aus der ganzen Welt. Politiker in anderen Ländern forderten, die Hinrichtung auszusetzen. Sogar der Papst schaltete sich ein und bat den Gouverneur von Texas um Gnade. Reporter fuhren nach Huntsville, um bei der Hinrichtung dabei zu sein. Es wurde spekuliert, ob die Frau vielleicht doch noch in letzter Minute gerettet werden könnte. Price und die anderen Häftlinge wussten damals schon lange, dass Tucker so gut wie tot war. Der Gouverneur hieß George W. Bush, niemand in Texas hatte jemals so viele Hinrichtungen vorangetrieben wie er.

Eine halbe Stunde vor ihrem Tod, um 18.14, trat Bush vor die Presse. Er habe für Tucker gebetet und beschlossen, ihr Schicksal einer höheren Instanz zu überlassen. Der Christ Bush hatte sich auf Gott berufen, um eine Frau nicht zu begnadigen. »Was für ein Heuchler«, sagt Price heute.

Tucker starb am 3. Februar 1998. 134 Jahre war es her, dass Texas eine Frau hatte hinrichten lassen. Sie hatte sich etwas Obst als letztes Mahl gewünscht, rührte das Essen aber nicht an.

Price denkt noch immer viel an die Todesstrafe. Sie ist zum großen Thema seines Lebens geworden. Er war einfach zu lange zu nah dran, sagt er. Er tut sich noch immer schwer damit, sie komplett abzulehnen, zumal keiner seiner Nachbarn seine Meinung teilen würde. Dann denkt er an das, was die Häftlinge in der Zeit erlebten, in der er für sie das Essen kochte.

Ungefähr zu der Zeit, in der Price den letzten Essenswunsch mitgeteilt bekam, brachten fünf Wärter den gefesselten Häftling in die Vorbereitungszelle. Sie zogen ihn komplett aus. Er wurde durchsucht. Dann wurde ihm erklärt, was auf ihn zukommen würde: Wann die Hinrichtung erfolgt, wie sie erfolgt. Sie sagten ihm auch, dass die letzten Worte nicht länger als zwei Minuten dauern dürften. Dann fragten sie, was mit den persönlichen Sachen passieren sollte und, falls es eine gab, mit der Lebensversicherung. Dann kam Prices Essen. Das war gegen vier. Gegessen wurde unter Aufsicht. Es folgten, in dieser Reihenfolge, das letzte Telefonat, die letzte Dusche, das letzte Gespräch mit dem Kaplan. Dann war es kurz vor sechs.

Price, ihr letzter Koch, der ehemalige Verfechter der Todesstrafe, sagt, dass er für jeden Einzelnen von ihnen gebetet hat. ∎

»Der eine verlangte Dreck. Er bekam Joghurt.«

HANGMAN'S HAMBURGER STEAK

» Die Zwiebel in zwei Hälften schneiden. Einen Teil klein hacken und Knoblauchpulver, Worcestershire-Sauce, Salz, Pfeffer, Ei und Koriander zum Hackfleisch geben. Gut durchkneten. Nur so viel Mehl zugeben, um einen festen Teig zu erhalten.

Die andere Hälfte der Zwiebel in Ringe schneiden.

Pfanne erhitzen und das Fleisch in ein wenig Butter für circa 20 Minuten braten. Die Zwiebelringe in der Fleischbuttersauce rausbraten.

Hamburger auf dem Teller anrichten, Zwiebelringe draufgeben. Falls gewünscht, mit Toast, Bohnen und einer mit Käse überbackenen Ofenkartoffel servieren – mit »Dynasty Brown Gravy«-Sauce übergießen.

Zutaten | FÜR 1 PERSON

125 g gehacktes Rindfleisch
1 Zwiebel
1 TL Knoblauchpulver
2 TL Worcestershire-Sauce
1/2 TL Salz
1/2 TL schwarzen Pfeffer
1 Ei
1 Messerspitze Koriander
Butter
Mehl (falls nötig)

Schau mich an, ich bin ein Drogen-dealer.

RASHID
*Ein Amsterdamer Koch,
der mit harten Drogen kocht*

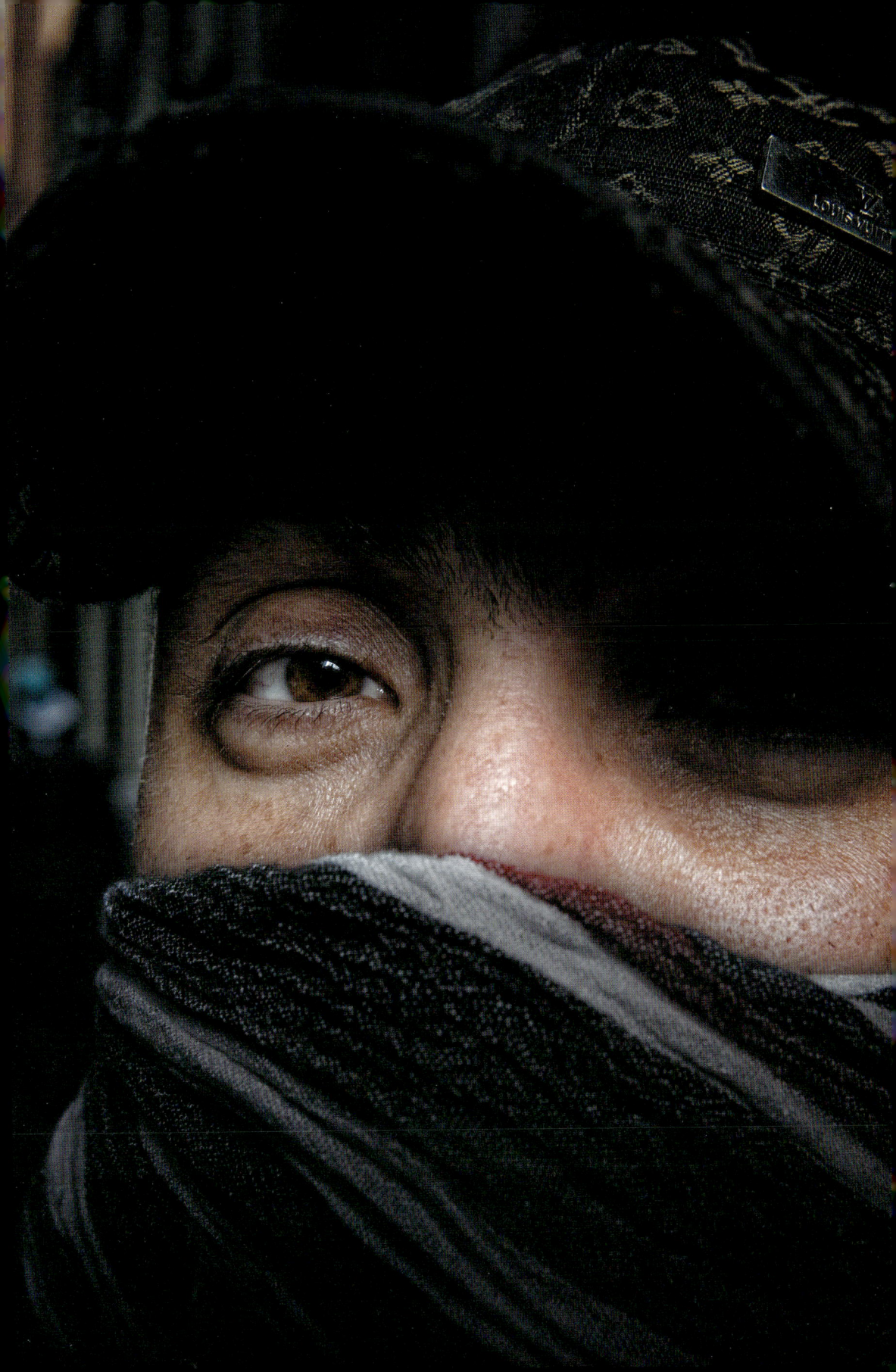

Schau mich an«, sagt Rashid, »wonach sehe ich deiner Meinung nach aus?«
Er steht in der Haringpakkerssteeg, einer kleinen Gasse unweit des Amsterdamer Bahnhofs. Er zeigt auf seine blaue Daunenweste. North Face, nicht billig. Er tippt mit seinem Finger an den Schirm der Baseball-Kappe. Louis Vuitton, das klassische Muster. Und falls man es noch immer nicht kapiert hat, hebt Rashid das Handgelenk. TAG Heuer Carrera Automatic. Die Uhr kostet rund 3 000 Euro. Er hat noch eine zweite daheim.
Eine Familie biegt von der Damrak, der Touristenautobahn im Zentrum der Stadt, in die Gasse ein. Rashid zieht seine Mütze etwas ins Gesicht. Er will nicht, dass sie ihn hören. Eine Haschfahne weht durch die kleine Straße. Ein paar Meter weiter ist ein Coffeeshop. Ein paar Jugendliche sitzen davor auf dem Boden. Mit dem Rücken lehnen sie an der Hauswand. Sie haben zu viel geraucht, kichern und merken nicht, dass sie in angetrockneter Pisse von letzter Nacht sitzen. Der Familienvater beschleunigt den Schritt. Rashid kann wieder sprechen.
»Sehe ich aus wie jemand, der sein Gesicht in einem Kochbuch sehen will? Sehe ich für dich aus wie ein verfluchter Koch?«
Rashid hat recht, er sieht nicht aus wie ein Koch.
»Schau mich an, ich bin ein Drogendealer. So seh ich aus. Ich habe dir erzählt, was ich mache, ich habe dir erzählt, mit wie viel die Bullen mich erwischt haben, ich habe dir viel zu viel erzählt. Ich habe dich sogar meiner Frau vorgestellt, meinem Sohn. Hat es dir geschmeckt, was ich für dich gekocht habe in meinem Haus? Hat dir das Huhn mit Hasch geschmeckt?«
Das Huhn war gut.
»Und mein Sohn soll später, wenn er lesen kann, erfahren, dass sein Vater Drogendealer ist, ja?«

Zum ersten Mal bekommt man eine Ahnung davon, wie Rashid sein kann, wenn er böse wird. Wie er reagiert, wenn jemand Ärger macht. Bisher war er ein lustiger Kerl, ein Typ, der zu viel redet, etwas zu laut lacht und den man irgendwie nicht ernst nimmt. Einer, der den Frauen so nachpfeift, dass sie es hören, und sich freut, wenn sie sich ärgern. Ein kleiner, kiffender Angeber. Dieser Rashid ist seit ein paar Minuten verschwunden.

Was wäre denn okay zu schreiben? »Schreib nur über das Hasch. Lass das andere Zeug weg.«

Das Koks? Aber das hat doch erst zum Kochen geführt.

»Fuck.«

Und ein Foto. Es geht nicht ohne. Vielleicht mit diesem Tuch vor dem Gesicht? Dann ist alles anonym.

»Fuck.«

Rashid nimmt das Tuch. Es ist aus Baumwolle, rot, weiß und schwarz. Die Fahne seines Heimatlandes Ägypten, in dem er schon seit über einem Jahrzehnt nicht war.

»Gib her. Zwei Minuten, dann bin ich weg. Ich muss zur Arbeit.«

Nicht zwei, sondern eine Minute später biegt Rashid in die Damrak und wird von den Touristenmassen verschluckt. Er wollte nur noch weg.

Zum ersten Mal in den letzten beiden Tagen schien er klar zu sein. Als sei die Wirkung der beiden Joints, die er am Morgen in seiner Küche geraucht hat, verflogen. Als habe er darüber nachgedacht, was passieren kann, wenn man sein Gesicht sieht. Wie viel er von sich erzählt hat. Über die Bullen, über den alten Chef, der mit Koks dealt. Er war wie ausgetauscht.

Wahrscheinlich sagt er sich gerade, dass er weniger kiffen sollte. Noch wahrscheinlicher ist aber, dass er ins »Raisin« gegangen ist. Das Raisin ist ein Coffeeshop, Rashid nennt es *my office*.

Es ist nicht leicht, in Amsterdam einen Koch zu finden, der darüber spricht, wie man mit Drogen kocht. Nicht mal über Kochen mit legalem Hasch wollen die meisten reden, und wenn doch, dann verbietet es spätestens der Restaurantbesitzer. Es gibt zwar überall Coffeeshops, die Joints und Gras verkaufen, die Stadt verbietet aber das Kochen mit Hasch. Ausnahme sind

Hasch-Kekse und Hasch-Brownies. Aber Cannabis zu rauchen und Cannabis zu essen sind zwei völlig verschiedene Dinge. Das eine lässt sich kontrollieren, das andere nicht.
Rashid ist Koch in einem kleinen Tagesrestaurant in der Nähe des Bahnhofs. Der Laden hat etwa 30 Sitzplätze, ein Ecklokal mit großer Fensterfront und etwas heruntergekommener Einrichtung. Rashid arbeitet in einer offenen Küche, ein schmaler Tresen trennt ihn vom Gästeraum. Es gibt eine schüchterne Kellnerin und eine Speisekarte, die niemanden überfordert. Nicht die Gäste, nicht Rashid. Clubsandwich, Hamburger, Cheeseburger, Fritten, Currysuppe, Hühnersuppe, ein paar Salate. Rashid arbeitet seit einem Jahr hier.

am Nachmittag, steht Rashid in der Küche und überlegt, wie er sich verhalten soll. Er fühlt sich geschmeichelt und weiß, dass er eigentlich schweigen sollte. Die Kellnerin fragt ihn gerade, ob er jemanden kennt, der etwas aus Hasch und Gras zubereiten kann. Der weiß, wie sich die Wirkung eines Joints von der eines Space Cakes unterscheidet. Ob es Köche in Amsterdam gibt, die auch mit anderem Zeug kochen, mit illegalen Drogen. Die Kellnerin zeigt auf zwei Gäste, die am Fenster sitzen und die Fragen gestellt haben. Es geht um ein Buch über Köche.
Rashid wird später sagen, dass er nicht weiß, warum er nicht einfach mit Nein geantwortet hat. Das passiert ihm manchmal. Nicht nachzudenken. Er macht die Dinge und

Was ist der Unterschied zwischen gerauchtem Gras und Gras, das man kocht?

1 400 Euro im Monat verdient er. 70 Euro am Tag, schwarz, keine Steuern.
Zwei Tage vor dem Foto im Haringpakkerssteeg, es ist kurz vor drei

merkt erst später, dass er Mist baut. Sein Vater hat ihm das schon hundert Mal gesagt.
Rashid sagt: »Ja, ich kenne jemanden.«

»Wen?«, fragt die Kellnerin.

»Mich.«

Rashid macht eine Bewegung mit der Hand und geht vor die Tür. Er ist ein kleiner, etwas gedrungener Mann, 32 Jahre alt, mit kurz geschorenen Haaren und tiefem Haaransatz. Eine schwere silberne Kette hängt um seinen Hals. Die Augen sind unruhig, sie scheinen irgendetwas zu suchen. Der Blick wandert. Rashid hat rote hervorstehende Augen, er hat gekifft.

Was ist der Unterschied zwischen gerauchtem Gras und Gras, das man kocht?

»Die Wirkung und die Zeit, die es braucht, bis man den Rausch spürt. Wenn du einen Joint rauchst, spürst du nach ein paar Zügen den Effekt. Der tritt sofort ein. Kochst du das Zeug und isst es, kommt es erst in deinen Magen und braucht länger, bis es wirkt. Kann eine, kann zwei Stunden dauern. Dann allerdings knallt's.

Du brauchst weniger Hasch für die gleiche Wirkung. Und es hält länger an, wenn du das Zeug isst. Man muss aber mit der Dosierung aufpassen, zu viel und du bist in der Scheiße.«

Hasch oder Cannabis?

»Geht beides.«

Wird die Wirkung nicht zerstört durch das Kochen?

»Nein, man muss mit den Temperaturen aufpassen. Cannabis darf nicht zu heiß werden, das zerstört die Wirkung. Besser sind längere Garzeiten bei niedriger Temperatur.«

Er muss jetzt wieder rein. Er möchte nicht, dass sein Chef ihn sieht. Er ist Ägypter wie er, ein Fettwanst aus Kairo, der einen zweiten Laden schräg gegenüber hat. Er behandelt Rashid wie einen Sklaven.

»Der weiß nicht, wen ich alles kenne«, sagt Rashid. »Um zehn habe ich Feierabend, wir treffen uns hier.«

Eine Frage noch. Das letzte Mal, dass er etwas mit Drogen gekocht hat?

»Gestern. Lachs, gebratener Lachs.«

»Mit Hasch?«

»Mit Koks.«

So schwer es ist, einen Koch in Amsterdam zu finden, der mit harten Drogen kocht, so leicht wäre es, die richtigen Zutaten zu besorgen. Nicht nur Hasch, auch Koks und Heroin. In den Touristenshops steht neben Postkarten, Oranje-Tassen und Holzclogs alles, was man zum Koksen braucht. Digitale Waagen, kleine Mahlwerke, Grinder genannt, Industriepackungen Mannit, mit dem man Koks strecken kann. Man muss sich nur eine Weile in Bahnhofsnähe herumtreiben, dann man wird angesprochen, je unauffälliger man sich gibt, desto wahrscheinlicher fällt man auf.

Noch immer kommt genug Ware aus der Karibik in die Stadt. Ein Flug von den niederländischen Antillen nach Holland ist ein Inlandsflug. In der Vergangenheit kamen so viele Drogenkuriere, dass die Behörden verzweifelten. In einem internen Bericht des holländischen Justizministeriums stand, dass die Beamten im Umgang mit Drogenschmugglern die »beschränkte Kapazität« der Gerichte und Gefängnisse berücksichtigen sollten. Kuriere, die mit drei Kilo Kokain im Gepäck erwischt wurden, durften wieder ausreisen. Straffrei. Es ist wirklich viel Koks in Amsterdam.

Das Raisin, Rashids Büro, besteht aus einem dunklen, nicht sehr großen Raum. An den Tischen sitzen Männer, die Gras rauchen und schweigen. Es ist kurz nach zehn. Rashid hat Feierabend. Kaum war er durch die Tür gekommen, hatte der Barkeeper in seine Auslage neben der Kasse gegriffen und einen Joint herausgeholt. Rashid raucht »Afghan Polm«. Etwas für Fortgeschrittene.

»Ich bin in Alexandria aufgewachsen. Mein Vater ist Imam, streng, wirklich sehr streng.« Er hält seinen jüngsten Sohn Rashid für missraten und sei froh gewesen, als Rashid nach Europa ging. Er hat nie gefragt, was der da macht. Als Rashid nach einiger Zeit anfing, Geld zu schicken, wurde es zwischen beiden für eine Weile besser. »Jetzt reden wir nicht mehr miteinander. Als Koch verdienst du ja nichts. Totale Idiotenarbeit übrigens. Einfach ein paar Sachen zusammenwerfen, anbraten, fertig. Kochen kann jeder Depp.«

Und der Vater hat wirklich nie gefragt, was der Sohn macht?

»Nein, nie gefragt. Ich habe gesagt, dass ich viel im Büro bin.«

Rashid lacht über seinen eigenen Witz. Der Afghan Polm wirkt, und das bedeutet, Rashid kommt ins Reden.

»Ich bin froh, dass ich jetzt zwei neue Freunde habe. Ich habe hier keine Freunde. Elf Jahre hier, Familie, Kind, Haus, aber keine Freunde, komisch, was? Und in Deutschland, wie ist es da? Ich war noch nie in Deutschland, am liebsten würde ich aber nach Las Vegas, das ist meine Stadt. Wart ihr schon in Las Vegas? Vor elf Jahren bin ich dann nach Amsterdam gekommen. Wenn man die richtigen Leute kennt, muss man nicht schwimmen. Ich hatte ein Visum, mein Vater kennt viele Leute, er ist Imam.«

Anfangs hat Rashid in einer Pizzeria geputzt. Später sei er dann in ein Hotel gewechselt. Erst auch zum Putzen, dann habe ihm der Chef andere Aufgaben gegeben.

Was für Aufgaben?

»Ich habe Pakete ausgeliefert.«

Das Hotel hat Pakete verschickt? An wen?

»An jeden, der bestellt hat. An private Kunden, viel an Coffeeshops. Ich habe das Zeug transportiert und auch Geld. Ich hatte Fahrten, da bin ich mit 150 000 Euro rumgefahren. Damit hätte ich mir mehrere Häuser in Ägypten kaufen können. Aber der Chef wusste, dass ich zuverlässig bin.«

Woher wusste er das?

Rashid raucht »Afghan Polm«. Etwas für Fortgeschrittene.

»Na ja, er hat mich ja ausprobiert als Putzmann in seinem Hotel. Das hat er immer so gemacht. Und du machst keinen Scheiß mit denen, die finden dich.«

Warum hat er das gemacht?

Rashid überhört die Frage. Sie ist dumm. Was für eine Wahl hatte er? Nachdem das Touristenvisum abgelaufen war, putzte er Klos in einem Touristenhotel. Er war illegal hier, sein bloße Existenz verstieß gegen das Gesetz. Der Chef bot ihm 100 000 Euro. Das war die Chance, die Europa Rashid bot. 100 000 Euro dafür, mit dem Mofa durch Amsterdam zu fahren und Pakete auszuliefern. Damit konnte er alles kaufen. Kleidung, Uhren, den Respekt des Vaters. Rashid sagte sofort zu. Kurze Zeit später durfte er bei den Übergaben dabei sein.

»Schau mich an, ich bin ein Drogendealer.«

Freunde, Las Vegas, Mubarak, Islam, die Liebe seines Lebens, die Drogen, das Geld – Rashid kippt sein Leben aus, als könne er es nicht bei sich halten. Er sei wohl sowas wie eine Schande für seine Familie. Schlecht in der Schule, mit 14 angefangen, in einer Metzgerei zu arbeiten, mit 16 zum ersten Mal Haschisch geraucht.

»Mein Bruder hat gesagt, dass jede Obstschale einen faulen Apfel habe, und ich sei eben der faule Apfel in unserer Familie.«

ten Straßen Amsterdams, verläuft parallel zur Amstel. Früher war es die Einkaufsstraße der Stadt, heute findet man vor allem Coffeeshops, Sex-Läden, Stundenhotels, alles, was Eltern durch den Kopf geht, wenn ihre Kinder sagen, dass sie übers Wochenende nach Amsterdam fahren. Rashid bleibt vor einem Hoteleingang stehen. Es ist eines der besseren in der Straße. Vor der Tür unterhalten sich drei Männer, die ihn erkennen. Der jüngste von ihnen umarmt Rashid.

Er war illegal hier, seine bloße Existenz verstieß gegen das Gesetz.

Für einen Moment schweigt Rashid, und irgendwie hat man nach einer Weile das Gefühl, dass wenn der große Bruder häufiger die Klappe gehalten hätte und der Vater mit seinem Sohn auch dann telefonieren würde, wenn der kein Geld überweist, alles irgendwie leichter wäre für Rashid.

Andere schimpfen einfach auf die Familie. Rashid kifft und versucht, nicht nachzudenken.

»Wollt ihr das Hotel sehen?«

Die Warmoesstraat, eine der ältes-

Auch er ist Ägypter, der Nachtportier. Rashid erzählt, dass er jetzt der Scheißkoch in einem verfickten Restaurant sei. Die anderen lachen. Koch, sehr witzig. »Ich muss jetzt ruhiger machen«, sagt Rashid.

Die Männer erzählen nicht viel, sie sagen, dass es wie immer läuft. Zwei von ihnen sind Zuhälter, die ein paar Mädchen in den Schaufenstern stehen haben. Rashid kennt sie von früher. Man sieht sich.

Über ein Kilo, Marktpreis über 30 000 Euro, damit wurde Rashid erwischt. Er hatte auf seiner Tour einem Streifenwagen die Vorfahrt genommen. Die Polizisten hupten, Rashid zeigte ihnen den Mittelfinger und gab Gas.

»Ich habe versucht zu fliehen, aber ich hatte nur ein Mofa. Irgendwie dachte ich, ich bin schneller. Mit dem Zeug glaubst du, du bist der Größte.«

Sein Chef hatte ihm einen Anwalt besorgt. Rashid kam nach zehn Tagen raus. Dass er nicht ausgewiesen wurde, liegt an Doris, Rashids Frau. Sie ist Holländerin. Die beiden sind seit vier Jahren verheiratet, ihr gemeinsamer Sohn Rayyan kam kurz nach der Hochzeit zur Welt. Er wird bald fünf.

»Wann kann ich für euch kochen? Wie wäre es mit morgen? Mittagessen bei mir, in meinem Haus?«

Almere liegt 35 Kilometer östlich von Amsterdam. Rashid wohnt in einer Neubausiedlung am Stadtrand. Bisher sind es nur ein paar verstreute Häuser, daneben halb fertige Straßen, ein paar Laternen, Parkbuchten und Familienkombis. Einen Supermarkt gibt es nicht, ein Kino ist nicht mal vorgesehen. Viel Glas, viel Sichtbeton, viel gute Absicht, aber die Architekten, die das bauen, würden im Leben nicht hier wohnen wollen. Es ist ein trostloses Neubaugebiet, und wenn es fertig ist, wird es noch ein bisschen trostloser sein.

»Ich musste weg aus der Innenstadt«, sagt Rashid, der an der Bushaltestelle wartet. Er trägt eine Weste von North Face und eine Ralph-Lauren-Kappe, die Augen sind wieder gerötet. Es ist kurz vor elf am Morgen, den Joint hatte er zum Frühstück.

Doris wartet daheim. Das kleine Häuschen, in das sie Ende letzten Jahres eingezogen sind, hat 100 Quadratmeter, verteilt auf zwei Etagen.

Rashid macht die Tür auf, Rayyan kommt ihm entgegen. Rayyan ist der Name des Himmelstors im Islam. Rashid hat auf den Namen bestanden. Der fromme Großvater soll sehr zufrieden gewesen sein.

»Das sind zwei Freunde von mir, sie kennen meinen Bruder in Italien und sind zu Besuch in Amsterdam. Mein Bruder kennt sie schon lang«, lügt Rashid.

Er möchte nicht, dass seine Frau erfährt, dass er als Drogenkoch in einem Buch erscheinen wird.

Sie schaut nicht überrascht, eher müde.

Doris ist keine attraktive Frau, nach der Schwangerschaft hat sie ziemlich zugenommen. Offensichtlich mag sie Jogginghosen. Die beiden haben sich vor fünf Jahren kennengelernt. Doris hat als Verkäuferin in der Warmoesstraat gearbeitet. Rashid ist mehrmals am Tag in das Geschäft gegangen und hat ihr Komplimente gemacht. Sie war damals schon nicht gerade schlank. Er war der erste Junge, der nett zu ihr war. Sie hat sich immer eine Familie gewünscht, erzählt sie später, und wenn man die drei an diesem Sonntagmorgen sieht, könnte man sie fast für eine halten.

Nur hat Rashid gestern noch erzählt, dass er die dicke Frau zu Hause nicht liebt. An Doris gefällt ihm vor allem der Pass. Sie ist Holländerin, und er seit der Heirat mit ihr Holländer.

Es geht um ein Kochbuch mit ungewöhnlichen Köchen. Das mit dem Bruder in Italien stimmt nicht. Es geht um Köche, die Geschichten erzählen können.

»Geschichten erzählen, das kann er«, sagt Doris und geht in den Garten, wo sie paar Büsche umpflanzt. Rashid schickt Rayyan nach draußen. Einige der Nachbarskinder warten dort.

»Ich habe kein Koks mehr, ich habe es mit Hasch gemacht, es ist stärker als Gras.« Er hat am Morgen alles vorbereitet. Im Ofen steht eine Auflaufform, es gibt Hähnchen mit Gemüse. Aus der Schreibtischschublade holt er einen Klumpen Hasch, daneben liegen auch ein paar Plastikbeutel mit Gras. Auf dem Herd stehen zwei Töpfe, einer mit Reis und ein zweiter mit Hähnchenfleisch. Die sind für Doris und Rayyan.

Rashid gibt so gut wie immer etwas ins Essen, wenn er für sich kocht.

Rashid verwendet am liebsten Hasch, weil es irgendwie öliger ist und man es gut mischen kann. Gras geht auch, da es sich recht leicht in Butter einarbeiten lässt. Die Herstellung ist einfach. Ein halbes Kilo Butter, etwa 50 bis 90 Gramm Cannabis. Das Ganze wird in einer Pfanne erwärmt, bis die Butter flüssig ist und grünlich. Dann wird alles fein gesiebt. Nach dem Erkalten in einer Form kann die Butter benutzt werden. Im

Grunde kann man alles kochen, wofür man Öl oder Butter braucht. Salat-Dressings, Suppen, Pizzas, Currys. Man kann Cannabis auch zu einer Lösung verarbeiten, mit der sich Cocktails mixen lassen. Dazu wird Cannabis-Pulver über Nacht in Wasser eingelegt. Am nächsten Morgen wird das Wasser entfernt und das Cannabis-Pulver mit hochprozentigem Alkohol in einem luftdichten Behälter aufbewahrt. Zehn Tage später, bei täglichem Schütteln, ist die fermentierte Lösung fertig. Flüssiges Cannabis. Man kann es in Cocktails oder Longdrinks geben, und »it *fucking kills the people*«, wie Rashid sagt.

Das Hähnchen ist nicht schlecht. Man schmeckt deutlich das Hasch, es ist ein würziger, sehr eigener Geschmack. Rashid isst kaum etwas. Er raucht, ist aber ein guter, großzügiger Gastgeber. Doris kommt von draußen rein und setzt sich an den Tisch. Für einen Moment hat Rashid ein normales Leben. Freunde, die zu Besuch kommen, man redet, isst gemeinsam und trinkt. Sogar Doris scheint Spaß zu haben. Kurz nach eins muss Rashid los. Er hat die Nachmittagsschicht im Restaurant.

Er steigt in den ersten Bus, dann in den zweiten, schließlich in eine Straßenbahn. Während der Fahrt erzählt er, dass er noch immer regelmäßig mit seinem alten Chef spricht. Wenn man etwas brauche, ganz gleich was für Zeug, er könne es zu einem guten Preis besorgen. Man müsse nur ein Wort sagen. Der Preis sei in Europa nirgendwo so niedrig wie in Amsterdam. Rashid ist kein Familienvater mehr, er ist der Typ, der wie ein Dealer aussieht, einer, der nur eine Weile ausgestiegen ist, weil nach der Festnahme die Stadt zu heiß wurde.

Eine Stunde später steht er vor dem Amsterdamer Hauptbahnhof. Er möchte nicht fotografiert werden. Er möchte seine Geschichte nicht erzählen. Rashid möchte seine Ruhe. Warum soll er erlauben, dass jemand aufschreibt, was alle ohnehin schon immer gesagt haben?

Er weiß selbst, dass er ein fauler Apfel ist. ■

PRINCESS DIANA

» *Fleisch für eine Stunde in Wasser einlegen. Olivenöl erhitzen, Fleisch anbraten, dann klein geschnittene Zwiebel, Champignons und Tomaten zugeben. 5 Minuten köcheln lassen. Gericht in eine hitzebeständige Terrine geben und klein gebröseltes Hasch unterrühren. Bei sehr geringer Hitze für 45 Minuten im Ofen garen – ab und zu umrühren. Salzen und pfeffern.*

Bedienen Sie nach dem Genuss kein Auto beziehungsweise schwere Maschinen. Bleiben Sie am besten einfach zu Hause. Verzichten Sie in diesem Fall dringend auf ein gemeinsames Essen mit Ihren Kindern.

Zutaten | FÜR 2 PERSONEN

2 Kalbskoteletts
5 Champignons
2 Tomaten
1 rote Zwiebel
1/4 Tasse Olivenöl
2 g Hasch (Super Bloom)
Salz und Pfeffer

Ich bin schnell, ich laufe der Armut einfach davon.

YARED HAILESILASSIE
Ein begnadeter Marathonmann, dem das Kochen das Leben gerettet hat

Venedig würde er nie vergessen, Venedig hatte ihn fertiggemacht. Er hatte das Rennen völlig falsch angegangen, das wusste er. Vielleicht hatte es so kommen müssen, er konnte ja nicht mal nach dem Rennen richtig glauben, was gerade passiert war.

Er war ein richtiger Marathonläufer, er rannte wirklich in Europa, in Venedig, in der schönsten Stadt der Welt. Venedig. Eine unglaubliche Strecke. Auf den letzten Kilometern über den Canal Grande, dann Richtung Markusplatz, am Dogenpalast und Glockenturm vorbei, links jubelnde Venezianer, rechts die Gondeln im Meer, und schließlich, nach 42,195 Kilometern, der Zieleinlauf, Riva dei Sette Martiri, der Jachthafen Venedigs.

Natürlich war er zu Beginn zu schnell gewesen. Die ersten zehn Kilometer unter 31 Minuten, 30:51, um genau zu sein. Verflucht schnell, völlig verrückt, das wäre eine Schlusszeit von 2:11, 2:12, und eigentlich war er nach Venedig gekommen, um 2:19 zu laufen. Sein Trainer und Freund Garrett Ash hatte das festgelegt. Er hatte ihm gesagt: »Yared, das hier ist dein erster Marathon außerhalb von Äthiopien, 2:19 ist eine gute Zeit.« Ein Anfang, das sollte Venedig werden. In Deutschland wird man mit 2:19 Deutscher Meister, aber Yared ist Äthiopier, und das Einzige, was man von dem Land kennt, sind Hungersnöte, Kriege mit Eritrea und die schnellsten Langstreckenläufer der Welt. 2:19 war ein Witz.

Yared Hailesilassie wollte irgendwann 2:05, vielleicht 2:04 laufen. Sein Landsmann, Haile Gebrselassie, war in Berlin unter 2:04 geblieben, 2:03:57, Weltrekord. Jared hatte Haile schon ein paar Mal in Addis gesehen. Haile war Läufer, Nationalheld und reich. Für ihn arbeiteten 600 Leute. Hatte er alles mit dem Laufen erreicht.

Das Tempo blieb hoch. »Vielleicht rennen die alle wegen des neuen Weltrekords so schnell«, sagte sich

Yared. Er fragte sich, was passieren würde, falls er gewinnen würde. Einfach so. Was, wenn er den Marathon in Venedig gewönne? 10 000 Euro Preisgeld. 10 000 Euro! So viel verdient ein äthiopischer Bauer in 40 Jahren.

Neben Yared lief Bereket, ein Kumpel aus Addis. Sie waren gerade auf der Riviera del Brenta auf dem Festland. Das Tempo war mörderisch. Die spinnen alle, dachte er, es waren noch 32 Kilometer. Aber langsamer werden? Beim ersten Rennen in Europa, beim ersten Mal, dass beide Äthiopien verlassen hatten? Nein, auf keinen Fall, und wenn sie einer dieser Gondoliere aus der Stadt schippern musste. Sie würden jedes Tempo mitgehen, ganz gleich welches.

Kilometer 21 passierte er bei 1:06:53. Eine Gruppe mit zwölf Läufern setzte sich ab. Yared ließ sie ziehen. Niemand läuft das, dachte er sich, die brechen ein. Sie hatten ja noch nicht mal die Altstadt erreicht, und er war noch immer zu schnell. Die vorher festgelegten Planzeiten hatte er pulverisiert. Aber es ging. Vielleicht hatte er noch Reserven, die er nicht kannte. Yared Hailesilassie, der ein unglaublich ernstes Gesicht macht, wenn er rennt, ein schöner Läufer mit sehr gestrecktem Oberköper, er würde nicht aufgeben. Zu weit war

10 000 Euro Preisgeld. 10 000 Euro! So viel verdient ein äthiopischer Bauer in 40 Jahren.

er schon gerannt, um jetzt langsamer zu werden.

Yared wurde in Äthiopien geboren. Er konnte weder sagen wann noch wo genau. Er war ein Vollwaise, der noch vor acht Jahren auf der Straße bettelte und vor drei Jahren in einem Café als Koch und Bäcker arbeitete. Jetzt hatte der ehemalige Bettler und Koch es bis nach Venedig geschafft und war so nah dran wie noch nie in seinem Leben. Ein einziger Sieg in Europa, das reicht. Nie mehr Sorgen, nie mehr betteln. Mit 10 000 Euro kann man sich in Addis ein neues, ein phantastisches Leben kaufen.

»Ich bin schnell, ich laufe der Armut einfach davon.«

Yared verlor ab Kilometer 30 Tempo. Garrett Ash, der Trainer und Entdecker von Yared, hatte bei der Vorbesprechung gesagt, dass der zweite Teil der Strecke schwieriger sei. Der glatte Steinboden in der Stadt, die vielen Brücken über die Kanäle, kurze Anstiege, kurz wieder runter, der Laufrhythmus musste ständig angepasst werden, was Kräfte raubt. Yared hatte kaum hingehört.

Bei Kilometer 35 blieb Yared stehen. Er brach das Rennen ab. Genau genommen brach der Körper ab. Er wollte noch, aber sein Körper weigerte sich. Ihm wurde schlecht. Er hatte es nicht mal bis zum Markusplatz geschafft. Nicht mal die »Finisher«-Medaille bekam er.

Etwa drei Jahre später läuft Yared eine ungeteerte Straße im Westen von Addis entlang. Es ist kurz nach sechs, gerade ist das Training vorbei.

»*Not good race, Venice, problem*«, sagt Yared. Er lächelt. Yared der Läufer und Yared der Mensch sind kaum vergleichbar. Beim Laufen ist sein Gesicht ernst, er ist kaum ansprechbar – kaum hat er die Schuhe ausgezogen, verwandelt er sich in einen Spaßvogel, der sein Grinsen nie ausknipst. Natürlich habe er in Venedig den Fehler gemacht, gleich alles geben zu wollen. Er sei jetzt »*more good runner*«.

Marathon gewinnt man mit den Beinen und mit dem Kopf und nur selten mit dem Herz. Ganz gleich, wie talentiert man ist, niemand gewinnt seinen ersten Marathon. Langstrecke ist Schach in Laufschuhen. Wann geht man mit, wann nicht, blufft der andere, bricht er irgendwann ein? Das alles wusste Yared, aber er war in Venedig, in Europa, niemand konnte verlangen, dass er sich zurücknahm. Sie waren von Addis nach Rom geflogen, dann mit dem Zug nach Venedig, ein Vertreter einer Laufschuhmarke begrüßte alle Profis im Hotel, Yared war als Profi angemeldet. Zum ersten Mal im Flieger, zum ersten Mal im Zug, zum ersten Mal in Europa, zum ersten Mal in einem Hotel. Yared hatte sechs Monate davor auf zurechtgelegten Pappschachteln geschlafen. Natürlich wollte er beweisen, dass sich das Schicksal nicht getäuscht hatte. Er hatte in seinem Leben nur als Bettler und als Koch gearbeitet, das konnte er. War er auch ein Marathonmann? Venedig sollte der Beweis sein.

Die Sonne geht langsam unter. Es ist Frühling in Addis Abeba, die Nächte sind noch frisch, aber tagsüber wird es von Tag zu Tag wärmer.

Yared steht auf dem Flachdach eines gelben zweistöckigen Hauses im Westen der Stadt, am Ende der breiten Ring Road. Er macht noch ein paar Dehnübungen. Gleich wird er noch von einem Trainingspartner massiert werden, dann muss er in die Küche.

Yared lebt in dem kleinen Trainingszentrum der Organisation »Running across borders«, die ein Amerikaner – Garret, sein Trainer in Venedig – und ein Engländer 2008 gegründet haben. Die Idee war, jungen Lauftalenten in Äthiopien einen Ort zu bieten, an dem sie unter Profibedingungen trainieren können und eine Ausbildung bekommen, mit der sie später einen Job finden.

Das Haus gibt es seit drei Jahren. Yared war der erste Athlet, der hier lebte. Da er früher als Koch und Bäcker gearbeitet hatte, bekam er die Küche zugewiesen. Mittlerweile sind es neun Jungs und sechs Mädchen. Yared kümmert sich um das Essen. Die Trainer haben Essenspläne entwickelt, an die er sich beim Kochen halten muss, es sind ziemlich klare Vorgaben. Wenig Fleisch, viel Gemüse, viele Kohlenhydrate. Sein »Injera« ist sensationell. Injera ist das typische äthiopische Brot, ein leicht säuerlicher Fladen von schwammartiger Konsistenz. Er wird aus Teffmehl, das aus Hirse gewonnen wird, und Wasser gemacht. Ein Essen ohne Injera ist in Äthiopien keines.

»*Not easy long distance, lot of training, many years*«, sagt Yared. Er lächelt schon wieder und macht es einem unmöglich, ihn auszufragen. Er ist schneller.

»*Where you from?*«

»*Germany.*«

»*Oh Germany, I know. Good country. Angela Merkel? You know Angela Merkel?*«

»*Yes.*«

»*Good woman Angela Merkel, very nice, to much chocolate.*«

Seit ein paar Minuten ist er fertig mit den Dehnübungen und versucht, alles über Deutschland zu erzählen, was ihm einfällt. Er hört überhaupt nicht auf zu reden.

Beckenbauer, Ballack, Mercedes, BMW, dicke Merkel. Überhaupt *»Germany good country«*, findet er. Yared hat erst in den letzten Jahren etwas Englisch gelernt, im Trainingscamp gibt es zwei Mal in der Woche eine Stunde Unterricht. Ab und zu kommen Weiße aus Europa oder Nordamerika, um im Camp zu trainieren. Yared fragt sie ununterbrochen aus. Er will einfach alles wissen.

Yared trainiert zwei Mal am Tag. Marathon auf höchstem Niveau ist die trainingsintensivste Disziplin. Die Pläne sehen Intervallläufe, Ausdauerläufe, Regenerationsläufe vor, mal auf Asphalt, was auf den äthiopischen Straßen gar nicht so leicht ist, mal die Hügel auf über 3000 Meter hoch, ab und zu im Stadion. Yared trainiert verbissen. Dabei geht es ihm vermutlich nicht mal ums Laufen, für ihn ist das in erster Linie kein Sport, es ist ein Ausweg. Der einzige Weg raus.

Äthiopien gehört zu den ärmsten Ländern der Welt. Etwa die Hälfte der Äthiopier lebt unter der Armutsgrenze. Das Pro-Kopf-Bruttosozialprodukt liegt bei etwa 390 Dollar, weit hinter Afghanistan, Haiti oder Nepal. Etwa ein Viertel der Menschen hat ein Einkommen von weniger als einem Dollar am Tag, 80 Prozent leben von weniger als zwei Dollar täglich. Der populärste Sport in Äthiopien ist Fußball, wenn irgendwo ein Fernseher steht, dann läuft Premier League oder Primera División. Gespielt wird er kaum. Die meisten jungen Leute laufen. Es ist der einzige Sport, den man sich leisten kann. Man braucht nicht mal einen Ball.

»I'm very a lot lucky«, sagt Yared. Er schaut vom Dach aus auf die Häuser, die hier gerade entstehen. Äthiopier, die es nach Europa oder nach Amerika geschafft haben, stellen hier ihre kleinen Villen hin. Er sei einer der glücklichsten Menschen überhaupt, sagt Yared.

Er hat eine Chance. Sie ist klein, denn in Äthiopien rennen viele, und Marokkaner und Kenianer sind auch nicht langsam. Aber es ist eine Chance. Und eine Hoffnung: »Ich bin schnell, ich laufe der Armut einfach davon«, sagt Yared. Die Niederlage ist nicht mehr eine Entscheidung, die bei der Geburt feststeht. Er kann jetzt selber etwas tun. Er kann laufen. Es ist ganz einfach, gewinnt er Rennen, wird er reich, verliert er, kann es sein, dass er wieder betteln muss. Verlieren hat für ihn eine andere Bedeutung als für einen Weißen. Yared verliert alles. Er kann der Armut nur davonrennen, wenn er schnell genug ist.

Camp die Essenslieferung. Mehl, Reis, Nudeln, Kartoffeln, Gemüse, Obst, Tee, nur selten Fleisch, nie Alkohol. Yared achtet darauf, dass die Läufer genug Kohlenhydrate bekommen. Jeder hier trainiert zwei Mal am Tag.

Er kann der Armut nur davonrennen, wenn er schnell genug ist.

Yared geht die Treppen runter und tritt kurz in sein Zimmer, das er sich mit seinem Freund Gudisa teilt, einem 18-Jährigen, der 5000 Meter läuft. Auf dem Boden liegen zwei Matratzen, ansonsten ist das Zimmer leer. Die Laufsachen sind in Sporttaschen, andere Kleidung haben sie kaum. An den Wänden hängen eine Weltkarte und ein Poster von Haile Gebrselassie. Yared zieht seine Kochmütze und einen weißen Kittel an. Er beschließt, die Massage ein wenig zu verschieben. Unten im Aufenthaltsraum stehen ein Fernseher, ein Esstisch mit ein paar alten Stühlen und eine schwere Massagebank. Draußen waschen die anderen Läufer gerade ihre Schuhe. Ein Mal in der Woche bekommt das

»Today I make sugo and vegetables«, sagt Yared.

Sugo ist eine klassische Tomatensoße mit Zwiebeln. Die Italiener haben sie während ihrer Kolonialzeit in Ostafrika nach Äthiopien gebracht. Er schält und achtet ein paar Kartoffeln und richtet einen einfachen Salat mit Zwiebeln und Paprika an. Yared versucht, auf die scharfen äthiopischen Gewürze zu verzichten. Die meisten greifen den Magen an und sind im Grunde nur Bakterienkiller, die recht zuverlässig alle Keime abtöten, die es hier haufenweise gibt. Sie haben im Haus einen Kühlschrank, Yared freut sich noch immer jeden Tag darüber. Er verwendet gern Oregano, wenn möglich. Garret, der in den USA lebt und ihm die Trainings- und Ernährungspläne per E-Mail schickt, hat ihm das erklärt. Oregano hat viele Antioxidantien, reduziert Muskelkater und verkürzt die Regeneration. Außerdem braucht man weniger Salz, wenn man Oregano verwendet.

Yared ist schnell in der Küche. Er macht das schon eine Weile. Drei Jahre hier und sechs Jahre in der Café-Bäckerei. Seine Unterarme sind mit Brandnarben übersät. Er hat sie sich zugezogen, als er Brote aus dem Ofen holte. Sie machten nicht nur Injera, sondern auch westliches Brot für Touristen.

»Barcelona, you like Barcelona, Messi good player, fast, good runner.« Wenn er nicht kocht oder trainiert, schaut Yared Fernsehen. Meist Sport und Nachrichtensendungen. Er kennt so ziemlich alle Regierungschefs Europas, und zu jedem hat er eine ziemlich treffende Beschreibung.

»Sarkozy, oh, small president, nice woman, Carla Bruni.«

Seit 2000 lebt er in der Hauptstadt. Er sagt, dass er damals geschockt war, er hatte noch nie so viele Autos auf einmal gesehen. Es gab sogar Taxis. In Addis fahren blaue Ladas, die meisten über 20 Jahre alt. Yared hatte einige Monate vor seiner Ankunft beim Betteln in Gonder – der Stadt im Norden, in der aufgewachsen ist – eine Frau kennengelernt. Er lief damals jeden Tag an ihrem Haus vorbei und hoffte, dass die Frau ihm etwas zu essen zustecken würde. Oft war es das Einzige, was er an dem Tag aß. Sie erzählte ihm, dass ihr Sohn ein Café und eine Bäckerei in Addis habe, und bot Yared Arbeit an. Sie mochte, dass er immer lachte. Der Sohn zahlte 20 Birr am Tag und etwas zu essen. 83 Cent. Yared nahm an. Erst durfte er nur den Boden mit Wasser putzen, dann wurde ihm erlaubt, Teig anzurühren und Brot zu machen, später kochte er.

»Berlusconi«, sagt Yared, »you know Berlusconi?«

»Yes, do you like him?«

»Not too much. AC Milan, he is president, Italy and AC Milan. I like Obama, Obama good president.«

Es ist nicht so leicht, sich mit Yared zu unterhalten. Er ist unglaublich freundlich, lacht viel, aber er fragt lieber, als von seinem Leben zu erzählen. Er interessiert sich einfach für alles. Fußball, Sport, Politik, Geschichte, Sprachen. Man fragt sich, was aus ihm in einem anderen Land geworden wäre. Yared ist in einem katholischen Waisenhaus aufgewachsen, das Mönche führten.

»Only church, church. No English, no history, no math, but I can sing very nice«, sagt Yared.

ford Sport studiert hatte, und sein Freund David Alcock, ein britischer Profiläufer, nach Äthiopien. Beide waren gute Läufer und wollten ein Höhentraining in Äthiopien machen, Addis liegt auf rund 2 500 Metern. Der Ararat-Wald unweit der Stadt bietet perfekte Bedingungen, sieht man mal von den Hyänen ab. Früh am Morgen und am Nachmit-

Yared weiß nicht, wie alt er ist, vielleicht 28, vielleicht auch 34, er hat keine Ahnung.

Seine Eltern sind bei einem Bombardement im äthiopisch-eritreischen Grenzkonflikt irgendwann in den 70ern gestorben. Er kann sich kaum noch an sie erinnern. Yared weiß nicht, wie alt er ist, vielleicht 28, vielleicht auch 34, er hat keine Ahnung. In seinem Pass, den er für das Rennen in Venedig bekam, steht der 25. März 1982. Auch das war Garrets Idee, er redet viel von ihm. Garret und Malcolm, ein Schotte, organisieren jetzt das Camp.

Etwa ein halbes Jahr vor dem Rennen in Venedig reisten Garret Ash, ein junger Amerikaner, der in Ox-

tag sind hier viele Läufer unterwegs. Ash und Alcock trafen zwei junge Äthiopier, die mit alten Schuhen und uralten T-Shirts unterwegs waren. Der eine hieß Yared.

Er erzählte ihnen, dass er seit knapp vier Jahren laufe. Er habe irgendwann in dem Restaurant, in dem er gearbeitet hatte, im Fernsehen gesehen, wie Kenenisa Bekele in Belgien Cross-Weltmeister wurde. Das war 2004. Bekele sollte später Olympiasieger über 10 000 und 5 000 Meter in Peking werden. Yared hatte ein paar Freunde, die liefen, und bei einigen Rennen in Addis hatte er fast ohne Training gut abgeschnitten. Jeder sagte, er habe Talent. Garret und David brauchten nicht lange, um zu merken, dass Yared kein Angeber war. Er hatte unglaubliches Talent, er konnte ohne Probleme mithalten. David, der Brite, war Profi.

Ein paar Tage später besuchten sie Yared. Er lebte in einer Blechhütte von der Größe eines kleinen Badezimmers. Sein Bett bestand aus einem Gestell, auf das er Pappkartons gelegt hatte. Vor dem Bett stand ein alter Ofen, daneben eine Sporttasche, in der alles war, was er besaß. Yared lebte da mit einem Freund: »*This is our house, it is not good.*«

Yared hatte damals aufgehört, als Koch zu arbeiten. Er konnte nicht zwölf Stunden arbeiten und so trainieren, dass er Rennen gewinnen konnte. Ein Freund, der es in die USA geschafft hatte, half ihm etwas. Er schickte ab und zu Geld, es war gerade so viel, dass Yared nicht verhungerte. Eigentlich lebt man in Äthiopien in der Familie, so lange, bis man es alleine schafft. Yared war Waise.

Garrett ließ sich zeigen, was Yared aß. Etwa die Hälfte des Erfolgs ist die Ernährung. Am Abend schrieb er in sein Lauf-Tagebuch: »Der Typ trainiert zwei Mal am Tag für einen Marathon und isst nicht jeden Tag, und falls doch, kommt er vielleicht auf 1000 Kalorien.«

Das war zu wenig, um richtig schnell zu werden. Yared wusste das auch, also blieb er, wenn er nicht rannte, möglichst im Bett liegen, um wenig Energie zu verbrauchen. Er und sein Freund erklärten ihre Lage so: »*Sometimes he have money and we eat, sometimes I have money and we eat. Sometimes no one have money, we not eat.*«

Garret flog zurück, sammelte in seinem Oxforder Lauf-Club Spenden für die beiden und mietete ein kleines Apartment im Zentrum. Es kostete fast nichts und war winzig, aber Yared kam es vor wie ein Palast. Garret schickte ihnen einen Trainingsplan, vernünftige Schuhe, Geld fürs Essen. Yareds Zeiten gingen durch die Decke. Sechs Monate später flog Yared nach Venedig.

»*Running very hard, difficult, Marathon lot of training, every day*«, sagt Yared.

Er trainiert seit drei Jahren richtig. Mittlerweile haben Garret und ein

Freund aus Schottland das Camp weiterentwickelt. Sie haben Sponsoren gefunden, die das finanzieren. Yared ist noch zwei weitere Marathons gelaufen, einen kleineren in Kroatien und einen weiteren in Schottland. Er kam beide Male ins Ziel, war aber langsam, fast 2:30. Garret schwört, es sei der Kopf. Man muss es wollen und gleichzeitig nicht verkrampfen. Das ist schwerer, als man denkt, wenn man jetzt jemand überhaupt Rennen läuft. »*Maybe this year Germany, Berlin Marathon, 25 September.*« Yared kennt alle Termine der großen Rennen auswendig. Zurzeit trainiert er für kein konkretes Ziel. Er würde gern in Deutschland laufen, aber dafür braucht er eine Einladung, jemand muss für ihn bürgen, seine Zeiten sind gut, aber nicht überragend.

»*I'm good athlete and good cook*«, sagt Yared.

»Sometimes he have money and we eat, sometimes I have money and we eat. Sometimes no one have money, we not eat.«

in einem Haus in einer des besten Gegenden von Addis lebt und weiß, was kommt, wenn man versagt.

Yareds Trainingswerte sind noch immer gut, und die beiden ehemaligen äthiopischen Läufer, die jeden Tag im Camp sind und die Athleten trainieren, bestätigen das auch. Yared hat etwas Angst, dass er mittlerweile zu alt sein könnte. Er weiß es nicht. Er hat über Jahre zu wenig gegessen, ganze Monate hat er sich nur mit Injera ernährt. Eigentlich ist es ein Wunder, dass so

Er kann sich das durchaus vorstellen, irgendwann wieder als Koch zu arbeiten, sein eigenes Restaurant zu haben. Er wäre ein guter Gastgeber. Yared ist ein lustiger Kerl. Ein Koch in Äthiopien verhungert nicht, das ist das Gute, aber es ist ohne Geld völlig unmöglich, damit ein besseres Leben aufzubauen. Kochen ist die Chance, nicht zu verhungern. Laufen ist die Chance, ein richtiges Leben zu führen.

Natürlich wäre er lieber Läufer als Koch. ∎

INJARA MIT MISSER

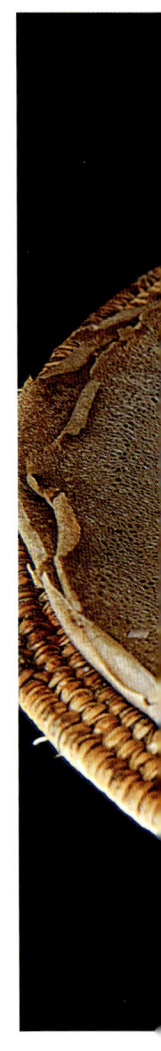

» **Zubereitung Fladenbrot**
Teffmehl, Wasser und Salz zu einem Teig verrühren. 3 Tage zugedeckt stehen lassen (Zimmertemperatur). In einer Pfanne mit wenig Öl bei mittlerer Hitze die Fladen backen, ein bisschen dicker als Pfannkuchen, circa 1 cm. Die Fladen sollen keine Farbe annehmen und weich bleiben.

Zubereitung Misser
Zwiebeln fein schneiden und in Öl braten. Tomatenpüree und Berbere unter ständigem Rühren zugeben. Klein gehackten Knoblauch zugeben und kochen, bis die Schärfe des Knoblauchs verschwunden ist. Linsen in einem Sieb gut waschen. Die Sauce mit ein wenig Wasser abkühlen und Linsen zufügen. Zugedeckt bei niedriger Temperatur kochen, bis die Linsen gar sind.

Linsensauce auf dem Fladen anrichten. Zur Verfeinerung rohe klein gehackte Zwiebeln und Tomatenscheiben mit zerkleinerter Paprika dazulegen. Auch gekochter Blattspinat passt gut zu diesem Gericht.

In Äthiopien steckt der Gastgeber als höfliche Geste seinen Gästen den ersten Bissen in den Mund. Gegessen wird mit der rechten Hand, ohne Besteck.

Zutaten | FÜR 4 PERSONEN

Für das Injara (Fladenbrot):
200 g Teffmehl
(Hirsemehl aus dem Asia-Shop)
400 ml Wasser
1/2 TL Salz
1 EL Sonnenblumenöl

Für das Misser:
150 g rote Linsen
80 g Zwiebeln
1 EL Sonnenblumenöl
5 Knoblauchzehen
80 g Berbere (je nach Schärfe) = zermahlene Chilischoten mit Ingwer, Nelken und weiteren Gewürzen
100 g Tomatenpüree

Ja, wir haben das spanische Stierschwanz-Monopol.

MARI CARMEN RODRIGUEZ UND TORIBIO ANTA

Die Köche im einzigen Restaurant der Welt, in dem der Schwanz von Kampfstieren immer auf der Karte steht

Toribio Anta versinkt langsam im Stuhl. Er ist müde, sein Restaurant ist leer, und ihn nervt das Fernsehprogramm. Stierkampf in Málaga. Corrida Picassiana. Ein Stierkampf zu Ehren Pablo Picassos, der in Málaga geboren wurde und Corridas fast so sehr liebte wie Frauen. Talavante steht in der Arena, ein junger Torero aus Estremadura, von dem es letztes Jahr hieß, er könne ein ganz Großer werden. Toribio in seinem Stuhl schaut wie ein schmollendes Kind. Er hat das nie geglaubt. Talavante trägt einen weißen Anzug mit einem blauen und roten Karomuster, er sieht aus wie ein Clown, ein Harlekin. Vermutlich will er zeigen, dass auch er ein paar Bilder von Picasso kennt.

Toribio verschränkt die Arme, die Ellbogen ruhen auf der Lehne. Seine dunkelblaue Weste schlägt Falten über dem Bauch. Seine Frau Mari Carmen Rodriguez, die Köchin, ruft etwas aus der Küche, Toribio hört nicht hin.

Er würde jetzt gerne rauchen, am liebsten Zigarre, eine Montecristo. 900 Euro hat er früher im Monat für Zigarren ausgegeben. Aber er darf ja nicht. Spanien hat in diesem Jahr das Rauchverbot in der Gastronomie verschärft, und anders als früher nehmen es die Behörden mittlerweile ernst und verhängen Geldstrafen.

»Die ruinieren unser Land«, sagt Toribio. Seine Laune ist nicht sonderlich gut heute. Erst verbieten sie in Katalonien den Stierkampf, dann kollabiert die Wirtschaft, seine Gäste bleiben weg, und jetzt darf er in seinen eigenen vier Wänden, in seinem eigenen Restaurant, nicht mehr rauchen.

Toribio schaut auf den karierten Clown. Will der Staubwischen oder einen Stier töten? Talavante wirbelt hastig mit seinem Tuch und trippelt über den rotgelben Sand. Guter Stierkampf heißt, möglichst nah am Stier zu sein, möglichst nah an den Hörnern, möglichst knapp am

Tod. Genau das Gegenteil von dem, was Talavante macht.

Toribio rutscht weiter den Stuhl runter. Er ist glatt rasiert, wie jeden Tag, trägt ein weißes Hemd, eine dunkelblaue Hose. Die Haare sind mit den Jahren immer weißer geworden, Toribio wird nächstes Jahr 60. Sein Kellner Celso sitzt ihm gegenüber. Die beiden kennen sich schon lange. Seit 29 Jahren arbeitet Celso schon für Toribio. Schon ewig. Lange bevor die Casa Toribio zur Institution wurde. Lange vor der Idee mit den Stierschwänzen, die sie berühmt gemacht hat. Lange bevor sie das einzige Restaurant der Welt wurden, in dem man jeden Tag den Schwanz eines Stiers essen kann, der von einem Torero im Kampf getötet wurde.

Celso schaut auf den Fernseher und nippt an seinem Bier. Er hat nichts zu tun. Er hat vorhin die etwa 20 Tische der Casa Toribio eingedeckt. Nicht einer ist besetzt. Es ist Ostersonntag, die letzten Jahre war das ein guter Tag, aber heute ist der Laden tot. »Seit einiger Zeit geht das schon so«, sagt Toribio.

Guter Stierkampf heißt, möglichst nah am Stier zu sein, möglichst nah an den Hörnern, möglichst knapp am Tod.

Die Idee, die alles ändern sollte, hatte Toribio vor 15 Jahren. Mitten in den Boom-Jahren. An einem Nachmittag erzählte ein Gast, der nach Córdoba gefahren war, von einer andalusischen Spezialität, die er gegessen habe. In Córdoba wird nach den Corridas der Schwanz des Stiers zu einem Eintopf verarbeitet. Das Gericht ist beliebt, vor allem weil es schwer zu bekommen ist. Während einer Corrida sterben sechs Stiere. Jeder Stierschwanz ergibt zwei Portionen, macht zwölf Teller Eintopf pro Kampf. Für die gesamte Stadt. Es gibt zwar viele Wirte, die an Stierkampftagen das Gericht anbieten, aber die meisten nehmen Ochsenschwänze, in letzter Zeit sogar Känguruschwänze.

»Ja, wir haben das spanische Stierschwanz-Monopol.«

Einen echten Kampfstierschwanz bekommt nur derjenige, der Kontakte hat.

»Die Leute zahlen ein Vermögen für so einen Teller«, sagte der Gast.

Wenn Toribio etwas hatte, dann Kontakte. Sein Laden hieß damals noch »New Street«, ein englischer Pub, der für seine absurd großen Gin Tonics bekannt war. Toribio schmeckte sie mit Zitronen aus Murcia ab. Toribio und seine Frau Mari Carmen hatten den Laden im Mai 1981 eröffnet. Sie waren beide als Jugendliche nach Madrid gekommen, um in der Gastronomie zu arbeiten. Sie haben zwei Söhne, von denen Toribio sagt, dass sie praktisch alleine aufgewachsen sind. Toribio und Mari Carmen standen von morgens um zehn bis nachts um vier im Pub. Kein freier Tag. Die Gin Tonics warfen Geld ab. Toribio passte sich etwas dem Umfeld an, die Stierkampfarena von Madrid ist 200 Meter die Straße runter. Er hängte Bilder von Toreros an die Wände, im Fernseher liefen Corridas, die Gäste mochten das. Er hatte jetzt einen englischen Stierkampf-Pub. Irgendwann beschloss Toribio, Essen anzubieten. Mari Carmen schickte er in die Küche, er stand am Tresen, Celso räumte die Tische ab. Eigentlich durften sie damals keine Küche haben. Die Lizenz war eindeutig: nur Getränke, kein Essen. Doch damals war Spanien noch anders, sagt Toribio. Drei Gin Tonics für den Mann vom Gesundheitsamt, und eine zehn Quadratmeter große Küche löste sich in Luft auf. »Früher war Spanien so. Es ließ die Menschen atmen«, sagt Toribio.

Mit der Zeit freundete sich Toribio mit den richtigen Leuten an, mit Leuten aus der Stierkampfszene. Er lernte den Chirurgen kennen, der sich um die verwundeten Toreros kümmerte. Er kannte den Veterinär, den Chef des Ticketverkaufs, den Mann, der für den Abtransport der Stiere zuständig war. Er kannte sogar einige Toreros.

Sie alle saßen bei ihm und tranken Gin Tonics. Toribio, der sich früher nie für Stiere interessiert hatte, weil er als Sohn eines Bauern in der Provinz Zamora aufgewachsen ist, gehörte irgendwann dazu. Auch wenn es zu Beginn nicht leicht war.

Der klassische Stierkampffreund in Spanien ist kein Bauernjunge aus

Zamora. Er ist meist konservativ, verehrt den König, ist kirchentreu, er liest die Tageszeitung ABC, die jeden Tag im Feuilleton über Stierkampf berichtet, und muss sich meist keine finanziellen Sorgen machen, weil die Familie Geld hat. Altes Geld.

Toribio gehörte da eigentlich nicht hin, er hatte anfangs kein Geld, weder neu noch alt: nur eine Kneipe mit einer illegalen Küche. Aber mit der Zeit begann er ABC zu lesen, Zigarre zu rauchen, die richtigen Leute zu grüßen. Er arbeitete viel, war nicht reich, aber verdiente gut. Toribio passte sich an. Der Pub wurde weniger englisch. Noch mehr Stierkampfbilder, mehr Rotwein, weniger Bier, auf die Tische kamen Tischdecken. Die Dinge kamen in Bewegung. Toribios Aufstieg begann.

»Endlich ist dieser Clown im Fernsehen fertig«, sagt Celso. Toribio sitzt ihm gegenüber und schweigt. Er hat noch immer die Arme verschränkt. Kein guter Tag. Celso schaut abwechselnd auf den Fernseher und auf die Tür. Immer noch keine Gäste.

Um an die erste Lieferung mit Schwänzen zu kommen, brauchte Toribio eine Weile. Er musste viel telefonieren und den richtigen Leute ein paar Gin Tonics ausgeben. Aber er kann sehr charmant sein, wenn er muss. Irgendwann stand er bei Mari Carmen in die Küche und sagte: »Ich hab so ein Ding. Was kannst du daraus kochen?«

»Was meinst du?«

»Aus einem Stierschwanz, kannst du was daraus machen?«

»Was soll ich denn daraus machen?«

»Weiß ich doch nicht, irgendwas. Du bist die Köchin.«

Mari Carmen, eine eher zurückhaltende Frau, die es gern hat, wenn man sie in der Küche nicht stört, hatte noch nie mit Stierfleisch gekocht. Die Metzgerei Aguirre ein paar Straßen weiter bot damals Fleisch von Kampfstieren an. Meist Lende. Es wurde kaum gekauft, obwohl es spottbillig war. Einige Leute im Viertel kauften es für ihre Hunde. Das Fleisch von Kampfstieren ist in Spanien keine Delikatesse, eher das Gegenteil. Die Tiere sind mit viel Auslauf aufgewachsen, 500, 600 Kilo reine Muskelmasse, sehr feste Konsistenz, zäh, praktisch kein Fett. Es ist gutes Fleisch, es schmeckt nur nicht, es schmeckt nach Stier, und man muss es ewig kochen, bevor man es durchbeißen kann. Die einzige Ausnahme ist der Schwanz. Er ist teilweise so dick wie ein Arm, etwa einen halben Meter lang und von einer fetthaltigen Gelatineschicht umgeben.

»Mach dir Gedanken, in Córdoba ist der Schwanz eine Delikatesse«, blaffte Toribio sie an.

Nacht in Wein ziehen. Das Fleisch wurde noch dunkler. Danach setzte sie Karotten, Zwiebeln und Champignons an und machte aus allem einen Eintopf. Vier Stunden später gab sie es Toribio zum Probieren.

»Na bitte, ist doch essbar«, sagte er. Der Wein hatte dem Fleisch die Wucht genommen, die lange Garzeit hatte es weich gemacht, es war ein kräftiges Gericht, nicht ideal für den Sommer, aber es war nicht schlecht.

Irgendwann stand er bei Mari Carmen in der Küche und sagte: »Ich hab so ein Ding. Was kannst du daraus kochen?«

Mari Carmen ging nach Hause. Sie wusste, dass sie den Stiergeschmack aus dem Fleisch bekommen musste, aber sie wusste nicht wie. Zu Hause hatte sie ein paar Kochbücher und fand in einem ein altes Rezept. Mit sehr starkem Rotwein konnte man einem Stierschwanz die Intensität rauben. Sie versuchte es mit einem Verschnitt aus Tempranillo- und Garnacha-Traube und ließ den Schwanz über

Toribio ahnte, dass die Schwänze seine große Chance waren. Er würde etwas Besonderes aus seinem Laden machen, hier, mitten im Stierkampfzentrum Spaniens. Bisher war er für die anderen nur der Typ mit den Gin Tonics. Aber wenn er den Schwanz eines Kampfstiers anbieten konnte, dann würde er zum festen Teil dieser Welt werden. In der Plaza, die Straße runter, wurden die Tiere getötet, bei Toribio gab es sie zu essen. Er musste nur irgendwie an die Dinger kommen.

Einmal im Jahr ist ganz Madrid ein großes Stierkampf-Festival, meist im Mai. Während der »Feria de San Isidro« ist fünf Wochen lang jeden Tag Stierkampf, etwa 40 der jährlich 80 Stierkämpfe in der Hauptstadt fallen in diese Zeit. Jeden Tag werden sechs Stiere getötet. Es kommen die besten Toreros. Die Ränge sind voll mit Journalisten, Beratern und Besitzern anderer Arenen. Wer als Torero während »San Isidro« gut ist, kann davon ausgehen, dass die Saison gerettet ist. Es »regnet Verträge«, wie die Toreros sagen. Das ganze Viertel rund um die Arena ist in dieser Zeit eine Festmeile. Die Kneipen sind voll.

Toribio sprach mit einem Freund, einem strengen Mann, der seit Jahren den Ticketverkauf für Las Ventas organisierte, wie die Arena in Madrid genannt wird. Der Mann kannte die richtigen Leute und schätzte gute Gin Tonics. Toribio bekam die halbe Feria zugesprochen. 20 Kämpfe also, das machte 120 Schwänze.

Toribio setzte die Schwänze auf die Karte, und nach ein paar Tagen war klar, er hatte eine Goldgrube gefunden. Binnen Wochen war eine Tradition geboren. Wer dazugehören wollte und es sich leisten konnte, ging während San Isidro erst zum Stierkampf und anschließend zu Toribio, um echten Stierschwanz zu essen. Toribio zog sich jetzt einen Anzug an, Celso, der Kellner, bekam eine Weste, es gab plötzlich eine Weinkarte.

»Wer kommt als Nächster?«, fragt Toribio, der offenbar nicht vorhat, heute noch aufzustehen. Er sitzt noch immer vor dem Fernseher. Gäste sind noch immer keine da.

»Daniel Luque«, sagt Celso.

Luque ist ein Heißsporn aus dem Süden, Anfang 20. Er mag große Autos und schöne Frauen, von denen nach der Corrida immer genug im Hotel auf ihn warten.

Toribio mag auch ihn nicht. Er ist ein strenger Fan, wie alle in Madrid. Mit einem Problem hatte Toribio nicht gerechnet. 120 Schwänze, also 240 Portionen, waren zu wenig. Er verkaufte sie zu schnell. Er brauchte mehr Stierschwänze.

In Spanien finden im Jahr etwa 1 800 Stierkämpfe statt. Der größte

Teil der toten Stiere geht an die Taurodelta S. A., den einzigen Schlachthof, der sich auf die Verarbeitung von Stierkampffleisch spezialisiert hat. Anfangs wunderte man sich etwas, dass dieser Wirt aus Madrid so viele Schwänze bestellte. Toribio hatte beschlossen, dass jeden Tag Stierschwanz auf der Karte zu stehen habe, denn die Dinger entwickelten sich zum Geschäft seines Lebens. Die Zutaten für den Eintopf waren billig und die Marge riesig, weil die Gäste bereit waren, einen guten Preis für echten Stierschwanz zu zahlen.

Anfangs überließ ihm das Schlachthaus die Schwänze für ein Trinkgeld. Es lief so gut, dass er seinem Laden einen anderen Namen gab. Statt New Street hieß er jetzt Casa Torinio. Toribio erhöhte die Preise und ließ Weingläser mit dem Restaurantlogo anfertigen.

Zum Problem wurden andere Wirte. Sie fingen an, ebenfalls beim Schlachthof anzurufen. Der Preis stieg. Toribio, der nicht bereit war aufzugeben und ein sehr sturer Mann sein kann, bot mehr Geld und sicherte sich eine Art spanienweites Stierschwanz-Monopol. Über 100 Stierkampfarenen schickte er einen Vertrag. Sie durften nur an ihn verkaufen.

Toribio verdiente zu der Zeit so viel Geld, dass er anfing, angrenzende Kneipen aufzukaufen. Es war verrückt, die Gäste rannten ihm den Laden ein. Dabei wusste er selbst, dass der Geschmack des Eintopfs nicht umwerfend war. Es waren eben die Jahre des spanischen Booms. Die Arbeitslosenzahlen sanken, die Einkommen stiegen, Spanien feierte. Toribio fuhr 2004 zum ersten Mal in den Urlaub. Nach New York »zum Einkaufen«.

Es ist später Nachmittag geworden. Toribio geht vor die Tür. Es ist zu kalt für die Jahreszeit. Der Himmel sieht bedrohlich aus. »Wir hätten in Alicante bleiben sollen«, sagt Toribio. New York war dieses Jahr nicht drin, Alicante sei aber auch schön, fand Mari Carmen, die es leichter nimmt, dass es nicht mehr so läuft. Vor ein paar Wochen hat Toribio eine kleine Plakette an die Fassade gehängt. Ein Zertifikat von Taurodelta aus Guadalajara, dem Schlachthof. Es bescheinigt, dass in der Casa Toribio nur echte Kampfstierschwänze verarbeitet werden.

Davor hat Toribio noch ein Werbeschild mit einem Foto des berühmten Eintopfs auf den Gehweg gestellt. Es sieht nicht sonderlich appetitlich aus. Früher wäre das nicht nötig gewesen, früher hat er ständig Leute wegschickt.

»Ja, wir haben das spanische Stierschwanz-Monopol. Aber ich weiß nicht, was los ist, was sich geändert hat. Die Krise, nehme ich an. Letztes Jahr haben wir zum ersten Mal wieder mehr Geld mit den Gin Tonics gemacht.«

Am Preis will Toribio nicht drehen. 25,50 Euro kostet bei ihm der Teller echter Kampfstierschwanz. Die Marge ist kleiner geworden. Er selbst zahlt an den Schlachthof mittlerweile 12 Euro pro Schwanz plus Mehrwertsteuer. Seit der BSE-Krise muss das Fleisch der Kampfstiere im Labor untersucht werden, bevor es in den Handel darf. Auch das hat es teurer gemacht.

Toribio hat in einer Truhe im Keller über 1000 Schwänze liegen, vakuumverpackt und schockgefroren. Es steht nur das Datum des Kampfes auf der Verpackung, nicht der Name des Stiers oder des Toreros, der das Tier getötet hat. Mari Carmen und er überlegen, das zu ändern. Sie möchten den Service verbessern. Die Gäste sollen genau wissen, welchen Stier sie essen, von welchem Züchter, von welcher Plaza, bei welcher Gelegenheit. Sie möchten etwas ändern, auch wenn sie nicht genau wissen was. Leider kann man an der Zubereitung kaum etwas tun. Stier schmeckt nun mal nach Stier.

Früher hat es den Leuten nicht so viel ausgemacht. ■

RABO DE TORO

» *Ochsenschwanz zwischen den Knochen in circa 5 cm breite Teile schneiden und 12 Stunden in Rotwein einlegen.*

Die Hälfte der Zwiebeln andünsten und die Ochsenschwanzstücke anbraten, danach mit Rotwein aufgießen und circa 3 1/2 Stunden leicht köcheln lassen.

Den Rest der Zwiebeln andünsten, klein geschnittene Karotten, Champignons und Erbsen andünsten, dann zum Ochsenschwanz dazugeben und noch mal etwa 35 Minuten köcheln lassen.

Dazu frittierte Kartoffelstücke servieren.

Zutaten | FÜR 2 PERSONEN

1 Stierschwanz vom Kampfstier
(gut geeignet sind z. B. die Züchtungen
des Hauses Juan Pedro Domecq)
3 Zwiebeln
10 Champignons
4 Karotten
150 g frische geschälte Erbsen
1/2 l spanischer kräftiger trockener Rotwein
frittierte Kartoffelstücke

Wenn wir Erdbeeren wollten, dann musste die Brigade los und welche pflücken.

ROLAND ALBRECHT
*Honeckers Gastronom,
der einsame Gourmet
im Sozialismus*

Als die DDR und ihre Gastronomie untergehen, hat Roland Albrecht den besten Platz. Er steht am 7. Oktober 1989 im Foyer des Palastes der Republik in Berlin-Mitte und blickt aus dem Fenster Richtung Marx-Engels-Forum. Er hat gerade einen Moment Pause und ahnt schon, dass in ein paar Wochen das Land, in dem er aufgewachsen ist, nicht mehr existieren wird.

Die Volkspolizei hat gerade das ganze Areal abgesperrt, weiträumiger als in den Jahren davor. Seit Monaten gibt es immer mehr Demonstrationen. Leipzig, Dresden, Berlin.

Das sieht nicht gut aus, denkt Albrecht, als er auf die Menschenmenge vor sich schaut. Immer mehr Demonstranten kommen vom Alexanderplatz herüber. Sie schreien »Gorbi, hilf uns« und »Wir sind das Volk«. Die Sicherheitskräfte bilden eine Kette und sehen entschlossen aus, den Palast zu verteidigen. Albrecht hofft, dass die Vopos und die Stasi-Leute in Zivil sich zurückhalten. Er ahnt aber, dass sie es nicht tun werden.

In Albrechts Rücken, im Saal des Palastes, tut die DDR-Führung das, was sie eigentlich schon die ganze Zeit gemacht hat. Sie stellt sich taub. Heute ist der 40. Jahrestag der Staatsgründung, im Palast ist ein Staatsempfang. Erich Honecker, Generalsekretär des Zentralkomitees der SED und Staatsratsvorsitzender der DDR, wie er offiziell heißt, hält eine Rede. Michail Gorbatschow und ein paar andere kommunistische Staatschefs sind auch da. 744 Gäste sitzen im Saal.

Honecker redet über den Sozialismus. Die DDR gehöre zu den Ländern mit den höchsten Lebensstandards weltweit, sie sei das Ergebnis hart arbeitender Menschen im Arbeiter- und Bauernstaat, ein Staat mit moderner Industrie und Landwirtschaft, mit aufblühender Wissenschaft und Kultur, eine »Weltnation im Sport«. Er erwähnt auch die »einflussreichen Kräfte der BRD«, die gerade die Chance wittern, die Ergebnisse des Zweiten Weltkriegs und der Nachkriegsentwicklung »durch einen Coup zu beseitigen«. Doch die DDR werde weiterhin »an der Westgrenze der sozialistischen Länder in Europa als Wellenbrecher gegen Neonazismus und Chauvinismus« Bestand haben.

Albrecht hört nicht hin.

Er hat schon Dutzende Honecker-Reden gehört. Er arbeitet seit über 15 Jahren im Palast der Republik, dem gastronomischen Prachtbau der DDR. 14 Restaurants, Cafés und Bars, 280 Köche, jeden Tag 6 000 Gäste. Albrecht hat als Kellner angefangen, später wurde er Servierobermeister, 120 Mitarbeiter unterstehen ihm.

Albrecht ist Parteimitglied, aber eigentlich nur, weil er so leichter an eine Wohnung kam. Er mag Honecker nicht sonderlich. Nicht wegen seiner Politik, Albrecht interessiert sich nicht für Politik, eher aus kulinarischen Gründen. Der Mann will eigentlich immer nur Kassler und Blutwurst. Er könnte als Staatschef alles bekommen und will nur

Der Mann will eigentlich immer nur Kassler und Blutwurst. Er könnte als Staatschef alles bekommen und will nur Wurst.

Wurst. Vor zehn Jahren, am 30. Jahrestag der DDR, hatten Albrecht und seine Mitarbeiter alles aufgetischt, was das Land an Essen zu bieten hatte. Russischen Kaviar, französischen Wein, kubanische Orangen. Honecker wollte eine Bockwurst und etwas Selters. Für Albrecht ist dieser Mann von fast beleidigender Farblosigkeit. Der Staatsempfang heute findet so früh statt, weil Honecker gern zeitig schlafen geht.

Am besten versteht sich Albrecht mit Klaus Gysi, Minister für Kultur und Staatssekretär für Kirchenfragen der DDR. Der feiert gern, versteht etwas vom Essen, vom Trinken und vom Genießen. Sein Sohn Gregor soll ein guter Redner sein.

Die Menschenmenge draußen wird immer lauter. Albrecht dreht sich weg. Er soll den Ablauf des Empfangs überwachen und dafür sorgen, dass alles vernünftig vonstatten geht. Gorbatschow geht noch vor dem Dessert.

Das Ende seiner Heimat ist kein Freudentag für Roland Albrecht, überhaupt nicht. Er mag die DDR. Er ist hier aufgewachsen, seine Freunde sind hier, Albrecht hat sich gut eingerichtet.

Er hat eine Stelle im Palast der Republik. Durch das Trinkgeld der Touristen hat Albrecht immer genug Westgeld, um im Intershop einkaufen zu gehen. Und da er jeden Gastronomen der Stadt kennt, muss er auf nichts wirklich Wichtiges verzichten. Wirklich wichtig ist für Al-

Alles, was man im Westen über DDR-Essen weiß, klingt nach einer Katastrophe. Ein Kritiker sagte es so: »Jeder Biss ein Bauchschuss.« Tempolinsen, Broiler, Grilletta, Soljanka, Zigeunerschnitzel mit roter Pampe, in der angeblich Paprikas sind. Albrecht ist dem immer aus dem Weg gegangen, er ist etwas, was in der DDR nicht vorgesehen ist, nicht existent, ungefähr so exotisch wie Golfer oder Stierkämpfer.

Albrecht ist Gourmet, ein Feinschmecker.

Wenn Albrecht mit seiner Frau essen geht, was er oft macht, dann gibt es keinen Rotkäppchen-Sekt, dann gibt es Champagner, meist Charles Heidsieck, die Firma hat bereits früh in den Ostblock exportiert. Als Hauptgang gern Rinder-

Essen wie Gott in Frankreich. Nur eben in der DDR.

brecht nur eines, schon als Kind war das so – gutes Essen und gute Getränke.

Man könnte sagen, dass von seiner Veranlagung her kaum jemand verkehrter in der DDR war als Albrecht.

filets, Hummer, Ente, vielleicht sogar mal eine Känguruschwanzsuppe als Vorspeise. Gastronomisch betrachtet, lebt Albrecht 1989 nicht im Sozialismus, nicht mal in Westdeutschland, in diesem Jägerschnitzel-Paradies, er lebt in der Feinkostabteilung eines französischen Supermarktes. Er kommt an alles. Räucherlachs, Avocado, Mokka, Sardinen, ja, natürlich auch Bananen, wenn es sein muss.

Es ist nicht leicht, das alles zu organisieren. Aber da Albrecht durch den Kellnerjob an Valuta rankommt und jemand ist, der gut mit den Leuten kann, kriegt er das seit Jahren hin. Essen wie Gott in Frankreich. Nur eben in der DDR.

Es gab damals Menschen in der DDR, die sich fragten, warum 96 Prozent der Richter und 100 Prozent der Staatsanwälte Parteimitglied sein mussten. Die sich fragten, warum bei einigen Prozessen die Urteile vorher verlesen wurden und es nur noch darum ging, ein strafmilderndes »Geständnis« zu bekommen. Die sich fragten, wie der Kommunismus so degenerieren konnte, dass es Bautzen, Schießbefehl und Mauertote gab.

Albrecht gehörte nicht zu diesen Menschen, die sich solche Fragen gestellt haben. Ihn haben andere Dinge beschäftigt. Crème fraîche, zum Beispiel, war wirklich nicht leicht zu kriegen.

Was für ein schräger Vogel Albrecht ist, was für ein Gourmet, beweist er 1987. Die DDR-Führung beschließt in diesem Jahr Reiseerleichterungen für ihre Bürger, und Albrecht darf für eine Woche zum 65. Geburtstag einer Tante in den Westen fahren. Albrecht steigt in den Zug und fährt nach München. Nicht, um seine Tante zu besuchen, sondern Eckart Witzigmann. Der betreibt dort das Tantris. Albrecht ist vermutlich der erste DDR-Bürger, der im bis dahin einzigen deutschen Drei-Sterne-Lokal essen geht. Anschließend fährt er in den Schwarzwald zu einem Mann, von dem er gehört hat. Harald Wohlfahrt in der Traube Tonbach. Damals noch ein Geheimtipp, heute gilt Wohlfahrt als der beste deutsche Koch. Albrecht gibt sein ganzes Westgeld für Essen und Wein aus. Als er zurück nach Ostberlin fährt, hat er keine Jeans, keine Schokolade, keinen »Fideorekorder« dabei. Sein ganzes Geld hat er bei Witzigmann und Wohlfahrt ausgegeben. Albrecht kann gar nicht beschreiben, wie richtig er diese Entscheidung findet.

Für die Leute da draußen, die gerade vor dem Palast demonstrieren, ist die DDR ein Ort des Mangels, der Entbehrung, ein Toast wird dadurch exotisch, dass er mit einer Scheibe Dosenananas belegt wird. Albrecht hat sich dem immer verweigert. Er ahnt am 7. Oktober noch nicht, dass jemand, der es in der DDR schafft, regelmäßig Champagner zu trinken, es im Westen weit bringen wird. Jedenfalls gastronomisch.

Roland Albrecht, ein freundlicher Mann mit einer kleinen Brille auf der Nase, sitzt 21 Jahre nach dem Abend im Palast der Republik in seinem Restaurant in Berlin-Prenzlauer Berg, dem »Zander« in der Kollwitzstraße. Sein Sohn Sven, der Koch geworden ist, hat Zander mit Blutwurstgraupen gemacht. Es schmeckt phantastisch.

»Ich kann mich noch gut an den Abend erinnern. Die haben, nachdem Gorbatschow weg war, auf die Leute eingeprügelt. Schlimm war das.«

Roland Albrecht hat zum Zander eine Flasche Wein aufgemacht, einen Riesling aus dem Rheingau. Der Winzer ist ein Freund von ihm.

»Nach der Wende habe ich ein Hotel übernommen«, sagt Albrecht. Ein Mann von der Treuhand bot ihm ein Haus am Stadtrand von Berlin an. Ein Tagungshotel in Schmöckwitz, 50 Zimmer, mit der Option, das Haus irgendwann zu kaufen.

»Das Problem war die Küche«, sagt Albrecht.

Da die guten Ost-Köche, die er kannte, gleich nach dem Mauerfall ins Ausland gegangen waren, und er schnell lernte, dass nicht alle im Westen wie Witzigmann kochen, stellte sich Albrecht anfangs selbst in die Küche. So lange, bis die Küche die Qualität lieferte, die er forderte. Der Laden lief so gut, dass die Treuhand beschloss, das Hotel nicht an Albrecht zu verkaufen, sondern an einen japanischen Investor.

Roland Albrecht ist in einer Gastronomenfamilie aufgewachsen. Er kam 1953 in Leißling zur Welt. Sein erstes Bier zapfte er, auf einem Hocker stehend, mit vier. Die Großeltern hatten ein Terrassencafé. Der Vater ging später nach Apolda, unweit von Jena, und übernahm eine HO-Gaststätte. Die Mutter bekam eine zweite.

»Ich habe morgens bei meiner Mutter und abends bei meinem Vater gearbeitet. Schon als Kind. Eigentlich war ich am liebsten in der Küche, aber das Trinkgeld war natürlich als Kellner besser. Also habe ich irgendwann nur noch draußen gearbeitet«, sagt Albrecht, der zwar jahrelang in der Küche gearbeitet, aber nie Koch gelernt hat.

Mittlerweile macht sein Restaurant das Catering für den Bundesrat. Albrechts Vergangenheit wurde mehrmals überprüft. Er war nie IM. Er hatte es sich in der DDR schön gemacht, viel schöner als die meisten anderen, aber er hat niemanden verpfiffen.

Er hatte es sich in der DDR schön gemacht, viel schöner als die meisten anderen, aber er hat niemanden verpfiffen.

In den Palast wurde er gerufen, weil er seine Lehre besonders gut abgeschlossen hatte. In dem Haus sollten Bürger aus der ganzen Republik arbeiten. Albrecht wurde vom Bezirk Erfurt geschickt. Er musste versprechen, dass er nie in den Westen fahren würde – ein Gelöbnis, das er später nicht hielt –, und trat in die Partei ein.

»Die stellten mir eine Neubauwohnung in Aussicht, wenn ich unterschreibe, und ich sagte: Her mit dem Ding. Natürlich hieß es damals, dass man Verdächtiges melden sollte, aber was ist schon verdächtig, wenn man in der Gastronomie arbeitet.«

Albrecht steht auf und entschuldigt sich kurz. Er verschwindet durch eine kleine Tür am Ende des Raumes. Albrechts Restaurant ist nicht sonderlich groß, zehn, zwölf Tische vielleicht. Im Sommer kommen einige auf der Straße dazu. Auf der Karte stehen vor allem deutsche Gerichte, die Wände sind hell gestrichen, die offene Küche lässt sich gut einsehen. Einer dieser Läden, die man nicht gleich als Feinschmeckertempel erkennt. Albrecht ging es immer nur ums Essen.

Als er zurückkommt, hat er eine große Kiste mit DDR-Speisekarten unterm Arm. Darunter Karten von verschiedenen Staatsakten und die Eröffnungskarte des Fernsehturms am Alexanderplatz. Es gab Schildkrötensuppe.

»Nicht an den Köchen, an der Versorgung ist es ja gescheitert«, sagt Albrecht. Im Nachhinein zeigt er sich mit der DDR-Küche versöhnt. Die meisten Küchen hätten nicht besser arbeiten können, denn sie wurden nicht mit vernünftigen Zutaten beliefert.

»Wir mussten also improvisieren. Hast ja die Dinger nirgendwo bekommen, und Krabbencocktail stand groß auf der Karte. Also haben wir uns zusammengesetzt und aus Steinbutt, Mayonnaise und Tomatensuppe etwas zusammengebastelt. Das Lob der Gäste habe ich persönlich an die Küche weitergegeben.«

Die Restaurants in der DDR waren in fünf Kategorien aufgeteilt, mit fünf

»Nicht an den Köchen, an der Versorgung ist es ja gescheitert«, sagt Albrecht.

»Für uns im Palast galt das nicht. Wenn wir Erdbeeren wollten, dann musste die Brigade los und welche pflücken. Der Palast hatte immer Vorrang. Aber für die anderen war es schwer.«

Albrecht erinnert sich, wie sie im Palast mal einen Krabbencocktail gemacht haben – ohne eine einzige Krabbe. Angeblich hatte ein Lehrling eine Kiste Krabben in den Müll geworfen, weil er so etwas noch nie gesehen hatte. Albrecht ist sich nicht sicher, ob es wirklich ein Lehrling war oder nicht vielleicht doch ein Koch.

verschiedenen Preisstufen. Die Preise bestimmte nicht der Markt, sondern die Politik. Jeder sollte es sich leisten können, essen zu gehen. Leider sagte die Politik nicht wie oft. Denn die guten Restaurants waren teilweise über Jahre ausgebucht.

Albrecht hat lange darunter gelitten. Genau genommen tat er das auch noch Jahre nach der Wende. Zusammen mit seiner Frau eröffnete er ein Ausflugsrestaurant in Brandenburg. Er kochte, die Frau servierte.

»Es hat einfach nicht funktioniert. Die Leute im Berliner Umland sind verdorben, was gutes Essen angeht. Für die muss es vor allem viel und billig sein. Diese Mentalität kriegt man nicht aus den Köpfen«, sagt Albrecht. Er nennt dafür zwei Gründe: den Krieg und die DDR.

»Man sollte nicht glauben, dass das vorbei ist. Versuchen Sie mal, einem älteren Herrn Steckrüben anzubieten. Will er nicht, der sagt Ihnen, dass er das nach dem Krieg genug gegessen hat. Da kann ich heute noch so viel Trüffel draufreiben, das interessiert ihn nicht.«

Albrecht glaubt, dass es langsam besser wird. Er schätzt, dass zwei Prozent der Deutschen einen Sinn für gehobene Küche haben. Es werde eben dauern, bis wieder alle in Deutschland Königsberger Klopse nicht mehr aus Schweinefleisch machen, sondern wie er, nach Originalrezept, aus Kalbfleisch.

»Es ist eine Frage der Einstellung. Ich fahre einen Skoda und würde mir nie im Leben einen BMW kaufen. Das muss jeder für sich entscheiden. Ich denke, es wird sich ändern. Die Leute werden erkennen, dass gutes Essen durch nichts zu ersetzen ist. Man muss es nur wollen.«

Roland Albrecht steht auf und holt mehr Wein. In ein paar Tagen wird er nach Düsseldorf fahren und sich mit Winzern treffen. Er überlegt, ein bisschen die Weinkarte zu verändern. Ein paar neue Produkte, ein paar neue Ideen, einfach etwas Abwechslung. Wie einfach das für ihn geworden ist. Er muss nur nach Düsseldorf fahren und kann neuen Wein bestellen. Einfach so. Früher in der DDR wäre das schwieriger gewesen. Aber nicht unmöglich. ■

DAHME-ZANDER MIT BLUTWURSTGRAUPEN

» *Zubereitung Blutwurstgraupen*
Die Hälfte der klein gehackten Schalotten in Olivenöl glasig anschwitzen, mit Weißwein ablöschen, Graupen zugeben und bei kleiner Flamme unter ständigem Rühren circa 15 Minuten köcheln. Flüssigkeitsverlust mit Gemüsebrühe ausgleichen, Blutwurst ohne Pelle am Schluss zugeben, eventuell mit Pfeffer und Salz nachwürzen, bis zur formbaren Konsistenz weiterköcheln.

Zubereitung Sauce
Die Hälfte der klein gehackten Schalotten in Olivenöl anschwitzen, mit Noilly Prat Extra Dry ablöschen, mit Geflügelbrühe und Sahne aufgießen, einköcheln lassen. Mit weißem Pfeffer und Salz abschmecken. Kurz vor dem Servieren mit Handmixer die Oberfläche schaumig schlagen.

Zubereitung Dahme-Zander
Haut zwei- bis dreimal einschneiden, mit Salz und Pfeffer würzen, Pflanzenöl in der Pfanne heiß werden lassen, Filet mit der Hautseite nach unten scharf anbraten, Flamme reduzieren, wenn die Hautseite gebräunt, dann Butter und Kräuter zugeben. Filet wenden, warm stellen. Das Filet muss beim Servieren innen noch etwas glasig sein.

Zubereitung Gemüse
Das Gemüse in etwa gleich große Stücke schneiden, kurz in Olivenöl schwenken, mit einer Prise Zucker, Salz und Pfeffer würzen, bissfest garen. Eventuell mit dem vorhandenen Rest Geflügelbrühe ablöschen.

Auf vorgewärmtem Teller Dahme-Zander, Blutwurstgraupen und Gemüse anrichten, Soße über Fisch und Gemüse geben.

Zutaten | FÜR 1 PERSON

1 Schalotte
30 ml Olivenöl
100 ml Weißwein
30 g grobe Perlgraupen
300 ml Gemüsebrühe
50 g feine Blutwurst ohne sichtbare Bestandteile
50 ml Noilly Prat Extra Dry
100 ml Geflügelbrühe
100 ml Sahne
1 Dahme-Zander-Filet mit Haut, circa 150–180 g
30 ml Pflanzenöl
30 g Butter
je ein Zweig Kräuter (Rosmarin, Thymian, Oregano) bzw. 1 Knoblauchzehe
je ein Gemüse nach Saison und eigenen Vorlieben (z.B. Schluppen, Thai-Spargel, confierte Kirschtomaten, Radieschen, Karotten, Kohlrabi etc.)
weißer Pfeffer, Salz, Zucker

Mit Drei-Sterne-Küche wird man nicht reich, wer das behauptet, der lügt.

JUAN AMADOR
Einer der besten Köche der Welt erzählt, wie er trotzdem zu Geld kommt

Der Mann sieht müde aus. Es ist kurz nach zwei am Nachmittag, er ist noch nicht so lange wach. Seine Jeans ist ausgewaschen und hat vorne ein Loch von der Größe eines Schnitzels. Er trägt ein schwarzes T-Shirt, darüber eine Kapuzenjacke, ist unrasiert. Er sieht aus, als sei gestern zu viel Alkohol im Spiel gewesen. Typ Latino-Schläger, geschwungene, fingerbreite Augenbrauen, Haare, die nur Gel zähmt, anders der Blick, dunkel, ernst, den zähmt nichts.

Juan Amador ist 42 Jahre alt, Koch und hat drei Michelin-Sterne. In Deutschland gibt es nur acht andere Köche, die das von sich sagen können. Unter über 300 000 Köchen sind diese neun die Stars. Auf Fotos sehen acht von ihnen aus, als könnten sie auch eine Bankfiliale leiten oder am Herzen operieren. Tatengestählte Männer, zuversichtlich, weißbekittelt, der Name in verspielter Schrift auf die Brust gestickt, paradelächelnd.

Nur einer lächelt nie. Einer schaut auf den Fotos immer etwas irre: Juan Amador.

Heute in seinem Restaurant, mit dem Frühstückskeifen-Gesicht, nimmt man ihm eher drei Haftstrafen als drei Sterne ab. Er sieht nicht wie der Besitzer des »Amador« in Langen aus, das zum besten Restaurant Deutschlands gewählt wurde. Er sieht nicht aus wie ein Avantgardist, eine Kreativmaschine, die mit Rotationsverdampfern und Thermomixern experimentiert, ein Genie. Dieser Mensch passt nicht in diese Drei-Sterne-Welt, zu Abendessen, die man mit durchgedrücktem Rücken isst. Nicht zu 600-Euro-Rechnungen, die man unterwürfig unterschreibt.

> **Nur einer lächelt nie. Einer schaut auf den Fotos immer etwas irre: Juan Amador.**

Nicht zu befrackten Pinguinen, die Silberhauben heben. Jemanden, der so aussieht und sagt, er sei Koch, den kann man eigentlich nur eines fragen: »Wann war Juan Amador das letzte Mal bei McDonald's?«

Sein Mund formt ein Lächeln.

»Vor zwei Wochen. McDrive. Ich hatte den ganzen Tag nichts gegessen, hatte Termine und hatte Hunger. Ich habe Chicken McNuggets bestellt, nicht gut, aber sie haben in diesem Moment ihren Zweck erfüllt.«

McDonald's oder Burger King?

Er lächelt noch immer.

»Ich mag keine Burger. Ich kann, wenn es sein muss, die McNuggets essen.«

Das Schöne an den Antworten? Es ist keine Verlegenheit in ihnen. Er sei nur selten bei McDonald's. Er weiß, dass das Brot wie Fugenmasse schmeckt und die Buletten, als habe sie der Mitarbeiter des Monats mit den Achseln geformt, aber wenn es nicht anders geht, isst er bei McDonald's, ja klar, warum nicht?

Juan Amador sitzt im ersten Stock seines Restaurants. Das Amador ist in einem alten Fachwerkhaus, das einem Freund gehört. Ein etwas schiefes, unauffälliges Eckgebäude an einer ziemlich befahrenen Straße in Langen. Keine Laufkundschaft. Innen ist es in hellen, freundlichen Tönen gehalten, die Holzbalken sind dunkel gestrichen. Oben im ersten Stock, wo Amador gerade sitzt, ist die Raucherlounge. Ein paar Tische, ein großer Humidor, im Hintergrund die Glaswand, die den Weinkeller abtrennt. Hier liegen Flaschen für über eine Million Euro. Nur spanische und deutsche Weine. Keine Franzosen, was man sich auch erst mal trauen muss, wenn man drei Sterne im Guide Michelin hat.

Unten, im Erdgeschoss, ist der Speisesaal. Platz für 40 Gäste. Auf den Tischen stehen Blumengestecke, die Tischdecken sind ockerfarben. An der Wand ein Regal mit Obstbränden. Das Amador sieht aus wie ein gepflegtes Landgasthaus. Niemand würde sich wundern, wenn die Kellner Schweinemedaillons rausbringen würden.

Amador schenkt etwas Mineralwasser nach und zündet sich eine Zigarette an.

»Ich wollte nie Koch werden, ich

wollte nach der Schule eine Lehre als Restaurantfachmann machen. Die Stelle war aber nicht frei. Mein Onkel hat auf Ibiza gearbeitet. Sonne, Strand, Mädels, gefiel mir. Kochen hat mich damals null interessiert. Null.«

Juan de la Cruz Amador, wie er mit ganzem Namen heißt, ist in Strümpfelbach aufgewachsen, einer kleinen Gemeinde bei Stuttgart. Er ist der Sohn andalusischer Einwanderer. Der Vater ist Ingenieur, die Mutter, eine liebenswerte Frau aus Granada, Hausfrau. Die beiden sind keine typischen Gastarbeiter. Der Vater hat studiert, kommt aus einer reichen Familie, konservatives Großbürgertum, das sich mit der Franco-Diktatur arrangiert hat. Die Mutter entstammt einem Republikaner-Haushalt, demokratisch, tolerant, liberal, aber nicht so tolerant und nicht so demokratisch, dass man die Heirat der Tochter mit einem Rechten geduldet hätte. Amadors Eltern gehen nach Deutschland. Nicht wegen der Armut in Spanien, wegen der Familie. Amador geht auf die Realschule. Er ist einer der wenigen Ausländer in seinem Dorf. Er leidet nicht darunter, sagt er. »Du merkst aber immer, du gehörst nicht dazu.«

Die Mutter wünscht sich, dass er Arzt wird. Als er den Eltern sagt, dass er Koch wird, sind sie, gelinde gesagt, enttäuscht.

»Ich glaub die Geschichte nicht, dass man schon bei Mama in der Küche steht und sich wahnsinnig für die Zubereitung der Bratensauce interessiert. Mit 15 interessierst du dich für Frauen und für Fußball und einen Scheiß für die Küche. Jedes Mal, wenn ich zu Verwandten ins Elsass musste und mir Froschschenkel vorgesetzt wurden, dachte ich, ich will Pommes.«

Das Telefon klingelt. Amador muss unterbrechen. Er fliegt morgen nach Rumänien. In einer alten Villa im Diplomatenviertel Bukarests wird ein Restaurant mit seinem Namen eröffnet. Das »Heritage by Juan Amador«, das teuerste Restaurant des Landes. Investoren bezahlen viel Geld dafür, »Amador« auf die Karte schreiben zu dürfen. Amador hat einen Beratervertrag unterzeichnet. Er schult das Personal, hat einige seiner Leute für die Eröffnung abgestellt, die Inneneinrichtung bestimmt, Gläser, Tischdecken und Geräte ausgesucht und die Karte geschrieben. Morgen früh fliegt er hin und überwacht die Eröffnungsfeier. In ein paar Monaten wird er mit dem Geld eines thailändischen Verlegers und einer Hotelkette Restaurants in Abu Dhabi, Singapur, Bangkok und New York eröffnen. Seit er drei Sterne hat, telefoniert er viel mit dem Ausland. Gerade in Asien wollen die Investoren drei Sterne, sagt Amador. Niemand, der mehrere Millionen investieren will, ruft einen Zwei-Sterne-Koch an.

Amador beendet das Telefonat und schlägt vor, einen kleinen Rundgang durch das Haus zu machen.

Gegenüber der Raucherlounge ist die Patisserie. Peter, ein Schweizer, und Lukas, ein Italiener, arbeiten gerade mit winzigen runden Formen an einem Dessert. Sie tragen schwarze Kochschürzen, stechen kleine Taschen aus einem durchsichtigen Teig aus und reden kaum miteinander. Der Raum hat etwas von einem Operationssaal. Er ist bis zur Decke gekachelt, die silbernen Metallschränke sind poliert, in den Arbeitsflächen kann man sich spiegeln.

Amador macht ein paar Scherze auf Spanisch, auf die Lukas etwas unsicher reagiert. Seinem Gesicht nach zu urteilen hat er gerade keine gute Zeit. »Es ist mein erstes Drei-Sterne-Restaurant, und ich bin noch nicht so lange dabei.« Lukas lernt gerade den Unterschied zwischen zwei und drei Sternen. Man darf einfach keine Fehler mehr machen. Gar keine.

Amador machte seine Ausbildung im Gasthof Lamm in Weinstadt. Keine schlechte Küche, aber auch keine besonders gute. Den Ausschlag gab letztlich, dass der Laden nicht so weit weg von zu Hause war. Amador lernte vor allem eines in der Lehre: Kochen macht erst später Spaß, wenn man es kann. Anfangs geht es nicht um Talent, nicht um Kreativität. Gefragt sind Disziplin, Konzentration, Schnauze halten. Zudem die Bereitschaft, viele Stunden für wenig Geld zu arbeiten. 1000 Mark hat er im dritten Lehrjahr bekommen.

Seine ersten »drei Sterne« aß er bei Alain Ducasse im »Louis XV«, Monte Carlo. 1 200 Mark, ohne passenden Wein. Nur zwei halbe Flaschen, eine weiß, eine rot, damit es nicht peinlich wurde. Mehr konnte er sich nicht leisten. Amador war damals 19, drittes Lehrjahr. Heute steht seine »persönliche Fressliste«, wie er sie nennt, bei 400. Er hat 400 Sterne »gegessen«.

Nach dem Gasthof Lamm geht Amador nach München, später nach Sylt, nach einigen anderen Stationen kocht er im Restaurant »Die Weyberhöfe« bei Aschaffenburg.

Es läuft immer ähnlich. Amador tritt die Stelle an, kurze Zeit später wird er befördert, weil der Chef erkennt, dass da ein unglaubliches Talent am Herd steht. Amador nimmt an Koch-Wettbewerben teil und gewinnt. Plötzlich gehört er zu den »Jungen Wilden«, einer Gruppe, die der Sternekoch Otto Koch ins Leben gerufen hat. Kolja Kleeberg, Stefan Marquard, Holger Stromberg sind unter ihnen. Alle drei sind heute sehr bekannte Köche, aber nur Amador hat drei Sterne.

»Kochen war einfach mein Ding«, sagt er. Er kann nicht sagen warum. Es ist einfach da. Ein Talent, von dem er nicht wusste, dass er es hat. Er hat nie darüber nachgedacht. Amador konnte stundenlang in der Küche stehen, und so gut wie alles, was seine Station verließ, war perfekt. Immer. Jeden Tag.

Anfangs geht es nicht um Talent, nicht um Kreativität. Gefragt sind Disziplin, Konzentration, Schnauze halten.

Mit der Zeit entwickelt sich der Ehrgeiz, den man braucht, um zu einem der Besten zu werden. »Es verändert sich etwas«, sagt Amador, »ich konnte plötzlich im Kopf kochen, ich musste nicht mal in die Küche gehen. Du entwickelst ein Gefühl für das Essen, du weißt, was zusammengeht und was nicht. Und andere sagen dir immer wieder, dass du gut bist.« Irgendwann geht es ihm wie fast allen Köchen, denen man sagt, dass sie Talent haben – sie wollen die verdammten Sterne.

Es gibt Köche, die behaupten, dass sie Sterne nicht brauchen. Den Aufwand, die Abhängigkeit von den Testern, den Druck, immer Leistung zu bringen. Ihr Restaurant funktioniere auch so. Die Wahrheit ist: Die meisten Köche, die das sagen, haben entweder keine Chance auf einen Stern oder sie lügen. Sterne bringen nicht unbedingt mehr Gäste, sie bringen oft nicht mehr Geld, manchmal sogar weniger, weil man in Zutaten und Personal investieren muss, aber sie bringen etwas anderes: Ruhm. Sterne zielen auf die Eitelkeit. Sie ermöglichen, etwas zu vergleichen, das eigentlich nicht vergleichbar ist: Köche. Immer im Herbst, wenn der neue Michelin-Führer erscheint, wissen die Köche – meist Männer, was nicht ganz unwichtig ist, wenn man den ganzen Zirkus verstehen will –, wer letztes Jahr von ihnen zu den Besten gehört hat. Und wer es nicht mehr bringt. Man kann sich mit Leuten messen, die Hunderte von Kilometern weg sind, ein Wettkampf jeden Tag, jeden Abend, und er hört nie auf. Dieses ganze Herumgeteste, es packt sie bei der Ehre. Nur wenige ignorieren die Sterne wirklich, für viele sind sie das Wichtigste im Leben. 2003 erschoss sich in Frankreich Bernard Loiseau mit einem Jagdgewehr, ein Meisterkoch, der Angst davor hatte, einen Stern zu verlieren. Amador sagt, es sei ihm nicht so wichtig, aber ein bisschen mulmig sei ihm schon im September.

Es ist kurz nach fünf. Jakob, der schon zehn Jahre mit ihm kocht, und Edip, ein Deutsch-Türke aus Köln, gehen aus der Küche. Um fünf macht Juan Amador die Saucen. Niemand anderes ist dann in der Küche.

»Die Sauce ist die Seele des Gerichts, das lass ich mir nicht nehmen, die mach ich«, sagt Amador. Da er morgen nicht in seinem Restaurant sein wird, kocht er jetzt für zwei Tage. »Auf dem Teller muss immer etwas von mir sein, selbst wenn ich nicht da bin.«

Es ist eine winzig kleine Küche, acht, neun Quadratmeter vielleicht, gerade genug Platz für drei, höchstens vier Köche. Es ist vermutlich die kleinste Drei-Sterne-Küche der Welt. Rechts steht ein mächtiger Herd, daneben eine Spüle, auf der anderen Seite eine große, dunkle Arbeitsfläche. Amador legt sich ein Geschirrtuch auf die Schultern und beginnt mit der Sauce. Das

Geschirrtuch liegt immer auf der Schulter, wenn er arbeitet. Mittlerweile hat er eine schwarze Kochschürze angezogen.

Welches Restaurant hat ihn am meisten beeindruckt?

»Das war ohne Frage ›elBulli‹«, sagt Amador.

Er machte Mitte der 90er-Jahre mit seiner damaligen Freundin Viktoria Urlaub in Spanien. Vom Restaurant elBulli, benannt nach der Bulldogge »Bulli« der ehemaligen deutschen Besitzer, hatte er gehört. Er war zufällig in der Nähe, rief an und bekam sofort einen Tisch. Der Laden hatte zu der Zeit kaum Gäste. Ein kauziger Typ namens Ferran Adrià hatte die meisten mit durchgeknallten Menüs verschreckt. Es gab Bonbons aus Olivenöl, Gemüse als Gelatine, Speisen, die mit Holzkohle gewürzt wurden. Die Gerichte sahen ungewöhnlich aus, schmeckten aber vertraut. Das Menü war nicht eine klassische Essensfolge, sondern eine Komposition. Alles war auf den Kopf gestellt, aber am Ende doch harmonisch zusammengefügt zu etwas Neuem. Molekularküche sollte man das später nennen.

Amador setzte sich in das Restaurant am Ende der Serpentinenstraße an der Costa Brava, unweit von Rosas, aß 30 Gänge und konnte nicht fassen, was da gerade passierte.

»Ich arbeitete damals in der ›Petersilie‹ in Lüdenscheid und hatte einen Stern. Aber ich stand auf und sagte zu meiner Freundin: ›Ich kann nicht kochen, ich habe keine Ahnung davon.‹« Dieses Abendessen veränderte sein Leben.

Amador fuhr zurück nach Deutschland und beschloss, von vorn anzufangen. Er wollte verstehen, was dieser Adrià da machte. Amador kaufte seine Bücher. Er lernte ein zweites Mal zu kochen.

Vereinfacht kann man sagen, Adrià hat durch bestimmte Kochtechniken aus der Lebensmittelchemie Zutaten so verändert, dass ihr Geschmack zwar gleich bleibt, aber die Form variiert. Lebensmittel ändern bei bestimmten Temperaturen ihre Struktur. Wird im richtigen Moment ein Geliermittel zugeführt, wird eine Jägersauce fest wie ein Schnitzel. Gelingt es dann, das Schnitzel flüssig zu bekommen, hat man ein sehr traditionelles Essen komplett variiert – und es bleibt dennoch ein Schnitzel mit Jägersauce. Experimentiert man lange genug, kann man Parmesan schäumen, Eis aus wirklich allem machen, man kann Geschmäcker kombinieren, wie man möchte. Dekomposition nennt man das. Man braucht Kenntnisse aus der Chemie und Lebensmittelindustrie, Laborgeräte und die Bereitschaft, ziemlich viel Müll zu produzieren.

Amador lernt damals wie ein Besessener die Techniken, er experimentiert mit Stickstoff, mit Garzeiten, mit Eisspray. Amador experimentiert noch immer. Er hat nie damit aufgehört. Mit dem Technologie-Transfer-Zentrum Bremerhaven arbeitet er unter anderem an einem Algenwirkstoff, mit dem sich der Schaum von Roter Beete und Meerrettich 35 Minuten lang stabil verbinden lässt. Amador probiert die Zubereitung eines bestimmten Fleischstücks so lange aus, bis er weiß, dass es 78 Minuten bei 68 Grad vakuumgegart werden muss. Nicht 79 Minuten und nicht bei 67 Grad.

Er merkte jedoch bald, dass man die Möglichkeiten der Molekularküche kontrollieren muss. Nicht alles, was machbar ist, sollte man machen. Sein Talent half ihm, daraus gutes Essen zu machen. Denn dass eine kleine Praline nach Currywurst schmeckt, ist zwar ein netter Effekt, aber Effekte verlieren an Wirkung, wenn man sie wiederholt. Ein Kritiker schrieb über Amador, dass der Unterschied zwischen ihm und den spanischen Molekularköchen sei, dass es »bei Amador schmeckt«. Seine Küche ist baskisch und katalanisch beeinflusst, experimentierfreudig, aber die Basis bleibt die klassische französische Küche.

Die Sauce ist fertig. Er hat sie mit einem einfachen Löffel an seinem Herd gekocht. Er sieht aus wie ein ganz normaler Koch bei der Arbeit. Kein Stickstoff, keine Digitalwaage, ein Mann beim Kochen. Er mischt Fonds, kocht Milch auf, gießt Flüssigkeiten ab, alles nach Gefühl, am Ende kippt er eine dunkle, gut duftende Sauce in einen Metallbehälter.

Es kommen heute nicht viele Gäste. Amador hat einige Tische umstellen lassen. Derzeit ist in seinem Restaurant nur Platz für etwa 20 Leute.

»Mit Drei-Sterne-Küche wird man nicht reich.«

»Ein Teil unserer Mannschaft ist in Bukarest, da macht es keinen Sinn, wenn wir voll bestuhlen. Wir verdienen ja ohnehin kein Geld mit dem Kochen, dann können wir auch auf ein paar Tische verzichten.«

Ein Abendessen bei Amador kostet 209 Euro. Er sagt, dass damit die Materialkosten gedeckt sind, kaum mehr. Er arbeitet oft mit Schinken von Joselito, einem sehr bekannten Lieferanten aus Spanien. 1 500 Euro das Kilo. Er kauft regelmäßig Rindfleisch, das 400 Euro das Kilo kostet. Sein Olivenöl produziert ein Professor in Spanien, 40 Euro der Liter. Die eine Million Euro im Weinkeller binden Kapital und bringen keine Zinsen. Geld verdient Amador nur mit seinem Image. Früher, da hatte er noch zwei Sterne, kochte er für die erste Klasse der Lufthansa. Er wurde zum Showkochen von Küchenherstellern eingeladen oder ins Ausland zu Veranstaltungen, bei denen so viel bezahlt wird, »dass es fast peinlich« ist. Seit er drei Sterne hat, ist alles noch größer geworden.

»Mit Drei-Sterne-Küche wird niemand reich, wer das behauptet, der lügt«, sagt Amador. Man wird es aber mit den Möglichkeiten, die einem die drei Sterne bieten. Sein Kollege Alain Ducasse, ebenfalls drei Sterne, hat 22 Restaurants und wird von *Forbes* auf ein Jahreseinkommen von über fünf Millionen Euro geschätzt. Dieter Müller und Sven Elverfeld, je drei Sterne, machen Werbung für Lidl, wo die Flasche Bordeaux im Angebot 2,09 Euro kostet.

Amador hat gerade eine AG gegründet. Er möchte darin alle seine Aktivitäten bündeln: eine gastronomische Beratungsfirma, die Investoren aus Fernost und den USA, den Internet-Laden mit seinen Produkten, die Vermarktung der Marke »Amador«. Es gibt Teller, die er mit entworfen hat, ein Mineralwasser, der riesige Geländewagen vor der Tür wird von Mercedes-Benz gesponsert.

»Geld ist nur zu machen, wenn man diversifiziert«, sagt Amador. Wenn man nicht mehr Essen, sondern einen Namen verkauft. Gerade arbeitet er an einem Franchise-Konzept für eine Tapas-Bar. Die Idee ist, dass man mit viel Geld zu Amador kommt und dafür eine Liste erhält, in der genau steht, wie das Lokal auszusehen hat, wie die Gerichte zu kochen sind, wie die Köche zu arbeiten haben. Der Investor darf mit Amadors Drei-Sterne-Namen werben. Natürlich wird das Essen in einer Amador-Tapas-Bar nicht so gut sein wie in seinem Restaurant. Darum geht es nicht. Es geht um die Aura der drei Sterne. Es herrscht ein seltsames Prinzip in dieser Welt: Man muss erst sehr gut kochen, um dann mit schlechtem Essen reich zu werden.

Amador nimmt das Küchentuch von der Schulter – er muss noch etwas Papierkram erledigen, bevor er morgen nach Bukarest fliegt. Edip, sein Koch, kommt rein und holt die Behälter mit den Saucen. Er trägt sie vorsichtig weg.

»Gerade ist mein guter Freund Santi Santamaria gestorben«, sagt Amador, der noch eine letzte Runde in seinem Restaurant dreht. »Santi war einer der besten Köche Spaniens. Mit 55 ist er tot am Herd umgefallen, in seinem Restaurant in Singapur, das will ich nicht.«

Amador hat früher 15, 16 Stunden am Herd gestanden. Es hat ihm Spaß gemacht, vor allem hat es ihm Spaß gemacht, davon zu erzählen. Viele Köche reden gern von ihren unglaublichen Schichten. Den 200, 300 Essen, die sie pro Abend rausgehauen haben. Die Geschichten klingen wie Abenteuerromane, in denen von abgeschnittenen Daumen, bösen Brandblasen und stumpfdummen Kellnern die Rede ist. Männer, die jeden Abend durch die Hölle gehen. Amador sieht aus wie einer dieser Männer.

Der Unterschied zwischen ihnen und Amador ist, er ist erwachsen geworden. Und er hat Talent. Er gehört zu den besten Köchen der Welt, obwohl er nie Koch werden wollte. Er hat alles erreicht. Er hat drei Sterne. Mehr gibt es nicht.

»Das ist ein schöner Beruf, wirklich«, sagt Amador, »aber irgendwann, irgendwann will jeder raus aus der Scheißküche.« ∎

KAISERGRANAT »NATUREL«
Granny Smith, Gänseleber, Ziegenkäse & Apfelkernöl von Gegenbauer

» **Vorbereitung Kaisergranat**
Den Kaisergranat ausbrechen (vom Panzer befreien) und grob klein schneiden.

Vorbereitung Apfelreduktion
Den frisch gepressten Apfelsaft, Sauternes und Apfelessig auf 100 ml reduzieren, das Apfelkernöl und Mandelöl zugeben, leicht mit Pfeilwurzelstärke abbinden und mit Salz und Tabasco abschmecken.

Vorbereitung Apfelvinaigrette
Den Sauternes und Apfelessig auf 50 ml reduzieren und das grüne Apfelpüree zugeben.

Mit Pfeilwurzelstärke wiederum leicht binden, etwas Chlorophyll hinzufügen und mit Salz und Tabasco abschmecken.

Am Ende das Apfelkernöl zugeben und zu einer Vinaigrette verrühren.

Vorbereitung Apfelgelee
Die Gelatine in kaltem Wasser einweichen, das Apfelpüree in den Thermomixer geben und auf 80°C erhitzen.

Das Agar-Agar mit dem Apfelsaft und der Apfelreduktion aufkochen und zum Püree in den Mixer geben. Die eingeweichte Gelatine und das Chlorophyll zugeben und nochmals richtig mixen.

Die Masse passieren und circa 3 mm hoch auf ein Blech gießen und im Kühlschrank 24 Stunden auskühlen lassen.

Zutaten | FÜR 4 PERSONEN

4 Stck. Kaisergranat à 300 g
2 Stck. Tiefkühl-Gänsestopfleberscheiben à 70 g von Rougié
Micro Blutampfer
Ziegenfrischkäse (Quesera Montesinos Capricho de Cabra)
Maldon Sea Salt
Tasmanischer Pfeffer
Apfelkernöl von Gegenbauer
Getrocknete Schweinerinde
Essig, Olivenöl, Salz und Zucker

Apfelreduktion
400 ml Apfelsaft (frisch gepresst vom Granny Smith)
100 ml Sauternes (Süßwein)
50 ml Apfelessig
50 ml Mandelöl
50 ml Apfelkernöl von Gegenbauer
Pfeilwurzelstärke, Salz und Tabasco

Apfelvinaigrette
100 g grünes Apfelpüree
100 ml Sauternes
50 ml Apfelessig
50 ml Apfelkernöl
Pfeilwurzelstärke, Salz, Tabasco und Chlorophyll

Apfelgelee
400 g grünes Apfelpüree (Granny Smith)
100 ml Apfelreduktion
100 ml Apfelsaft
8 g Agar-Agar
3 Blatt Gelatine und Chlorophyll
Apfelessig von Gegenbauer

Apfelluft
1 l Apfel-Direktsaft
100 ml Läuterzucker
100 ml Sauternes
50 ml Apfel-Balsamessig (Gegenbauer)
100 ml Apfelessig (Gegenbauer)
18 g Soja-Lecithin
8 g Sucro
Salz, Tabasco

Vorbereitung Apfelluft
Den Apfelsaft mit den restlichen Zutaten vermischen und kurz vor dem Servieren mit einem Stabmixer zu einer Luft aufmixen.

Zubereitung Kaisergranat
Das Apfelgelee mithilfe eines runden Ausstechers ausstechen und den Rest des Gelees zu einer glatten Creme mixen.

Das Kaisergranattatar mit Salz und der Apfelreduktion marinieren und in einem Ring auf dem Apfelgelee anrichten.

Den Ziegenfrischkäse zerbröseln und die Schweinerinde in heißem Fett kurz frittieren.

Die Gänsestopfleber einzeln vakuumieren und in einem Wasserbad bei 70°C 18 Minuten garen.

Die ausgekühlte Stopfleber in 1,5 cm große Würfel schneiden und mit einem Bunsenbrenner abflämmen. Die Apfelluft mit einem Stabmixer aufmixen.

Anrichten
Das Tatar in der Mitte eines runden Tellers platzieren. Mit Maldon Sea Salt, Tasmanischem Pfeffer und dem Apfelkernöl würzen. Mithilfe eines Spritzbeutels fünf Punkte des zerschlagenen Apfelgelees auf dem Tatar anrichten, jeweils 2 Gänsestopfleberwürfel und 4 Stücke des Ziegenfrischkäses darauf verteilen und etwas der frittierten Schweineschwarte darauf streuen.

Den mit Essig, Olivenöl, Salz und Zucker marinierten Micro Blutampfer dekorativ verteilen und einen Löffel der »Apfelluft« hinter das Tatar setzen.

Zum Schluss noch die Apfelvinaigrette um das Tatar geben.

Natürlich werde ich für meinen Traum mein Leben riskieren.

EMMANUEL JOHN

Der Koch aus Nigeria, der seit fünf Jahren in Marokko darauf wartet, seinen Lebenstraum zu erfüllen – Koch bei McDonald's

Das ist die letzte Geschichte in diesem Buch. Es wird kein Nachwort geben, kein Resümee, keine Schlusssammlung netter Anekdoten, keinen Versuch der Rechtfertigung. Das sind unsere Teufelsköche. Wir hätten andere nehmen können, bekanntere, professionellere, weniger tragische. Grandiose Köche wie Paul Bocuse, Ferran Adrià, Alain Ducasse, René Redzepi. Sie sind Fanatiker der Küche, jeder für sich eine Legende. Aber wenn wir uns zwischen Faith Muthoni und Paul Bocuse, dem besten Koch aller Zeiten, entscheiden müssten, dann gewinnt für uns die Köchin auf der Mülldeponie in Nairobi. Wer ihre Geschichte gelesen hat, versteht warum.

Genau genommen spielt auch keine dieser Geschichten wirklich in der Küche. Nicht eine beschäftigt sich mit dem Stress, den eine Kochmannschaft aushalten muss, die 400 Essen am Abend zubereiten muss. Nicht eine erzählt von tyrannischen Küchenchefs, die die Commis (Hilfsköche) zusammenbrüllen, weil sie den Unterschied zwischen *brunoise*, *chiffonade* und *julienne* nicht kennen (Arten, Gemüse zu schneiden). Nicht eine beschreibt Pâtissiers (Nachspeisenköche), die im Kühlhaus verrückten Sex zwischen abgehängten Black-Angus-Steaks aus Nebraska haben. Nicht

Es ging damals nicht um Köche. Es ging darum, was Menschen tun, um in Würde zu leben.

eine Geschichte handelt von der Hitze, die ein Rôtisseur (Grillkoch) ertragen muss. Es gibt diese Bücher schon, jedes Jahr werden es mehr.

Otonde, Ottavia, Faith, Juan, Vincent und all die anderen, das ist unsere

Sammlung. Andere interessieren uns nicht. Mirco und ich haben die Erfahrung gemacht, dass es nicht die schlechtesten Restaurants sind, in denen es kaum Auswahl gibt.

Die letzte Geschichte ist die von Emmanuel John. Um ehrlich zu sein, weiß ich nicht, wo er gerade ist. Ich weiß nicht mal, ob das sein richtiger Name ist. Es ist der Name, den er mir gesagt hat. Ich weiß nicht, ob er noch lebt. Manchmal zweifle ich daran, aber ich kann es beim besten Willen nicht sagen. Ich hoffe es sehr.

Mirco und ich haben Emmanuel vor drei Jahren getroffen, bevor es die Idee zu diesem Buch gab. Es ging damals nicht um Köche. Es ging darum, was Menschen tun, um in Würde zu leben. Was sie auf sich nehmen, um eine Zukunft für sich und ihre Kinder zu finden.

Ich habe mich für Emmanuels Geschichte entschieden, obwohl es vordergründig kaum ums Kochen geht. Aber ich wollte diese Geschichte unbedingt schreiben. Nicht als Reportage, als gebaute Geschichte, sondern als persönlichen Erfahrungsbericht, als subjektive Beschreibung eines Erlebnisses, das uns beide, Mirco und mich, noch lange beschäftigt hat.

Ich bin seit über zehn Jahren Journalist, und dass ich Wochen nach einer Recherche mitten in der Nacht aufschrecke, weil ich an einen Protagonisten denke, dass ich noch monatelang Albträume wegen einer Geschichte habe, ist mir vor dem Treffen mit Emmanuel und den Leuten, die ihn umgeben, noch nie passiert.

Emmanuel ist ein Koch aus Nigeria, sein größter Traum ist es, irgendwann in Europa in einer Küche zu arbeiten. Am liebsten, und ich weiß noch, dass ich drei Mal nachgefragt habe, weil ich seine Antwort nicht glauben konnte, am liebsten bei McDonald's.

Das ist sein Lebenstraum: McDonald's. Und er lässt keinen Zweifel: »Natürlich werde ich für meinen Traum mein Leben riskieren.«

Ich habe oft an Emmanuel gedacht und konnte nicht glauben, dass es Menschen mit so kleinen und zugleich so unerreichbaren Träumen gibt. Sie wissen nicht, dass eines der erfolgreichsten Restaurants der Welt gerade deshalb so erfolgreich ist, weil es keine Köche braucht. Emmanuel hatte noch nie ein McDonald's gesehen. Er kannte es nur aus Hollywood-Filmen.

Ich war für das Nachrichtenmagazin *Der Spiegel* unterwegs. Mein Auftraggeber hatte mich nach Almería, eine Küstenstadt in Südspanien, geschickt. Ich sollte eine dieser Flüchtlingsüberfahrten über das Mittelmeer rekonstruieren. Eine Meldung war damals um die Welt gegangen.

Ein Schlauchboot war von einer Seepatrouille der Guardia Civil im Mittelmeer aufgebracht worden.

Die Menschen hatten eine der schlimmsten Überfahrten hinter sich, die es je auf dem Mittelmeer gegeben hat. 48 Afrikaner waren nach Europa aufgebrochen, 15 Menschen waren während der Überfahrt gestorben, darunter acht Kinder. Sie trieben verloren im Meer. Die Flüchtlinge an Bord sahen aus wie Zombies, waren dehydriert, ihre Haut von der Sonne verbrannt. Die medizinischen Berichte lasen sich wie die von Brandopfern. Der spanische Ministerpräsident José Luis Rodriguez Zapatero sagte, als er die Nachrichtenbilder sah: »Es ist fast nicht auszuhalten, es ist ein schreckliches Drama.«

Meine Aufgabe war es, alles über diese Menschen herauszufinden. Wer war auf diesem Boot? Wer genau war gestorben? Was war ihre Geschichte? Wo kamen sie her? Wie behandelte sie Europa?

Ich flog nach Spanien und merkte, dass die einfachste zu beantwortende Frage die letzte war. Wie ging Europa mit ihnen um?

Die Geretteten wurden in Spanien wie Gefangene behandelt. Sie alle waren ohne Papiere nach Europa eingereist. Die spanischen Gesetze sehen in diesem Fall vor, dass Frauen und Männer getrennt werden. Die Männer wurden in ein Gefängnis nach Algeciras gebracht, unweit von Gibraltar. Für die Frauen war das Rote Kreuz zuständig. Einige von ihnen kamen erst zur Beobachtung in ein Krankenhaus im Norden Almerías, später brachte man sie zusammen mit den anderen in ein Frauenhaus in dem Städtchen Puente Genil in der Provinz Córdoba. Anders als die Männer waren die Frauen dort nicht eingesperrt. Aber die Fenster des Hauses waren vergittert, der Eingang wurde bewacht, sie durften keinen Besuch empfangen und ohne Aufpasser durften sie das Gebäude nicht verlassen.

Für alle, Männer und Frauen, galt damals wie heute, dass sie Spanien nach 40 Tagen wieder verlassen mussten. Obwohl ich wusste, wo sie waren, war es am Anfang unmöglich, mit diesen Flüchtlingen zu sprechen. Meine Anfragen bei den Behörden wurden nicht mal beantwortet.

Ich hörte mich bei der Polizei um, lungerte auf dem Hafengelände herum, sprach mit Hilfsorganisationen und lernte irgendwann eine junge Frau vom Roten Kreuz kennen. Sie war Marokkanerin, lebte ebenfalls ohne gültige Papiere in Spanien und arbeitete seit über einem Jahr beim Roten Kreuz. Sie hatte die perfekte Tarnung für eine illegale Einwanderin in Spanien gefunden. Kein Polizist würde eine Sanitäterin nach ihren Aufenthaltspapieren fragen. Alima zog diese Uniform nur selten aus, nicht mal wenn sie in das Restaurant ging, in dem sie als Spülerin arbeitete.

Wenn man es genau nimmt, nutzte ich ihre Situation aus. Ich bat den *Spiegel* um 500 Euro, um sie Alima zu geben. Ein Vermögen für sie. Alima sollte den Leiter des Büros des Roten Kreuzes in Almería bitten, sie als Begleiterin auf den täglichen Transporten in das Frauenhaus nach Puente Genil einzusetzen. Es kommen jeden Tag Flüchtlinge an den Küsten Almerías an. Kaum greift die Guardia Civil sie auf, läuft eine Routine an. Direkt am Hafen ist ein kleines Auffanglager. Dort werden die Flüchtlinge versorgt, später erfasst und abtransportiert. Genau in diese Routine sollte sich Alima einklinken.

Es war nicht sehr schwer. Die langen Frauenfahrten mit dem Roten-Kreuz-Transporter nach Puente Genil sind nicht sonderlich beliebt unter den Sanitätern. Mehrere Stunden im Auto mit Frauen, die verängstigt sind, die kaum sprechen, niemand hat Lust auf den Job.

Der Plan funktionierte. Alima, eine kluge, bescheidene Frau, die in Casablanca geboren wurde, fand ohne Schwierigkeiten die Frauen, die ich suchte.

Ich hatte mich auf die Reise vorbereitet, hatte einige Berichte über die Lage in Afrika gelesen. Wir haben das alle schon hundert Mal gehört.

Fast eine Milliarde Menschen leben in Afrika. Über 17 Millionen Afrikaner haben ihre Heimat verlassen. Von den 41 Staaten, die der Internationale Währungsfonds als »hochverschuldete arme Länder« bezeichnet, sind 33 afrikanisch. Die durchschnittliche Lebenserwartung in den Ländern südlich der Sahara beträgt 50 Jahre. In Sierra Leone sterben 282 von 1000 Kindern, bevor sie fünf Jahre alt werden. In Swasiland ist ein Drittel der 15- bis 49-Jährigen HIV-infiziert. Über zwei Drittel der Menschen in Nigeria, dem Land, aus dem Emmanuel kommt, leben von weniger als einem Dollar am Tag.

Alima bat die Leitung des Frauenhauses, einen Spaziergang mit den Frauen machen zu dürfen. Es gab keine Einwände. Die Frauen würden nicht weglaufen, sie hatten gerade die schlimmste Reise ihres Lebens hinter sich. Sie würden nie wieder fliehen. Wohin auch?

Ich traf mich mit einigen von ihnen und merkte schnell, dass ich hier nicht weit kommen würde. Diese Frauen hatte die Überfahrt völlig verstört. Ihnen fiel es unendlich schwer, mit mir zu reden. Sie versuchten es, schilderten Details, Erinnerungsfetzen, aber es war eine Qual. Sie hatten das alles bereits erzählt. Der spanischen Polizei, ihren Männern, die noch auf der anderen Seite, in Marokko, waren. Ich musste einen anderen Weg finden. Alle Flüchtlinge, die sich durch Afrika Richtung Europa kämpfen, haben ein Handy. Die meisten haben zwar kein Guthaben auf ihrer Karte, weil sie kein Geld haben, aber sie haben eine Nummer, unter der man sie erreichen kann. Wer eine Nummer hat, existiert. Man kann ihn irgendwie auftreiben, er ist nicht verloren.

Ich bat eine der Frauen, mir die Nummer von jemandem zu geben, der noch auf der anderen Seite war, ein Ehemann, ein Freund, jemand, dem sie vertrauten. Eine der Frauen gab mir die Nummer eines Mannes. Er hieß Emmanuel John. Mit ihm müsse man sprechen, um ihre Situation zu verstehen.

Ich rief Mirco an und bat ihn, nach Spanien zu fliegen. Wir kannten uns schon seit einigen Jahren. Der *Stern* hatte uns mal gemeinsam auf eine Recherche nach Bahrain geschickt.

Mirco ist der beste Fotograf, mit dem ich jemals zusammengearbeitet habe. Die Fotos in diesem Buch sprechen für sich, über seine Arbeit muss ich nichts sagen. Für einige dieser Aufnahmen hatte er nur wenige Minuten Zeit. Es fällt mir als Spanier nicht leicht, das zu sagen, aber dieser Halbitaliener ist ein verfluchtes Genie.

Mirco ist einer der wenigen Fotografen, die sich meine völlig unstrukturierten, stundenlangen Gespräche mit den Protagonisten meiner Geschichten antun. Er hört mindestens so konzentriert zu wie ich. Gerne würde ich sagen, dass diese Gespräche, denn man kann sie beim besten Willen nicht Interviews nennen, dass diese Gespräche nur wirr wirken, dass ich ein klares Ziel verfolge, das große Ganze im Auge habe. Ich habe gar nichts im Auge. Die Gespräche sind so wirr, wie sie klingen. Ich weiß anfangs nie, wo ich hinwill, und wenn ich nicht nach den Treffen mit Mirco darüber sprechen würde, dann wüsste ich es oft auch nicht am Ende. Mirco sitzt bei den Unterhaltungen immer dabei und hört zu. Er will wissen, was für ein Mensch uns da gegenübersitzt. Ich brauche dieses Wissen für die Texte, Mirco für die Fotos. Ich arbeite sehr gern mit ihm, er macht meine Texte besser.

Ich holte Mirco am Flughafen von Almería ab, und wir fuhren nach Málaga. Von da geht ein Schnellboot nach Melilla, eine kleine, trostlose spanische Enklave auf nordafrikanischem Boden. Das Boot braucht etwa zwei Stunden für die Überfahrt. Es ist klimatisiert, es gibt eine kleine Bar, die überteuerten Kaffee verkauft, die Scheiben sind etwas getönt, was wohl die Augen vor der Mittelmeersonne schützen soll. Ich musste die ganze Zeit an die Überfahrt denken, die ich recherchieren sollte. 48 Menschen waren vor ein paar Tagen in ein fünf Meter langes Schlauchboot gestiegen, um exakt den gleichen Weg wie wir zurückzulegen. Nur 33 der 48 erreichten Spanien.

Emmanuel ging sofort ans Telefon, als ich ihn von Marokko aus anrief. Er hatte eine freundliche, ruhige

Stimme und sprach exzellentes Englisch. Er hatte es in Laos, Nigeria, gelernt, wo er geboren wurde. Natürlich sei er bereit, mit mir zu sprechen, sagte er. Er sei in Oujda, in einem Flüchtlingscamp unweit der algerischen Grenze. Es liegt etwa drei Stunden von Melilla.

Mirco und ich machten uns auf den Weg. Wir feilschten eine halbe Ewigkeit mit einem marokkanischen Taxifahrer, der uns schließlich in einem alten Mercedes an die algerische Grenze fuhr.

Emmanuel wartete bereits an einer großen Straßenkreuzung im Norden der Stadt auf uns. Ein kräftiger Mann mit festem Händedruck und warmen Augen. Er trug ein ausgewaschenes Polohemd mit breiten Streifen. Er hatte seinen Freund mitgebracht, Felix Okunorobo. Ich hatte mit seiner Frau Blessing im Frauenhaus in Córdoba gesprochen. Sie hatte mir einiges von ihrer Überfahrt erzählt, und ich wollte von Felix und von Emmanuel wissen, was es sonst noch zu wissen gab.

»Wir können nicht lange bleiben, wir müssen zurück ins Camp«, sagte Emmanuel. Es war kurz nach zwölf, August, die Hitze in der Stadt war nicht zum Aushalten. Emmanuel erzählte uns, dass wenn die marokkanischen Polizisten einen schwarzen Flüchtling schnappten, sie in Richtung Wüste fuhren und ihn dort absetzten. Im Niemandsland zwischen Algerien und Marokko, einen Tagesmarsch von Oujda entfernt. Emmanuel wurde schon drei Mal festgenommen. Drei Mal war er zurückmarschiert.

»Wollt ihr mit ins Camp kommen?«, fragte Emmanuel. Dort könne man in Ruhe reden.

Wir liefen mit den Männern Richtung Norden. Emmanuel hatte uns gleich gewarnt, dass es ein langer Spaziergang werden würde. Wir liefen eine gute Dreiviertelstunde, immer weiter aus der Stadt hinaus, vorbei an einigen heruntergekommenen Häusern, an einer Müllhalde, bis zu einer kleinen Anhöhe, hinter der ein kleiner Wald begann. Das Camp in Oujda war nicht wie eines dieser Flüchtlingscamps aus dem Fernsehen. Es gab keine Zelte mit Ärzten oder Versorgungsstellen mit Essensausgaben. Im Grunde war es nur ein Stück Wald, in dem Menschen lebten, umgeben von einer trockenen Landschaft aus

Zwergpalmen, Ölbäumen und Espartogras. Unter den Bäumen waren vereinzelt ein paar einfache Verschläge aus zusammengebundenen Ästen, manche von ihnen mit Decken oder Planen überdeckt. Diese Menschen lebten wie Tiere.
Es waren nur ein paar Hundert Afrikaner in dem Camp, die algerische Grenze war nur wenige Kilometer entfernt. Menschen aus Benin, Kamerun, Gambia, Gabun, Mali, Nigeria. Sie alle lebten in den Zelten, jedes Land, jeder Stamm für sich. Es war Sommer, die Zeit der Überfahrten, viele waren auf dem Weg zu den Abfahrtspunkten in Nador der Schweiß auf der Stirn. Es war unglaublich heiß. Es gab hier weder Strom für einen Kühlschrank noch Wasser. Wenn Emmanuel etwas trinken wollte, musste er eine Dreiviertelstunde nach Oujda marschieren. Dort konnte er etwas in einem Geschäft kaufen. Oder er ging in ein kleines Café am Stadtrand, dessen Besitzer die Flüchtlinge die Toilette benutzen lässt. Emmanuel ging immer zur Mittagszeit in die Stadt, wenn die Hitze am schlimmsten war. Bei über 45 Grad im Schatten verlassen die marokkanischen Polizisten nur ungern die Wache.

> **»Ich warte seit fünf Jahren auf die Überfahrt, seit fünf Jahren warte ich auf meine Chance«, sagte Emmanuel.**

oder Al Hoceima. Der aktuelle Preis lag damals bei 1250 Euro. Er hat sich mittlerweile erhöht.
»Ich warte seit fünf Jahren auf die Überfahrt, seit fünf Jahren warte ich auf meine Chance«, sagte Emmanuel. Er und Felix setzten sich auf eine große Matte vor seiner Hütte. Den beiden Männern stand

»Ich bin in Nigeria geboren«, sagte Emmanuel. 34 Jahre alt, der älteste von fünf Brüdern. Ein sehr gläubiger Christ.
Emmanuel machte eine Bewegung mit der Hand und zeigte auf eine kleine, frei stehende Fläche zwischen einigen Bäumen. Sie hatten vier große Steine aufgestellt, sie

markierten die Ecken ihrer Kirche. Eine Kirche ohne Dach, ohne Wände. Das Rechteck zwischen den Steinen hatten sie gesäubert, es lag nur noch etwas Kies auf dem trockenen Boden. Es war der sauberste Ort im ganzen Wald, überall sonst lag Abfall. Jeden Sonntag hielt Emmanuel hier die Messe. Er wünsche sich manchmal einen richtigen Priester, sagte Emmanuel, aber es gehe auch so.

Als Emmanuel beschloss, nach Europa zu gehen, arbeitete er bereits seit einigen Jahren in einem einfachen Restaurant in der Küche. Es gehörte seinem Onkel. Er wurde nicht regelmäßig bezahlt, er durfte durch, hieß es, sie wurden von Schleppern ermordet, von Mitreisenden ausgeraubt, ertranken bei der Überfahrt. Einige Familien schickten deshalb zwei. Wenn es einer nach Europa schaffte und Arbeit fand, konnte er Geld schicken, ein Haus kaufen, ein Geschäft eröffnen. Die ganze Familie konnte davon profitieren.

Emmanuels Vater sprach mit einigen Verwandten. Alle wollten sich an dem Geschäft beteiligen, denn genau das war es. Rund 250 Euro kamen zusammen. Sobald er es bis nach Europa geschafft hatte, würde er alles zurückzahlen, mit Zinsen.

Er wollte das, was die meisten seiner Freunde wollten, nach Europa.

aber umsonst essen. Irgendwann ging Emmanuel zu seinem Vater und bat ihn um Geld. Er wollte das, was die meisten seiner Freunde wollten, nach Europa.

Seine Mutter war dagegen, aber dem Vater gefiel die Idee. Viele Familien hatten ihre Kinder nach Europa geschickt. Nicht alle kamen

»Fünf Jahre ist das jetzt her, und ich stecke hier fest. Ich kann nicht zurück. Ich kann erst zurück, wenn ich genug Geld verdient habe«, sagte Emmanuel.

Der Beginn der Reise war einfach. Emmanuel stieg in Lagos in den Bus und fuhr in mehreren Tagen bis in die Wüstenstadt Gao im trockenen Nordosten Malis. Als Nigerianer brauchte er kein Visum für Mali, die Menschen dort waren genauso arm wie er.

Anschließend wurde er von Schleppern nach Tamanrasset in Algerien gebracht. Genauer gesagt, er wurde 100 Kilometer vor der Stadt ausgesetzt, mitten in der südlichen Sahara. Die Männer mit den Jeeps wollten nicht riskieren, von der algerischen Polizei entdeckt zu werden. Sie fuhren auf Sandpisten, die in keiner Karte verzeichnet sind. Ein Auto, 25 Flüchtlinge. In der Sahara schlief Emmanuel tagsüber unter Büschen oder in Felsspalten, nachts lief er. Er brauchte drei Wochen bis nach Marokko. Dort hieß es dann, die Überfahrt koste nicht 150 Euro, sondern über 1000. Seitdem steckt er fest.

Seinem Freund Felix ging es genauso. Auch er war schon fünf Jahre hier. Felix war 34 Jahre, seine Haare wurden langsam grau. Er trug ein polnisches Nationaltrikot mit der Rückennummer Elf. Es war das Trikot von Emmanuel Olisadebe, einem Nigerianer, den Polen einbürgerte und zum Nationalstürmer machte. Felix war stolz auf dieses Trikot, es stand für seine Hoffnung, sagte er.

Ein junger Mann mit unzähmbaren Locken, der sich zu Felix und Emmanuel auf die Matte gesetzt und die ganze Zeit über nichts gesagt hatte, stand plötzlich auf und ging in sein Zelt. Er holte die Bibel, um aus dem Alten Testament zu lesen. Die Lieblingsgeschichte aller Flüchtlinge im Camp.

»Als die Kinder Israels in Ägypten starben, führte Moses seine Leute in das gelobte Land Israel.«

Mirco, der sich bis dahin sehr zurückgehalten hatte, sagte zu dem jungen Mann: »Ja, aber Gott musste dafür das Meer teilen.«

Der Mann schaute überrascht: »*It could happen again*«, antwortete er. Es könne wieder passieren.

Ich saß bei Emmanuel und Felix und versuchte, mit ihnen über das Unglück auf dem Meer zu sprechen. Es dauerte ein wenig, bis ich alle Puzzleteile zusammenhatte. Ich hatte mit der spanischen Polizei gesprochen, mit dem Kapitän der Jacht, die das treibende Schlauchboot auf dem Meer gefunden hatte, mit den Frauen in Córdoba, nun mit Emmanuel. Er war so eine Art Anführer. Auf ihn hörten sie. Er hielt sie alle mit seiner Art, seinem Glauben, zusammen. Er war der Priester, den sie nicht hatten, er kochte für seine Leute. Ihm vertrauten sie.

Eine der Frauen, die ich in Córdoba getroffen hatte, hieß Rosely. Sie war 23 Jahre alt und auf einer Farm in Nigeria aufgewachsen. Sie war für eine Weile Emmanuels Freundin. Roselys Sohn, sein Name war Kingsley, war das einzige Baby, das die Überfahrt überlebt hatte. Es war nicht Emmanuels, aber er hatte oft mit dem Kleinen gespielt. Eine weitere Frau hieß Blessing. Sie war mit Emmanuels Freund Felix verheiratet. Emmanuel und Felix erzählten mir die Überfahrt aus ihrer Sicht.

Eigentlich sollte die Reise über das Meer nur einen Tag dauern. Der marokkanische Schlepper, der die Frauen unweit der Hafenstadt Nador aufgesammelt hatte, sagte ihnen, dass sie kein Wasser mitnehmen sollten. Seine Überlegung war einfach: Wenn 50 Leute einen Liter Wasser mitnehmen, macht das rund 50 Kilo, das heißt ein Flüchtling weniger, bedeutet 1 200 Euro weniger. Der knappe Stauraum, der vorhanden war, wurde für das Benzin gebraucht. Mehrere Frauen an Bord waren schwanger. Das ist oft so in Flüchtlingsbooten. Die Frauen haben einen einfachen Plan, von dem sie nicht wissen, dass er zwei Fehler hat.

Der erste Fehler ist, dass sie an ein Gesetz glauben, wonach Kinder, die auf spanischem Boden geboren werden, sofort zu Spaniern werden. Sobald die Kinder Spanier sind, glauben sie, sind auch die Mütter legal in dem Land. Dieses Gesetz gibt es nicht.

Der zweite Fehler ist die Hoffnung, dass Europa grundsätzlich keine schwangeren Frauen abschiebt. Auch das ist falsch. Eigentlich gibt es nur eine Wahrheit, die sich diese Frauen merken müssen: Wenn Europa es kann, schiebt Europa ab. Das Meer von Alborán vor der Küste Almerías gilt unter Seglern als tückisch, und anders, als die Schlepper immer wieder behaupten, kann es auch im Sommer heftige Stürme geben. Das fünf Meter lange Schlauchboot hatte das Pech, in so einen Sturm zu kommen. Der Wetterbericht für die nächsten Tage sagte Wellen von bis zu fünf Metern voraus. Das Boot verlor komplett die Orientierung und trieb mehrere Tage im Meer. Zwischen dem vierten und fünften Tag starben Blessings Kinder. Joy, der jüngere, wurde anderthalb Jahre alt. Sein älterer Bruder Farley vier. Blessing stechen, der einen Flüchtling auf der Fähre nach Spanien zwischen den Achsen versteckt. Jedenfalls hatte sie gehört, dass es so etwas gibt. Emmanuel und die anderen versuchen schon seit Jahren, 1 000 Euro für die Überfahrt zu organisieren, sie betteln nach den Freitags-

Eigentlich gibt es nur eine Wahrheit, die sich diese Frauen merken müssen: Wenn Europa es kann, schiebt Europa ab.

bekam davon nichts mehr mit. Einer der Männer warf die Kinder über Bord, weil man sie bei der Hitze nicht im Boot lassen konnte. *Der Spiegel* hat ein Bild von dem kleinen Farley veröffentlicht. Seine Mutter gab es mir in Spanien.

Emmanuel versuchte, möglichst ruhig und genau zu erzählen. Es fiel ihm nicht leicht, gelassen zu bleiben, aber er versuchte es.

Als Blessing das letzte Mal aus Spanien anrief, flehte sie ihn und Felix an, es auf keinen Fall mit dem Boot nach Europa zu versuchen. In ihren Augen war das Selbstmord.

Für 3 500 Euro könne man einen marokkanischen Lastwagenfahrer be-

gebeten vor der Moschee, suchen nach einem marokkanischen Bauern, der vielleicht doch einen Schwarzen als Erntehelfer arbeiten lässt, auch wenn die meisten sich weigern. 3 500 Euro sind eine utopische Summe. Der Preis könnte auch 100 Millionen Euro betragen, er wäre genauso unerreichbar.

Emmanuel wollte es damals mit dem Boot versuchen. Ihm blieb nichts anderes übrig, als in so ein Boot zu steigen. Er sah es als seine Pflicht an, seinen Freunden beizustehen. Sie konnten nicht hier bleiben, sie konnten nicht zurück. Gerade waren ein Dutzend Leute aus dem Camp im Mittelmeer ertrunken. Einer musste diesen Menschen Hoffnung geben. Emmanuel fühlte, er müsse das sein. Was hatten sie für eine Wahl?

Emmanuels Geschichte hat mich noch lange beschäftigt. Er und Felix waren in diesen Tagen in Marokko unglaublich freundlich zu uns. Die beiden lebten seit fünf Jahren im Dreck, ohne Perspektive, der eine hatte gerade seine beiden Söhne verloren, und sie waren nicht bereit aufzugeben. Emmanuel klammerte sich an seinen Glauben, und alle um ihn herum klammerten sich an ihn.

Natürlich wusste er, wie Blessing und Rosely es nach Europa geschafft hatten. Ihre Version lautete: »Ein Mann hat es uns geschenkt.« Jemand mit einem großen Herzen. Emmanuel hatte sie vor diesen Männern gewarnt.

Diese Männer mit dem großen Herzen werden »Trolleys« genannt. Sie organisieren die Überfahrten, als Gegenleistung müssen die Frauen in Europa anschaffen gehen. Der Straßenstrich in Barcelona und Mailand ist voll von Frauen, die Europa in einem Schlauchboot erreicht haben.

Ich habe keinen Kontakt mehr zu Emmanuel. Die Nummer, die ich von ihm hatte, funktioniert nicht mehr. Sein Schicksal und seine Kraft haben mich sehr beeindruckt. Er sagte mir, als er vor seinem Zelt saß, dass der Mensch eigentlich sesshaft sei. Er brauche eine Heimat, um sich als Mensch zu fühlen. Aber was, wenn die Heimat kein Zuhause ist? Wenn die Heimat einem die Würde nimmt? Afrika mache das mit den Menschen.

Emmanuel bestand darauf, Mirco und mich in die Stadt zurückzubringen. Es war spät geworden. Keine gute Zeit für ihn, um unterwegs zu sein. Die Polizei war jetzt in der Stadt auf Streife. Aber unser Gastgeber wollte nicht, dass wir uns verliefen, dass uns etwas passierte. Uns, zwei Journalisten mit EU-Pässen, die mehr Geld in der Tasche hatten, als er je im Leben gesehen hatte. Ein paar Stunden später würden wir in irgendeinem schönen Hotel in Málaga am Pool liegen.

Emmanuel war das egal. Wir waren seine Gäste, er wollte nicht, dass wir uns verliefen. Er brachte Mirco und mich an die Kreuzung, an der wir uns getroffen hatten.

Kurz vor der Verabschiedung sagte er: »In Europa habt ihr Zäune, Boote und Kameras, mit denen ihr die Küste bewacht. Wir haben das nicht, wir haben unseren Glauben, unsere Verzweiflung und unsere Träume. Aber wisst ihr was, wir werden gewinnen. Zäune gegen Verzweiflung, ihr habt keine Chance.«

Ich wünsche mir sehr, dass Emmanuel Johns Traum in Erfüllung gegangen ist. Ich hoffe, dass er es geschafft hat und irgendwo als Koch arbeitet. Von mir aus für McDonald's. ∎

FUFU

» Maniokmehl mit kaltem Wasser anrühren, mit Salz und Pfeffer abschmecken. Langsam erhitzen und bei mittlerer Hitze ständig mit einem Holzlöffel umrühren, bis die Masse eine püreeartige Konsistenz annimmt.

Fufu ist eine Spezialität in Westafrika und wird zu Fleisch, Fisch oder mit Gemüse gereicht. Fufu wird mit den Händen gegessen.

Zutaten

Mengenangaben je nachdem, wie viel Hunger man hat:

Maniokmehl
Salz und Pfeffer
Wasser

DANK

Dieses Buch würde es nicht geben, wenn die Menschen, die wir gleich aufzählen werden, nicht so wären, wie sie sind.

Wir danken Renate, Darsi und Paul Lotay in Nairobi für ihre Gastfreundschaft und ihre Unterstützung. Sie wissen vermutlich noch immer nicht genau, was wir eigentlich in Afrika gemacht haben, aber sie haben geholfen, wo sie nur konnten. Gleiches gilt für Mariolina Stevanin-Klunkert, die uns die wunderbaren Lotays vorgestellt hat.

Wir danken Malcolm Anderson in Schottland, der uns den Kontakt zu Yared ermöglicht hat. Malcolm versucht, äthiopischen Läufern mit dem Projekt »Running across borders« zu helfen. Die Welt wäre eine bessere, wenn mehr Menschen wie Malcom wären.

Wir danken Patrick Bebelaar, dem phantastischen Pianisten von Vincent Klink, dessen aktuelle CD »Dedications« der *Spiegel* nie besprochen hat, was ohne Frage ein Skandal ist. Wir danken Vincent Klink für seinen Blog. Er hat darin Ottavia Fasser erwähnt.

Dank gebührt ebenfalls Grazia und Daniele Addesso, der Familie von Gerry. Ohne sie hätten wir Gerrys Geschichte nie aufschreiben dürfen. Das Gleiche gilt für Kai Wichtlhuber, Gerrys Pfleger im Isar-Amper-Klinikum, Kersten Steinbach, den Sicherheitschef, und vor allem Dr. Jürgen Reiss, ebenfalls im Isar-Amper-Klinikum. Sie haben uns erlaubt, in einem eigentlich unzugänglichen Hochsicherheitstrakt ein Interview zu führen und anschließend Risi e bisi zu kochen. Herzlichen Dank auch der deutschen Justiz für das relativ milde Urteil für Gerry.

Erwähnung verdient in diesem Zusammenhang die Arbeit der süddeutschen Polizei. Im Rahmen von Gerrys Verhaftung wurden 340 Beamte eingesetzt. Zwei Jahre wurde observiert. Am Ende nahm man eine Handvoll Kellner und Köche fest und beschlagnahmte 250 Gramm Kokain miesester Qualität.

Mirco Taliercio möchte sich bei dem Einsatzkommando bedanken, das ihn zu nächtlicher Stunde besuchte, um festzustellen, dass Taliercio kein führender Kopf der kalabrischen 'Ndrangheta ist. Taliercio bedankt sich ebenfalls bei Jutta Scheibenzuber von der Sparkasse München. Diese Frau hat verstanden, dass Großes nur entsteht, wenn man auf die Frage »Wann gleichen Sie Ihren Dispokredit aus?« keine Antwort erwartet.

Luciana Delle Donne in Lecce danken wir für eine schöne Zeit in Italien. Gleiches gilt für Fabian Molina, Mark Kerrigan, Majka Lamprecht, Francisca und Mohamed Sherif in New York.

Wir danken Matthias Leuthel für seine wilden Träume.

Wir danken dem besten Anwalt, den das deutsche Rechtswesen zu bieten hat. Dr. Daniel Radig kann sich innerhalb kürzester Zeit in komplizierteste rechtliche Fragestellungen wie die Zubereitung von »Gerichten unter Zuhilfenahme von Rauschmitteln« einarbeiten.

Daniel Pfaffenholz, Gründer von Taka-Taka-Solutions in Nairobi, danken wir dafür, dass er genug Leute kannte, die wir bestechen konnten, um die Mülldeponie in Nairobi zu besuchen und lebend wieder herauszukommen.

Mirco Taliercio dankt Regine Aumann von der Tierarztpraxis Dreimühlenstraße in München. Anders als seine Hausärztin konnte sie ihm bei seiner Erkrankung nach dem Afrika-Aufenthalt helfen.

Juan Moreno dankt dem Botschafter Österreichs in Äthiopien, anders als der deutsche ging er ans Telefon und empfahl das Korean Hospital in Addis Abeba. Er dankt auch den behandelnden Ärzten dort, auch wenn sie alte Autoreifen in den Behandlungszimmern lagern und Krankenhaustoiletten haben, die offenbar seit Jahren ohne Wasserspülung funktionieren.

Juan Moreno dankt Professor Dr. med. Christian Folwaczny, Facharzt für Innere Medizin und Gastroenterologie in München. Folwaczny rief mehrfach spätabends an, um zu fragen, wie es Moreno ging. Moreno konnte nicht glauben, dass ein Arzt so etwas macht, er dachte, das passiert nur in deutschen Vorabendserien. Folwaczny erkundigte sich immer wieder, auch als Moreno unmissverständlich klarmachte, dass er Kassenpatient ist.

Wir danken José Baena, einem Mann mit großer Stimme und großem Herzen in Madrid, für seine Hilfe, und Amir und seinem Bruder Mirsad Kamber in Sarajevo für drei Tage voller Einsicht.

Wir danken Andreas Klitsch, Küchenchef und Granatenkoch im Aigners, Berlin. Die ganz groben Schnitzer in den Rezepten hat er rausgenommen. Die noch immer vorhandenen Fehler, die das Nachkochen vermutlich nicht einfacher machen, gehen auf Morenos und Taliercios Kappe.

Vor allem dankt Mirco Taliercio Sasse Zehner. Was sie zu diesem Buch beigetragen hat, würde den Rahmen dieser Aufzählung sprengen.

Im Fall von Juan Moreno ist das Tina Hüttl. Jeder Text, teilweise jeder kleine Absatz wurde mit ihr ausdiskutiert. Sie gab Hunderte von Hinweisen. Nicht einer war verkehrt.

Ebenfalls bedanken wollen wir uns bei Kristin Rotter, Lektorin beim Piper Verlag. Eine von den Autoren um vier Monate gerissene Deadline mit den Worten: »Kriegen wir schon hin« zu kommentieren zeugt von Größe, Erfahrung und Können.